Andreas Kunz-Lübcke
Salomo

Biblische Gestalten

Herausgegeben von
Christfried Böttrich und Rüdiger Lux

Band 8

EVANGELISCHE VERLAGSANSTALT
Leipzig

Andreas Kunz-Lübcke

Salomo

Von der Weisheit eines Frauenliebhabers

EVANGELISCHE VERLAGSANSTALT
Leipzig

Die Deutsche Bibliothek – Bibliographische Informationen

Die Deutsche Bibliothek verzeichnet diese Publikation in der
Deutschen Nationalbibliographie; detaillierte bibliographische
Daten sind im Internet über <http://dnb.ddb.de> abrufbar.

Printed in Germany · H 6939
Gedruckt auf alterungsbeständigem Papier
Umschlaggestaltung: behnelux gestaltung, Halle/Saale
Gesamtherstellung: druckhaus köthen GmbH

ISBN 3-374-02185-9
www.eva-leipzig.de

Lebe glücklich, lebe froh,
wie der König Salomo,
der auf seinem Stuhle saß
und ein Stückchen Käse aß.
Lebe glücklich, werde alt,
bis die Welt in Stücke knallt.
(Kindervers, Verfasser und Alter unbekannt)

Die imperiale Würde wird fortwährend angeheftet
bleiben der Linie von Haile Selassie I., Nachfolger von
König Sahle Selassie, dessen Linie abstammt ohne Un-
terbrechung aus der Dynastie Meneliks I., Sohn der Königin von Äthiopien, der Königin von Saba, und des
Königs Salomo von Jerusalem.
(Artikel 2 der revidierten äthiopischen Verfassung von
1955)

INHALT

A. EINFÜHRUNG

Wer war der König Salomo? Nach dem biblischen Zeugnis regierte er von 961–922 v. Chr. ein Großreich zwischen dem Euphrat und der ägyptischen Grenze. Die ihm zugeschriebene Weisheit ist ebenso wie das berühmte salomonische Urteil Bestandteil der deutschen Sprache geworden. Salomonische Weisheit mag man als Urteil nur dem allerklügsten Kopf zubilligen, ein salomonisches Urteil ist eines, das in seiner Durchdachtheit und Klugheit seinesgleichen sucht. Es kann daher nicht verwundern, dass die berühmten Geschichten vom Besuch der Königin von Saba und vom salomonischen Urteil in der darstellenden Kunst, in Literatur und Film einen breiten Niederschlag gefunden haben.

Worin liegen die Gründe für die Berühmtheit der Erzählung vom Besuch der Königin von Saba bei Salomo? Eine Lektüre der Erzählung in 1Kön 10 macht die Antwort nicht gerade leicht:

Und als die Königin von Saba die Kunde von Salomo vernahm, kam sie, um Salomo mit Rätselfragen zu prüfen.
2 Und sie kam nach Jerusalem mit einem sehr großen Gefolge, mit Kamelen, die Spezerei trugen und viel Gold und Edelsteine. Und als sie zum König Salomo kam, redete sie mit ihm alles, was sie sich vorgenommen hatte.
3 Und Salomo gab ihr Antwort auf alles, und es war dem König nichts verborgen, was er ihr nicht hätte sagen können.
4 Als aber die Königin von Saba alle Weisheit Salomos sah und das Haus, das er gebaut hatte,
5 und die Speisen für seinen Tisch und die Rangordnung seiner Großen und das Aufwarten seiner Diener und ihre Kleider und seine Mundschenken und seine Brandopfer, die er in dem Hause des HERRN opferte, geriet sie vor Staunen außer sich
6 und sprach zum König: Es ist wahr, was ich in meinem Lande von deinen Taten und von deiner Weisheit gehört habe.
7 Und ich hab's nicht glauben wollen, bis ich gekommen bin und es mit eigenen Augen gesehen habe. Und siehe, nicht die Hälfte

hat man mir gesagt. Du hast mehr Weisheit und Güter, als die Kunde sagte, die ich vernommen habe.

8 Glücklich sind deine Männer und deine Großen, die allezeit vor dir stehen und deine Weisheit hören.

9 Gelobt sei der HERR, dein Gott, der an dir Wohlgefallen hat, so dass er dich auf den Thron Israels gesetzt hat! Weil der HERR Israel lieb hat ewiglich, hat er dich zum König gesetzt, dass du Recht und Gerechtigkeit übst.

10 Und sie gab dem König hundertundzwanzig Talente Gold und sehr viel Spezerei und Edelsteine. Es kam nie mehr so viel Spezerei ins Land, wie die Königin von Saba dem König Salomo gab.

11 Auch brachten die Schiffe Hirams, die Gold aus Ofir einführten, sehr viel Sandelholz und Edelsteine.

12 Und der König ließ Pfeiler machen aus dem Sandelholz im Hause des HERRN und im Hause des Königs und Harfen und Zithern für die Sänger. Es kam nie mehr so viel Sandelholz ins Land, wurde auch nicht gesehen bis auf diesen Tag.

13 Und der König Salomo gab der Königin von Saba alles, was ihr gefiel und was sie erbat, außer dem, was er ihr von sich aus gab. Und sie wandte sich und zog in ihr Land mit ihrem Gefolge.

Spannungsvoll wird hier nicht erzählt. Handlungsschritt reiht sich an Handlungsschritt. Die sabäische Königin hört von Salomos Reichtum und Weisheit, glaubt dem Gerücht jedoch nicht so recht und macht sich auf den Weg in das ferne Jerusalem, um sich selbst ein Bild zu machen. Sie findet einen so weisen und so reichen König vor, dass sie ins Staunen gerät. Beide Majestäten beschenken sich gegenseitig reichlich und zufrieden zieht die Königin von Saba zurück in ihr Heimatland. Hinsichtlich der Frage nach der Historizität des Ereignisses hat der Greifswalder Alttestamentler und biblische Archäologe *Hermann Michael Niemann* ein ernüchterndes Urteil gefällt. Unter der Überschrift *König Salomo gab es nicht* veröffentlichte er unlängst in einer bekannten deutschen Zeitung folgendes Statement:[1]

---

1 Vgl. H. M. NIEMANN, König Salomo gab es nicht, in: *Die Welt* vom 22. 04. 2001.

»Und was ist mit der Königin von Saba? In der Tat herrschten in Altnordarabien zwischen 738 und 648 v. Chr. vier Königinnen. Ihre Historizität ist durch Inschriften des assyrischen Großreichs gesichert. Kam eine von ihnen zu Salomo nach Jerusalem? Leider nennt die Bibel keinen Namen. Aber vielleicht war es der altnordarabische Stamm Saba, um den sich weiter südlich (im heutigen Jemen) ebenfalls um 750 v. Chr. das Reich Saba mit der Hauptstadt Marib bildete, der Salomos Besucherin den Namen gab. Aber da sie frühestens im 8. Jahrhundert v. Chr. und ein gewisser Salomo im 10. Jahrhundert v. Chr. lebte, wird ihre Begegnung unwahrscheinlich.«

Auf den historischen Skeptizismus, den *Niemann* dem Erzählstoff entgegenbringt, wird noch einzugehen sein. Geographisch ist das (spätere) sabäische Territorium im südlichen Bereich der arabischen Halbinsel im heutigen Jemen anzusiedeln. Das ist ein ordentlicher Weg, den die Königin von Saba zurückgelegt haben soll. Es war weniger die Entfernung zwischen dem König Salomo und seiner namenlosen Amtskollegin aus dem sagenhaften Weihrauchland, die die Phantasien der Ausleger, Künstler und Schriftsteller beflügelt hat. Es waren auch weniger der grenzenlose Reichtum Salomos und der Pomp der ihn besuchenden Königin, die für eine ganze Flut von Bildern, Geschichten und Inszenierungen gesorgt haben. Bemerkenswert daran ist, dass jede Zeit und jede Kultur ihre Vorstellungen und Phantasien in die Erzählung hineingetragen haben.

Die traditionelle jüdische Auslegung ist dabei genauso wie die mittelalterlich-christliche Darstellungskunst von einer idealisierten Betrachtungsweise bestimmt. Salomo und die Königin von Saba erscheinen als züchtige und fromme Menschen, die geradezu Keuschheit und Weisheit bzw. die Suche nach ihnen verkörpern. Die jüdische Auslegung lässt sich auf einen Nenner bringen: Salomo ist der mit Abstand weiseste Mann seiner Zeit und das allein ist eine Reise wert. Während sich die klassisch-jüdische und die mittelalterlich-christliche Auslegung davor hüten, Salomo und der Königin von Saba irgendetwas anderes anzudichten, als die guten Sitten erlauben, erfahren Salomo und die sabäische Königin in ihrer Rezeption in Äthiopien und im Abendland eine starke Erotisierung.

Die Geschichten, die vom König Salomo erzählt werden, umfassen weit mehr als die beiden berühmten Episoden vom Besuch der Königin von Saba und vom salomonischen Urteil. Salomo war nicht nur der weiseste König Israels, er war auch der reichste und mächtigste. Salomo regierte über das Gebiet der Stämme Israels in den Jahren von 961–922 v. Chr. 1Kön 5,4 umreißt den geographischen Bereich seiner Herrschaft:

Salomo herrschte über das ganze Gebiet diesseits des Euphrat, von Tifsach bis Gaza und über alle Könige diesseits des Euphrat. Er hatte Frieden von allen Seiten ringsum.

In Nord-Süd-Richtung hätte sich das Gebiet Salomos auf eine Länge von ca. 850 km erstreckt. Damit wies das salomonische Großreich zwar eine geringere Fläche auf als die der klassischen altorientalischen Großreiche der Hethiter, Assyrer, Neubabylonier und Perser, dennoch war es von imposanter Größe. Nie mehr in seiner Geschichte sollte das Königreich bzw. der Staat Israel eine solche Ausdehnung erleben. Nicht weniger eindrücklich sind die biblischen Angaben über die Stärke der Population Israels. Zur Zeit des Königs David, des Vaters und Vorgängers von Salomo, sollen in Israel und Juda 1 300 000 Männer, die das Schwert trugen, gelebt haben (2Sam 24,9). Gemeint sein können nur die wehrfähigen Männer, also nur diejenigen, die auf Grund ihres Alters und ihrer Besitzverhältnisse überhaupt für eine Rekrutierung in Frage kamen. Darf man also schätzen, dass David und Salomo König über etwa drei Millionen Menschen waren? Ein Vergleich ist an dieser Stelle aufschlussreich. Für die Zeit des Assyrerkönigs Salmanasar III. hat man eine Gesamtpopulation von 3,4 Millionen Menschen im Assyrerreich angenommen.[2] Lebten also im geeinten Israel und Juda zur Zeit Davids und Salomos ebenso viele Menschen wie im assyrischen Großreich? Einen weiteren Zahlenvergleich bieten die Angaben über das Militärpotential Salomos.

Salomo brachte 1400 Streitwagen und 12 000 Pferde zusammen und stationierte sie in den Wagenstädten und beim König in Jerusalem.
(1Kön 10,26)

1400 Kampfwagen stellten im Alten Orient ein ordentliches Drohpotential dar. Die Angaben, dass Salomo für seine Wagentruppen eigens Städte bauen ließ, verstärken noch den kriegerischen Eindruck. Der assyrische König Salmanasar III. (858–824 v. Chr.) behauptet, über ein Kontingent von 2000 Streitwagen zu verfügen.[3] Salomo hätte nur über ein Viertel weniger an Streitwagen verfügt, als sie dem Assyrerkönig zur Verfügung standen. Demnach hätte Salomo über ein Gebiet geherrscht, dass zwar kleiner als das assyrische Reich in späterer Zeit gewesen sein soll, das aber immer noch mit Fug und Recht den Namen Großreich verdient. Ebenso hätte er als Kriegsherr über eine gewaltige Streitmacht verfügt.

Über die intensive Bautätigkeit Salomos äußert sich der biblische Erzähler besonders gern. Nicht nur, dass Salomo seinem Gott den Jerusalemer Tempel und sich selbst den Königspalast gebaut haben soll, er selbst will die Erweiterung und Befestigung der Städte Jerusalem, Megiddo, Gezer und Hazor initiiert haben. Salomo als Herrscher über ein Großreich, ein gewaltiger

---

2 Vgl. W. Mayer, Politik und Kriegskunst, 424.
3 Vgl. W. Mayer, Politik und Kriegskunst, 451.

Kriegsherr und ein großer Baulöwe? Wenn das biblische Bild von Salomo und seiner Zeit stimmen soll, bedarf es nur eines schlichten Beweises: In irgendeiner Form hätte wenigstens ein einziger Hinweis auf die Historizität des Erzählten überdauern müssen. Schließlich hat auch das Assyrerreich uns zahlreiche Hinweise auf seine Existenz und Größe hinterlassen: Ganze Großstädte wurden ausgegraben oder sind in ihrer Größe zumindest dokumentiert, die gefundenen assyrischen Keilschrifttexte geben den Assyrologen noch für Jahrhunderte Übersetzungsarbeiten auf und die archäologischen Museen weltweit sind gefüllt mit Exponaten, die vom imperialen Gepräge des assyrischen Großreiches künden.

Angesichts der ausufernden Fülle der Hinterlassenschaften des assyrischen Großreiches wäre zu erwarten, dass auch das Großreich Salomos, wie es nach der biblischen Darstellung war, Spuren und Zeugnisse hinterlassen hat. Ein Staatsgebilde mit einem König an der Spitze ist zentralistisch strukturiert und setzt zentralistische Verwaltungsstrukturen voraus. Die Hauptstadt des Assyrerreiches, Ninive, umfasste unter Sanherib (705–681 v. Chr.) die imposante Fläche von rund 730 Hektar. Wie groß war die Stadt Jerusalem zur Zeit Salomos? Wie groß ist die Zahl der gefundenen Verwaltungsurkunden, die Auskunft über die sozialen und politischen Strukturen geben könnten? Was besagen die Inschriften, die zum Ruhm der Großkönige David und Salomo abgefasst worden sind? Die Antwort ist so einfach wie ernüchternd: Es gibt dergleichen gar nicht! Die Archäologen, die sich auf die Suche nach den Spuren der Könige David und Salomo begeben haben, konnten bislang nichts zu Tage bringen, was auch nur andeutungsweise auf die Existenz eines israelitischen Großreichs zur Zeit Davids und Salomos deuten könnte. Stellvertretend soll hier noch einmal der Rostocker Alttestamentler und Archäologe *Hermann Michael Niemann* zu Wort kommen:[4]

»Wer also – wie ich – in Jerusalem nach Salomos Spuren sucht, wird erstaunt, ja entsetzt sein, wie lächerlich winzig die Ausmaße der alten, historischen Residenz Davids und Salomos sind: Die Unterstadt umfasste 400 mal 90 Meter, die Oberstadt mit Tempel und Palast 300 mal 250 Meter. Zu Zeiten Salomos lebten hier höchstens 1500–2000 Bewohner! In der Unterstadt fanden Archäologen ein paar vereinzelte Scherben, ein paar Stützmauer-Reste. Keine Spur also von einer Residenz des glänzenden Großreichs Salomos!«

Ist das Großreich Salomos gar mit dem legendären Atlantis vergleichbar? Schließlich hat auch das bis ins 10. Jh. v. Chr. existiert und wir erfahren auch nur aus Platons (ca. 428–347 v. Chr.) Schriften Timaios und Kritias von der riesigen Insel, auf der ein hochentwickelter Staat existiert haben soll und die den Meeresfluten zum Opfer gefallen sein soll. Darf der Gedanke gewagt werden, dass das Großreich Salomos nicht in der *Geschichte* Israels, sondern in der *Literatur* Israels existierte? Ist seine Darstellung in der Hebräischen Bibel etwa kein Gegenstand der Historiographie, sondern der literarischen Fiktionalisierung? Hier ließe sich immerhin ein Einspruch wagen: Ein durchorganisiertes Großreich, wie es zur Zeit Salomos existiert haben soll, hätte auf Grund seiner politischen Bedeutung, seiner geographischen Größe und seiner wirtschaftlichen und militärischen Macht Spuren in den Texten der Nachbarkulturen Israels, nämlich Ägypten und Assur hinterlassen müssen. Aus dem 10. Jh. existieren kaum nennenswerte assyrische Inschriften. Allerdings, das lässt sich aus den literarischen Hinterlassenschaften der Assyrerkönige ab dem letzten Drittel des 10. Jh.s entnehmen, ist der Zeit-

---

4 Vgl. Anm. 1.

15

raum bestimmt vom Vordrängen aramäischer Stämme nach Osten. Im 11. und 10. Jh. konnten die Aramäer ihren Einfluss bis an den Euphrat ausdehnen und dort eigene Staatswesen bilden. Erst in der Folgezeit konnte sich das Assyrerreich wieder nach Westen hin ausdehnen und den aramäischen Einfluss zurückdrängen.[5] Es fällt schwer zu glauben, dass sich zur Zeit Salomos die Aramäer zur wichtigsten Macht im syrischen Raum entwickeln und zu einer ernsten Bedrohung für das Assyrerreich werden konnten und dass zur gleichen Zeit auf demselben Territorium, bzw. westlich und südwestlich davon, das Großreich Davids und Salomos bestanden haben soll. Warum spielt die aramäische Nachbarschaft in den David- und in den Salomoerzählungen kaum eine Rolle?[6] Immerhin erwähnen assyrische Quellen israelitische Könige. Allerdings geschieht das 100 Jahre nach Salomo. Ahab wird erwähnt als Teilnehmer an einer erfolglosen antiassyrischen Koalition. Jehu erscheint auf dem so genannten schwarzen Obelisken und bringt dem Assyrerkönig Tribute.

Die assyrischen Quellen wird man daher folgendermaßen zusammenfassen müssen: Keine einzige Inschrift erwähnt die Großkönige David und Salomo. Für die Existenz eines Großreiches mit Jerusalem als Zentrum fehlt zunächst jeder Hinweis. Zudem macht die gleichzeitige Expansion der Aramäer die Annahme eines solchen Gebildes schwierig.

---

5 Vgl. R. LAMPRICHS, Die Westexpansion des neuassyrischen Reiches, 61 ff.
6 In 2Sam 8 und 10 wird von zwei Siegen Davids über die Aramäer berichtet. 2Sam 10 behauptet, dass David die Aramäer jenseits des Euphrat zu seinen Vasallen gemacht haben soll. Darf man glauben, dass einerseits die Aramäer von David unterworfen werden, sie andererseits aber weiter in Richtung assyrisches Kernland expandieren?

Was ist mit den ägyptischen Quellen? Schließlich will Salomo ja gerade zu dem Großreich am Nil beste Kontakte gepflegt haben. Das zeigt sich insbesondere darin, dass Salomo die Tochter des ägyptischen Pharaos nicht nur geheiratet haben, sondern für sie auch großangelegte Baumaßnahmen ergriffen haben soll (1Kön 3,1; 7,8; 9,24; 11,1). Um es vorwegzunehmen: Es ist schlicht undenkbar, dass der ägyptische König seine Tochter an einen Ausländer verheiratet hätte.[7] Aber auch wenn man nur die ägyptisch-israelitische Ehe für eine Erfindung hält, nicht aber das Großreich Salomos, müssen Ungereimtheiten auffallen. Dass das Israel zur Zeit Salomos und Davids in ägyptischen Texten keine Erwähnung findet, mag man noch übersehen können. Weitaus unerklärlicher ist aber eine indirekte Erwähnung Israels in einem Feldzugsbericht des ägyptischen Königs Scheschonk (945–924 v. Chr.). Bemerkenswerterweise ist der Feldzug auch in der Bibel notiert:

Es geschah im 5. Jahr des Königs Rehabeam, dass der ägyptische König Schischak (Scheschonk) gegen Jerusalem heraufzog. Er nahm den Schatz des Hauses JHWHs und den Schatz des Königshauses und (überhaupt) alles nahm er. Er nahm auch die goldenen Schilde, die Salomo gemacht hat.
(1Kön 14,25.26)

Nach diesem Bericht hätte Scheschonk wenige Jahre nach Salomos Tod einen Feldzug gegen Jerusalem unternommen. Die Stadt war nach der Reichsteilung (927 v. Chr.) die Hauptstadt des Kleinstaates Juda. Immerhin dürfte sie kurz nach Salomos Tod an Glanz und Größe noch nichts eingebüßt haben. Glaubt man dem biblischen Bericht über die großartigen Baumaßnahmen Salomos und über die grandiose Anhäufung von Reich-

---

7 Anders sieht das A. MALAMAT, Das davidische und salomonische Königreich, 5 ff.

tümern in Jerusalem unter seiner Herrschaft, dann hätte sich der ägyptische Beutezug durchaus gelohnt. Die Sache hat nur einen Haken: Scheschonk hat durchaus einen Palästinafeldzug unternommen. Davon berichtet eine unter seiner Regierungszeit verfasste Inschrift im Karnak-Tempel in Theben. Scheschonk listet eine ganze Reihe von Städten auf, die er zerstört haben will. Der Name Israel bzw. Juda wird nicht erwähnt, dafür erscheint eine Reihe von Städten auf dem Gebiet der beiden Reiche. Immerhin bestätigen sich 1Kön 14,25 f. und Scheschonks Liste der eroberten Städte insofern, als beide Texte die Historizität des ägyptischen Palästinafeldzugs im Jahr 930 v. Chr. bestätigen. Dennoch drängen sich Fragen auf:

– Scheschonks Liste führt Jerusalem nicht auf! Warum nicht? Ist die Stadt vergessen worden? Oder war sie zu klein und unbedeutend, als dass sich eine Erwähnung lohnte?
– Warum schweigt die Liste über die Existenz der Staaten Israel und Juda? Hätte unmittelbar nach der Reichsteilung nicht wenigstens der Name Israel im geographischen Vokabular der Ägypter auftauchen müssen?
– Wie lassen sich die Ehe Salomos mit der Tochter des ägyptischen Königs und der ägyptische Kriegszug wenige Jahre nach Salomos Tod in Einklang bringen?
– Wo war die gewaltige Streitmacht Salomos, wo waren die 1400 Kriegswagen? Warum spiegelt das biblische Bild der Ära Salomonis ein straff durchorganisiertes Großreich mit einem Provinzialsystem wider, während der ägyptische Bericht von einzelnen Städten ausgeht, die in ihrer Verteidigung auf sich allein gestellt sind?

Ist die Antwort die, dass sich in 1Kön 14,25 f. eine historische Erinnerung an den Scheschonk-Feldzug niedergeschlagen hat, dass aber das historische Dokument des Feldzugsberichts vielfältig der Darstellung in 1Kön 1–11 widerspricht? Die ägyptische Quelle datiert in der biblischen Chronologie unmittelbar in die Zeit nach Salomo. Sie weiß nichts von einem unlängst auseinander gefallenen Großreich, von seiner Größe und von seiner zentralistischen Struktur. So wird man sich dem Urteil des Ägyptologen *Donald B. Redford* anschließen müssen: Solange Salomos Heirat der Pharaonentochter und seine Beziehungen zu Ägypten nicht anderweitig belegt bleiben, muss die diesbezügliche biblische Darstellung als Fiktion angesehen werden.[8]

Das 10. Jh. v. Chr. ist das Jahrhundert der Könige David, Salomo, Rehabeam und Jerobeam I. In dieser Zeit haben in Israel Menschen gelebt, Landwirtschaft betrieben, sind einem Handwerk nachgegangen, haben Häuser gebaut und bewohnt, ihre verstorbenen Angehörigen bestattet und haben ihren Abfall – den haltbaren wie den nicht haltbaren – entsorgt. All diese Vorgänge hinterlassen mehr oder weniger deutliche Spuren, Spuren, die zu lesen die Archäologie sich auf die Fahne geschrieben hat. Bis vor einigen Jahren (und noch heute) kursieren zahlreiche Bücher populärer Art aus der Feder von Archäologen, die der Meinung waren und sind, Städte und Anlagen aus der Zeit Salomos und seiner Bautätigkeit ausgegraben zu haben. Das betrifft insbesondere die Ausgrabungen in Megiddo, die tatsächlich spektakuläre Funde erbrachten. Der berühmte Archäologe *P. L. O. Guy* grub in Megiddo eine imposante Toranlage, einen Palast und beeindruckende Pfeilerhäuser aus. Es lag nahe, die gefundenen Ge-

---

8   D. B. REDFORD, Egypt, Canaan and Israel, 310 f.

bäudereste mit dem biblischen Bericht in Beziehung zu bringen, der Salomo als großartigen Baumeister darstellt:

Dies war die Angelegenheit der Fronleute, die Salomo heraufbrachte, um das Haus JHWHs, sein Haus, den Millo, die Mauer Jerusalems, Hazor, Megiddo und Gezer zu bauen.
(1Kön 9,15)

Auf der Suche nach dem König Salomo fanden die Archäologen auch Hinweise auf die biblische Erwähnung von Wagenstädten Salomos (vgl. 1Kön 10,26). In den Städten Gezer, Megiddo und Hazor, allesamt erwähnt im Baubericht in 1Kön 9,15, kamen jeweils charakteristische Toranlagen zum Vorschein, die sich auf eine frappierende Art und Weise ähnelten. Sie bestanden aus je sechs Kammern, drei auf jeder Seite, die sich um den schmalen Durchlass reihten. Die Entdeckung eines Tortypus deutete auf eine planende zentrale Hand, die den gemeinsamen Ausbau der betreffenden Städte betrieb. Nichts lag näher, als zunächst den betreffenden biblischen Bauberichten Salomos Glauben zu schenken.

Und doch sollten sich Stimmen erheben, die Zweifel an der Zugehörigkeit der beeindruckenden Bauanlagen zur Zeit Salomos hegten: Im ganzen 10. Jh. v. Chr. habe es keine vergleichbaren Bautätigkeiten im Vorderen Orient gegeben, angefangen von der Osttürkei bis in das heutige Jordanien. Ebenso fanden die Palasttypen, die in Megiddo ausgegraben worden sind, keine Äquivalente im 10. Jh. v. Chr. Dieser so genannte *bit-ḥilani*-Typ, der ursprünglich für den Prototyp der Bauten Salomos gehalten wurde, ist im syrischen Bereich frühestens erst ein halbes Jahrhundert nach Salomo nachweisbar.

Ernste Zweifel an der Bautätigkeit Salomos konnten aber mit der Verfeinerung archäologischer Datierungsmethoden angemeldet werden. Die Verbesserung der Radiokarbondatierung machte ein Instrumentarium der Archäologie dienstbar, das bislang für die Eisenzeit wegen der Breite der gemessenen Zeiträume noch nicht angewandt werden konnte. Der in 1Kön 14,25 f. berichtete Kriegszug des ägyptischen Königs fällt nach der biblischen Chronologie auf das Jahr 926 v. Chr. Tatsächlich konnte in Beth Schean und auf dem Tel Rechov eine Zerstörung der Bauten, die sich zeitlich auf dem Level der angeblichen Bauten Salomos in Megiddo bewegen, erst für die Mitte des 9. Jh.s, also mehr als ein halbes Jahrhundert nach Salomo nachgewiesen werden.[9] Die neueren archäologischen Befunde lassen die beiden israelischen Archäologen *Finkelstein* und *Silbermann* zu folgendem – ernüchternden – Ergebnis kommen:[10]

»Die Archäologie datierte ›davidische‹ wie ›salomonische‹ Überreste im wesentlichen um volle hundert Jahre zu früh. Die auf eine Zeit kurz vor David im späten 11. Jahrhundert datierten Funde stammen aus der Mitte des 10. Jahrhunderts, und die auf Salomos Zeit datierten gehören dem frühen 9. Jahrhundert v. Chr. an. Die neueren Daten stellen das Auftreten monumentaler Bauten, Befestigungen und anderer Anzeichen einer vollen Eigenstaatlichkeit somit in genau die Zeit, in der sie auch in der übrigen Levante zum ersten Mal auftauchen ... Und mit ihrer Hilfe ist auch zu verstehen, warum Jerusalem und Juda im 10. Jahrhundert so arm an Funden sind. Der Grund dafür ist, dass Juda zu diesem Zeitpunkt noch eine entlegene, unterentwickelte Region war.«

Ist Salomo angesichts fehlender außerbiblischer und archäologischer Hinweise auf seine Existenz am Ende gar nicht historisch? Im Blick auf den derzeitigen ar-

---

9 Vgl. I. Finkelstein/N. A. Silberman, Keine Posaunen vor Jericho, 158 f.

10 I. Finkelstein/N. A. Silberman, Keine Posaunen vor Jericho, 159.

chäologischen Befund, der möglicherweise kein endgültiger ist, kann die Antwort weder ein Ja noch ein Nein sein. Sie wird mit den hier angestellten Überlegungen ganz sicher nicht beantwortet werden. Allerdings, soweit lassen sich die archäologischen und die außerbiblischen literarischen Quellen doch deuten, spricht vieles gegen die Existenz eines Großreiches, das von David errichtet und von Salomo regiert worden sein soll. Die Überlegungen, die hier unternommen werden, gelten nicht dem historischen, sondern dem literarischen Salomo. Wenn sich die Geschichte bzw. die Geschichtsquellen über Salomo in Schweigen hüllen, so sieht der Befund in der Literatur Israels gänzlich anders aus. Salomo ist der größte, weiseste, mächtigste und glanzvollste König Israels. Unter seiner Herrschaft ist Israel auf dem Höhepunkt seiner politischen Macht, seiner territorialen Entfaltung, seines ökonomischen Wohlstands und seiner außenpolitischen Reputation – allerdings in der Literatur Israels. Im Mittelpunkt der in diesem Büchlein angestellten Überlegungen soll die erzählende Darstellung des Lebens und der Herrschaft Salomos in 2Sam 11 f. und 1Kön 1–11 stehen. Im Blick auf die biblische Darstellung liegt diese Vorentscheidung nahe, im Blick auf die breite Rezeption Salomos in der jüdischen und muslimischen Literatur nicht. Salomo in Talmud und Midrasch und Salomo in der islamischen Tradition würden ein eigenes Buch erfordern.

Gerade im Blick auf die breite Rezeption, die Salomo in der Literatur des Judentums und des Islams gefunden hat, und angesichts seiner festen Verankerung in der abendländischen Kunst und Literatur fällt auf, dass er in der Hebräischen Bibel außerhalb von 1Kön 1–11 und den Paralleltexten in der Chronik kaum vorkommt. Wohl gilt Salomo als Verfasser des Sprüchebuches und des Predigers. Allerdings handelt es sich dabei um Spätschriften. Zudem sagt die Erwähnung Salomos an dieser Stelle nicht viel: Sie ist auf Überschriften beschränkt, die von vornherein unter dem Verdacht stehen, spätere Zusätze darzustellen. Weitaus schwerwiegender ist, dass Salomo von den Propheten mit einer einzigen Ausnahme[11] ignoriert wird und dass er im Psalter ganze zwei Erwähnungen findet.[12] Warum schweigen die Beter, die Weisheitslehrer und die Propheten Israels über den größten König in ihrer Geschichte? War er sakrosankt? Dann hätten doch Hymnen und Elogen über ihn angestimmt werden müssen. Oder galt sein Ruf nichts unter den Literaten Israels in der Zeit nach ihm? Auch das ist kaum vorstellbar! Schließlich legen sich einige der biblischen Autoren gerade dann keine Zurückhaltung auf, wenn es darum geht, die Könige Israels zu kritisieren. Oder kannten sie den König Salomo gar nicht? Waren ihnen zumindest das glanzvolle Großreich Salomos, seine grandiose Herrschaft und Machtentfaltung unbekannt?

Bei aller Skepsis, die sich der Historizität des biblischen Berichts über die Herrschaftszeit des Königs Salomo entgegenbringen lässt, muss ein Blick auf die Zeit und die Nachbarkulturen Salomos geworfen werden. Auch wenn wir von Salomo aus außerbiblischen Quellen nichts wissen, so ist dennoch davon auszugehen, dass die Erzähler der Salomogeschichten eine Vorstellung von dieser Zeit hatten. Zunächst ist davon auszugehen, dass die Zeit, in der erzählt wird, nicht

---

11 In den Prophetenbüchern wird Salomo nur ein einziges Mal in Jer 52,20 erwähnt. Dabei geht es nicht einmal um Salomo selbst, sondern um die Erinnerung an ihn als Tempelbauer.

12 Vgl. auch unten S. 259 f.

identisch ist mit der Zeit, von der erzählt wird. Wie weit klafft die zeitliche Schere auseinander? Genau lässt sich das nicht sagen. Je größer der Abstand wird, desto mehr nimmt der historische Quellenwert der betreffenden Texte ab, desto mehr schwindet der historische Aussagegehalt und desto größer wird der literarische Charakter. Ein Beispiel soll das illustrieren: Das vermutlich im Jahr 1599 entstandene Historiendrama Julius Caesar von Shakespeare ist keine Geschichtsquelle über den Beginn der römischen Kaiserzeit, sondern eine Quelle über die englische Literatur im Übergang von 16. zum 17. Jh. Wie dachte man über Rom, was wusste man darüber, welche Wertigkeiten in der Beurteilung der Geschichte Roms gab es? Bei den Erzählern der Salomogeschichten kann einiges an Wissen vorausgesetzt werden: Sie befanden sich am historischen Ort des Geschehens selbst bzw. in geographischer Nähe zu ihm, nämlich in Israel, wahrscheinlich sogar in Jerusalem. Sie hatten konkrete Vorstellungen davon, wie ein Königtum funktioniert. Dabei macht es keine allzu großen Unterschiede, ob sie das judäische Lokalkönigtum oder eines der altorientalischen Großreiche vor Augen hatten. An der Spitze des Staates steht ein König, der der mächtigste Funktionär in allen öffentlichen Bereichen ist. Der König ist alles in einem, und das jeweils an erster Stelle: Krieger, Priester, Steuereintreiber, Außenpolitiker, Bauminister und Richter. Dass diese Aufgaben häufig von anderen Funktionären wahrgenommen wurden, geschah als Vertretung des Königs. Dazu bedurfte es verwaltungstechnischer und intellektueller Voraussetzungen: die Existenz einer Beamtenschaft, die nach einem hierarchischen Prinzip organisiert war, eine theologische Legitimation des Status quo und die Beherrschung einer Schrift, die die Realisierung von Verwaltung, Kommunikation, Vertragsregelungen, Vereinbarungen zwischen Königtümern auf einer gleichberechtigten Ebene oder im Vasallenstatus zuließ. Über all diese Dinge verfügten die altorientalischen und ägyptischen Königtümer bereits lange vor Salomo. Aus Ägypten und Mesopotamien kennen wir literarische Texte verschiedener Gattungen, deren hohes intellektuelles Niveau noch den heutigen Leser in Erstaunen versetzen kann. Bereits 1000 Jahre vor Salomo gab es etwa in der ägyptischen Sprache keinen Gedanken oder keinen Sachverhalt, der sich sprachlich nicht angemessen in schriftlicher Form ausdrücken ließ.

Selbst wenn man einen größeren zeitlichen Abstand zwischen der Zeit Salomos und der Entstehungszeit der Salomogeschichten annimmt, sind die Differenzen zwischen beiden Epochen nicht übermäßig groß. Die Städtearchitektur beginnt sich 100 bis 200 Jahre nach Salomo zu wandeln. Die Verwaltungs- und Palastbauten in Israel und Juda werden größer und heben sich zunehmend von den Privatbauten ab. Die Stadtbefestigungen werden intensiviert, wahrscheinlich eine Folge der verbesserten assyrischen Belagerungstechnik. Es ließen sich noch andere Aspekte benennen, die auf eine technologische, architektonische oder eine sozialgeschichtliche Entwicklung hindeuten. Im Grunde aber findet der Bewohner Jerusalems zur Zeit der Könige David und Salomo in seiner sozialen Situiertheit und in seinem geistig-kulturellen Umfeld ähnliche Bedingungen vor wie sein Nachfahre in der Perserzeit. Ganz gleich, wie groß man die zeitliche Entfernung zwischen der Erzählzeit und der Handlungszeit annehmen will, von zwei wesentlichen Faktoren sind die Erzähler beeinflusst: Zunächst stehen sie unter dem Einfluss ihres Wissens und ihrer Vorstellungen über die Zeit, von der sie erzählen. Daneben spielen die Erfahrungen und Erlebnisse ihrer Gegenwart eine Rolle.

Der heutige Leser der Geschichten über den König Salomo hat keine einzige schriftliche Quelle außer der Bibel, anhand derer er die über Salomo aufgelisteten Fakten kritisch überprüfen könnte. Was stand dem biblischen Erzähler zur Verfügung: Annalen aus der Feder der Hofchronisten? Beamtenlisten? Königliche Bauverfügungen? Ein Protokoll über die Verheiratung der ägyptischen Pharaonentochter mit Salomo? Ein Protokoll über die Gerichtssitzung, in der ein erfolgreicher Mutterschaftstest durchgeführt worden ist? Nicht wenige Ausleger glauben, dass die Verfasser von 2Sam 11 f.; 1Kön 1–11 tatsächlich auf schriftliche Hinterlassenschaften der Zeit Davids und Salomos zurückgreifen konnten. Allerdings ist in dieser Hinsicht Zurückhaltung geboten. Es lassen sich Gegenfragen stellen: Warum erfahren wir nicht den Namen des ägyptischen Königs, der seine Tochter mit Salomo verheiratet hat? Nicht weniger interessant wäre es zu erfahren, wie die ägyptische Prinzessin hieß. Die Königin von Saba kommt ebenfalls nur mit ihrem Titel, aber leider ohne einen Namen nach Jerusalem. Wer glaubt, dass hinter 1Kön 10,1–14 die Erinnerung an einen tatsächliche Besuch steht,[13] hat die Schwierigkeit gegen sich, dass in diesem Fall der Name der sabäischen Königin hätte in Vergessenheit geraten sein müssen.

In der Geschichte vom salomonischen Urteil in 1Kön 3,16–28 fällt der Name Salomo gar nicht, hier ist nur vom König die Rede. Dieser Umstand deutet darauf hin, dass die Erzählung erst nachträglich mit Salomo in einen Zusammenhang gebracht worden ist. In 1Kön 3,16–28 und in 1Kön 10,1–14 wird die Offenbarung der Weisheit Salomos vor Frauen thematisiert. Einer der individuellen Charaktere tritt in jeder Erzählung zu-

---

13 Vgl. S. WÄLCHLI, Der weise König Salomo, 101.

26

rück. In 1Kön 3,16–28 ist allgemein vom König die Rede, in 1Kön 10,1–14 von einer namenlosen fremdländischen Königin.

Wie stellt sich die nachweisbare Literatur aus der Zeit Davids und Salomos dar? Es gibt kein einziges Dokument, das als schriftliche Quelle einer Verwaltungstätigkeit oder einer Korrespondenz zwischen staatlichen Instanzen auf nationaler bzw. binationaler Ebene angesehen werden kann. Im Grunde genommen gibt es bis auf eine Schreibübung, den Bauernkalender aus Gezer, zwei Namenseinträge auf Krughenkeln und einen auf einer Tonscherbe mit der Inhaltsangabe *Wein* keine schriftlichen Quellen aus dem 10. Jh. v. Chr. Es lässt sich geradezu von einer Schriftlücke im 10. und 9. Jh. v. Chr. sprechen. Wie ist es zu erklären, dass es aus dem 12. und 11. Jh. sowie ab dem 8. Jh. v. Chr. eine ganze Reihe von Texten gibt, aus der Zeit der Könige David und Salomo dagegen nahezu keine schriftlichen Hinterlassenschaften? Dieser sehr spärliche Befund hat zu dem Schluss genötigt, dass es im 10. und 9. Jh. v. Chr. allenfalls eine »vor- oder frühhebräische Tradition« des Schreibens gegeben hat.[14]

Ein Großreich von der Größe des salomonischen hätte einen regen Schriftverkehr betreiben müssen. Dieser kann nicht einfach spurlos verschwinden. Hinzu kommt, dass Israel eine der archäologisch am intensivsten untersuchten Regionen der Erde ist. Das Fehlen von schriftlichen Zeugnissen aus der Zeit Salomos stellt ein wichtiges Indiz für die soziale Wirklichkeit des 10. Jh.s v. Chr. dar. Angesichts der fehlenden archäologischen und epigraphischen Nachweise für die Existenz eines salomonischen Großreiches kann dennoch nicht übersehen werden, dass die geopolitische

---

14 Vgl. J. RENZ/W. RÖLLIG, Handbuch der althebräischen Epigraphik (1), 29–39, Zitat 38.

Großwetterlage das Entstehen eines größeren israelitischen Staatengebildes im 10. Jh. v. Chr. gefördert hätte. Gesamtpolitisch gesehen befand sich Assur im 10. Jh. v. Chr. in einer Phase, die die Entstehung und die Expansion eines israelitischen Großreiches theoretisch möglich gemacht hätte. Die aramäische Ostexpansion hat ein Vordringen oder eine Einflussnahme Assurs auf das syrisch-palästinische Territorium verhindert.

Ägypten wird während der Zeit Davids und Salomos von inneren Konflikten erfasst. Der zentralistische Territorialstaat wandelt sich mit dem Untergang des Neuen Reiches in einen »plurizentrischen Verband von Kleinstaaten«[15]. Es ist auffällig, dass 1Kön 3–11 ein sich in mehreren Aspekten widersprechendes Ägyptenbild liefert. Ägypten begegnet als Freund und Partner Salomos. Ausdruck dafür sind die Verheiratung einer ägyptischen Prinzessin mit Salomo[16] und die Handelskontakte zwischen Israel und Ägypten.[17] Im schroffen Gegensatz dazu tritt Ägypten als Feind Salomos auf. Der ägyptische Pharao soll Israel mit Krieg überzogen, Jerusalem geplündert und Gezer verbrannt haben.[18] Ebenso habe er den Feinden Salomos Asyl und Unterstützung gewährt.[19]

---

15 J. ASSMANN, Ägypten, 325.
16 Vgl. 1Kön 3,1; 7,8; 11,1.
17 Vgl. 1Kön 10,28 f.
18 1Kön 9,15 berichtet davon, dass Salomo neben anderen Städten im Land Gezer militärisch ausgebaut und befestigt hat. In 1Kön 9,16 f. erfährt der Leser, dass der ägyptische König Gezer zerstört und die dort lebenden Kanaaniter getötet habe und dass Salomo die Stadt anschließend wieder aufgebaut habe. Die Verwirrung wird noch größer durch die Notiz, dass der Pharao seiner Tochter, die er an Salomo verheiratet hat, die Stadt Gezer geschenkt habe.
19 Der Edomiter Hadad erweist sich als hartnäckiger Feind Salomos. Er findet beim Pharao zusammen mit seinen Be-

Die Ägyptenbilder der Salomogeschichten fallen sehr unterschiedlich aus. Welches davon kommt der historischen Wirklichkeit am nächsten? Der Ägyptologe und Kenner der Hebräischen Bibel *Donald B. Redford* hat einen akzeptablen Vorschlag unterbreitet. Die Ehe Salomos mit einer ägyptischen Prinzessin und sein erfolgreicher Handel mit Ägypten müssen solange dem Reich der Fiktion zugeschrieben werden, bis überzeugende Hinweise eines Besseren belehren.[20]

---

gleitern nicht nur ein Asyl, die ägyptische Staatskasse sorgt auch für den Unterhalt der Flüchtlinge, vgl. 1Kön 11,17 ff. Gleichsam findet dort der unter Salomo aufgestiegene Jerobeam, als er vor seinem König fliehen muss, bis zum Tod Salomos Unterschlupf.

20 Vgl. D. B. Redford, Egypt, 309–311.

B. DARSTELLUNG

1. Textinterpretation

1.1. Und sie nannte ihn »Sein Ersatz« – Salomos Geburt in 2Sam 11f.

Salomos Geburt war alles andere als ordentlich. Die Erzählung von David, Batscheba und Uria in 2Sam 11,1–12,25 gilt gemeinhin als Ehebruchgeschichte par excellence. Dem wäre zuzustimmen, würde die Erzählung nicht mit der Geburt Salomos enden bzw. auf sie hinauslaufen. Nachdem der Ehebruch von David und Batscheba zur Schwangerschaft geführt hat, nachdem Uria sich nicht von David übertölpeln lassen hat und dafür in den Tod geschickt wurde, nachdem JHWH durch den Mund des Propheten Natan David den Tod als Strafe angekündigt hat und dieser Kelch an David vorbeigegangen ist, nachdem Gott das Kind Davids und Batschebas getötet hat, wendet David sich, wie es heißt, tröstend Batscheba zu und zeugt mit ihr ein zweites Kind – Salomo. Spätestens an dieser Stelle zeigt sich, dass es in der ganzen Erzählung weniger um den Ehebruch an sich als um die Umstände der Geburt Salomos geht. Gewöhnlich geben die Bibelübersetzungen das folgende Geschehen so wieder, dass David seinem und Batschebas Kind den Namen Salomo, hebräisch Šelomo, gegeben habe. Streng genommen steht das auch so im hebräischen Urtext. Allerdings haben es die mittelalterlichen jüdischen Gelehrten, die Masoreten, die den Konsonantentext mit Vokalen versehen hatten, anders sehen wollen. Anstelle der Lesart im hebräischen Text »Er nannte das Kind Salomo« fügten sie am Seitenrand »Sie nannte das Kind Salomo«

ein. Man mag diesen Unterschied zunächst für nicht so wichtig halten. Zudem werden in der Hebräischen Bibel sowohl Mütter als auch Väter als Namensgeber ihrer Kinder benannt. Die Sache ist aber deshalb von Bedeutung, weil der Name des Kindes unlösbar mit dem düsteren Geschehen verbunden ist. Die Bedeutung des Namens geht auf den Wortstamm šlm zurück, dessen bekannteste Ableitung das Wort Schalom ist. Von seiner Grundbedeutung her hat šlm weder mit dem Grußwort noch mit dem im modernen Sprachgebrauch assoziierten Ausdruck *Frieden* allzu viel zu tun. Der finnische Exeget *Timo Veijola* hat auf die hier zu veranschlagende Bedeutung *Ersatz*, genauer: *sein Ersatz* aufmerksam gemacht. *Sein Ersatz* kann sich nur auf eine nicht mehr existierende Person beziehen, also entweder auf den toten Uria oder auf das tote Kind Batschebas. Vor diesem Hintergrund wird der Einspruch der Masoreten gegenüber der Lesart *Er (David) nannte das Kind Sein Ersatz* erklärbar. 2Sam 12,16 zeigt einen David, der verzweifelt das Leben seines Kindes zu retten versucht, indem er sieben Tage im Tempel auf der Erde liegt und fastet. Als das Kind dann stirbt, erhebt er sich zur Verwunderung seiner Ratgeber, wäscht sich, kleidet sich, isst und trinkt, weil er den Tod des Kindes nun doch nicht mehr ändern könne (2Sam 12,20–23). Schonungslos zeigt der Erzähler auch an dieser Stelle einen David mit dunklem Charakter. Zum Ehebrecher, Intriganten und Mörder kommt an dieser Stelle noch die Unfähigkeit zu trauern hinzu. *Und David tröstete Batscheba, seine Frau, und er ging zu ihr und schlief mit ihr und sie brachte einen Sohn zur Welt und rief seinen Namen Sein Ersatz.* Weswegen musste Batscheba getröstet werden? Im Kontext dieser Stelle geht es allein um den Tod des namenlosen Kindes Davids und Batschebas. Urias Tod liegt im Verlauf der Erzählung etwa um neun Monate, die Zeit der Schwangerschaft Batschebas, zurück. Es bleibt somit nur der Tod des Kindes, weswegen Batscheba Trost braucht. *Sein Ersatz* kann sich somit nur auf das tote Kind beziehen. Davids Tröstung besteht darin, dass er mit der Mutter des toten Kindes schläft und mit ihr ein zweites Kind zeugt. Sexualität und Schwangerschaft als Trauerarbeit Batschebas!

An dieser Stelle sind vier Dinge zu bedenken. Auch wenn wir anders als über David über Salomo keine außerbiblischen Quellen haben, die seine bloße historische Existenz bestätigen könnten, so wird doch der Name des mächtigsten Königs Israels ebenso wie die Person selbst keine Erfindung sein. Dennoch dürfte in der Erzählung kein historischer Stoff verarbeitet worden sein. Dagegen sprechen vier Gründe. Erstens geht die Erzählung sehr kritisch mit David um. David ist als König ein Ehebrecher, ein Taktierer, ein Intrigant und Mörder. Selbst seine gern betonte Bußfertigkeit, nachdem er sein Todesurteil gehört hat, lässt sich relativieren. Buße übt der, dem seine Schuld offenbar geworden ist. Der verurteilte Delinquent kommt mit seinem Schuldeingeständnis und seiner Reue zu spät. Man wird daher 2Sam 11,1–12,25 in die Reihe der königskritischen Texte der Hebräischen Bibel stellen dürfen. Der Erzähler einer politisch-intentionalen und dazu noch feinsinnig gearbeiteten Geschichte wird seine *story* weniger aus dem wirklichen Leben als vielmehr aus seiner Gedanken- und Phantasiewelt entwickeln. Zweitens bestimmen das private Gespräch, die geheime Kommunikation und das heimliche Zusammensein Einzelner das Geschehen. Das von einigen Auslegern angeführte Argument, der Erzähler wüsste über Interna zu berichten, von denen er wegen seiner Nähe zum König und zum Ort des Geschehens Kenntnis habe, ist allein aus diesem Grund kaum nachvollziehbar. Drittens werden in 2Sam 11,1–12,25 ältere Texte der Hebräischen Bibel verarbeitet (vgl. S. 58 ff.). Gerade dieser Umstand spricht für eine Abfassung der Erzählung frühestens in der Exilszeit. Viertens versucht die Erzählung eine Ätiologie für den Untergang des judäischen Königtums zu liefern. Von den Strafankündigungen in 2Sam 12,10, die neben der Todesstrafe auch die Auslöschung der Dynastie der Daviden beinhalten, wird nur das Urteil gegen David direkt aufgehoben. *Lo tamut – du wirst nicht sterben* (2Sam 12,14) sind die Worte JHWHs, durch die David noch einmal mit dem Leben davonkommt. Was aber ist mit den anderen Strafankündigungen? *Es wird das Schwert niemals mehr weichen von deinem Haus* (2Sam 12,10)! Die nächstfolgende Strafankündigung, ein anderer werde mit Davids Frauen *vor den Augen der Sonne*, d. h. in aller Öffentlichkeit, schlafen (2Sam 12,11), weist auf die Vergewaltigung der Nebenfrauen Davids durch seinen Sohn Abschalom in 2Sam 16,22 voraus. Der Erzähler arbeitet sorgfältig mit dem Schema Schuld, Strafankündigung und Straferfüllung bzw. Strafaussetzung. Das Todesurteil gegen David wird aufgehoben. Statt seiner trifft es andere. Ein neugeborenes Kind, die Nebenfrauen Davids und seine Nachfahren, auf die das *Haus Davids* anspielt. Die, die nichts für Davids Fehltat können, sie werden an Stelle Davids bestraft. Erfüllt hat sich das Strafwort gegen das Haus Davids, gegen die Davidendynastie, erst mit der Auslöschung des Jerusalemer Königtums im Jahr 587 v. Chr. Im Gegensatz zu einer Reihe von Auslegern glaube ich nicht, dass das Drohwort gegen die Daviden in 2Sam 12,10 erst als später Nachtrag in die Erzählung hineingekommen ist. Soll somit dem Leser der Erzählung bewusst werden, dass die Ursachen für die Zerstörung des judäischen Königreiches ihre Wurzel im Fehlverhalten seines Begründers liegen? Unmöglich ist das nicht, zumal die anderen genannten Aspekte für eine Spätdatierung der Erzählung sprechen.

Die Geburtsgeschichte Salomos endet für den heutigen Leser mit einem bemerkenswerten Resümee: *Sie brachte einen Sohn zur Welt und gab ihm den Namen Sein Ersatz. Und JHWH liebte ihn und sandte ihn unter die Hand Natans, des Propheten und gab ihm den Namen Jedidjah wegen JHWH.* Selbst in der deutschen Übersetzung fällt auf, dass die Schlussnotiz buchstäblich nachklappt. Dass JHWH Salomo liebt, mit diesem Happy End rechnet der Leser ganz gewiss nicht. Geradezu verwirrend sind die in sich widersprüchlichen Angaben über den Namen und die Namensgeber des neugeborenen Kindes. Die Texttradition behauptet, David habe das Kind Salomo genannt. Dagegen haben die Masoreten Batscheba als Namensgeberin sehen wollen. Hinter dieser Korrektur steht die wohl begründete Vermutung, ursprüngliche habe Batscheba im Text gestanden, erst im Zuge der Textüberlieferung sei daraus David geworden. Die Bemerkung, dass JHWH das Kind geliebt habe, fällt als Schlussnotiz der Erzählung faktisch durch die Hintertür ins Haus. Die folgende Namensgebung Jedidjah schließt an die Notiz von der Liebe JHWHs für Salomo an. Das mehrfach vorkommende Wort Jedid bezeichnet sonst ein besonders emotionales Verhältnis zwischen Gott und Mensch bzw. zwischen Menschen. So wird der Stamm Benjamin in Dtn 33,12 als Jedid JHWHs bezeichnet. Die griechische Übersetzung gibt die Bezeichnung mit *egapemenos hypo Kyriou* wieder. Die von den griechischen Übersetzern an dieser Stelle angenommene Bedeutung von Jedid im Sinne von Geliebter dürfte auch für 2Sam 12,25 zu veranschlagen sein. Die Endung des Namens Jedidjah

(Jah) bezieht sich zweifellos auf JHWH. *Geliebter JHWHs* ist somit zu übersetzen. Die Aussage in V. 24bβ, dass JHWH Salomo liebte, und die Namensgebung Geliebter JHWHs entsprechen sich offensichtlich. V. 24bβ.25 ist ein späterer Nachtrag, der aus dem unter tragischen Umständen zur Welt gekommenen Salomo das Glückskind und den Geliebten JHWHs macht.

Zwischen der Erzählung und ihrer Überarbeitung liegen Welten. Während die Grunderzählung mit der Tröstung Batschebas durch die Geburt des zweiten Sohnes endet, zäumt die Überarbeitung das Pferd gewissermaßen von hinten auf und lässt rückwirkend das neugeborene Kind und den künftigen König Israels in einem strahlenden Licht erscheinen. Offensichtlich fiel die Bewertung Salomos durch die biblischen Erzähler unterschiedlich aus. Für die einen war er das Kind einer düsteren Begebenheit, für die anderen war er dagegen der strahlende und von Gott auserwählte König. Warum ist die Geschichte von der Geburt Salomos und ihren sonderbaren Umständen erzählt worden? Die Vermutung drängt sich auf, dass ein Erzähler, der einen einzelnen König in dunklen Farben porträtiert, vom Königtum als einer politischen Herrschaftsform insgesamt nicht sonderlich angetan ist. Die einzelnen Etappen der Erzählung, die auf die Geburt Salomos hinauslaufen, sollen in den folgenden Ausführungen eingehend betrachtet werden. Wir beginnen mit einem bemerkenswerten Erzählmotiv, das sich in der Hebräischen Bibel in dieser Detailliertheit sonst nicht mehr findet: der Zeugung Salomos und ihre Umstände.

Die Erzählung setzt damit ein, dass David am Abend des Tages sich von seinem Lager erhebt und auf dem Dach des Königshauses herumschlendert, während sich *ganz Israel* im Krieg gegen die Ammoniter befindet. Wird hier schon die Frage provoziert, was denn der König tagsüber im Bett zu suchen habe, während seine Krieger für ihn kämpfen? Der Blick des wandelnden Königs fällt auf eine außergewöhnlich schöne Frau: auf Batscheba, die sich gerade wäscht. Wie darf man sich die Szene vorstellen? Die eisenzeitlichen Palastanlagen der frühen Königszeit verdienen den Namen eigentlich nicht. Der Königspalast wies durchaus bescheidene Dimensionen auf, ein Abstand zwischen Königshaus und umliegenden Wohnhäusern bestand faktisch nicht bzw. war sehr gering. An den sonstigen Stellen, an denen das hier begegnende Wort für waschen (hebr.: *rachaz*) steht, ist ein umfassender Reinigungsvorgang gemeint. Um eine Katzenwäsche wird es sich bei der badenden Batscheba wohl nicht gehandelt haben. Der Streit darüber, ob Batscheba David bewusst provoziert hat oder ob sie schlicht das Opfer der sexuellen Gelüste Davids ist, ist so alt wie die ersten Auslegungsversuche über diese Erzählung. Wer eine Antwort auf die Frage gibt, die der Erzähler wohl gar nicht hat beantworten wollen, wird in die Moralisierungsfalle tappen. Der Erzählung 2Sam 11,1–12,25 liegen das Weltbild und die Wertvorstellungen eines altorientalischen Erzählers zu Grunde und nicht die des modernen Lesers. Es liegt dem Erzähler völlig fern, Batscheba moralisierend – sei es als Opfer Davids, sei es als Verführerin – darzustellen. Ungeachtet dessen gibt die Erzählung Hinweise auf eine durchaus aktive Rolle Batschebas im Geschehen. Die Szene auf dem Dach des Königshauses wird meist so verstanden, dass David einen Boten losschickt, der sich nach der schönen Frau, die David gesehen hat, erkundigen soll. Merkwürdigerweise meint man, in V. 3b die Auskunft des zurückkehrenden Boten zu hören: *Ist das nicht Batscheba, die Tochter Eliams, die Frau Urias, des Hethiters?*

Wieso sollte jemand, der sich nach der Frau erkundigen soll, mit einer Frage zum König zurückkehren, wenn doch dieser sicher genau Bescheid wissen wollte? Syntaktisch ist in V. 3 nicht einmal ein Wechsel des Subjekts angezeigt. David schickt jemanden los, um die Frau fragen zu lassen, und sagt (zu sich selbst): *Ist das nicht Batscheba* ... Suggeriert der Erzähler, dass David Batscheba schon vorher kannte? Welche Bedeutung kommt dem Baden in diesem Fall zu?

Abb. 1: Julius Schnorr von Carolsfeld, Bethseba im Bade, 1820/25

Noch ganz andere Fragen gibt Batscheba dem Leser auf. In den Texten der Hebräischen Bibel, in denen ein Herrscher die Frau eines anderen Mannes in Besitz nimmt (Gen 12,10–20; 20; 26), wird die Frau absolut passiv dargestellt. In 2Sam 11,4 ist das Gegenteil der Fall: David schickt Boten, um Batscheba zu holen, und *sie kommt zu ihm.* Deutet der Erzähler ein Zusammentreffen von königlichem Begehren und fraulicher Entscheidungsfreiheit an? Der Fortgang der Handlung verstärkt diesen Eindruck. So, wie Batscheba zu David gekommen ist, so geht sie auch wieder: *Und sie kehrte in ihr Haus zurück.* Nicht genug damit, dass hier vom Haus der Frau die Rede ist, in das sie zurückkehrt, von hier aus sendet sie – und darin gleichen sich die beiden auffälligerweise – Boten zu David, um ihm ihre Schwangerschaft mitzuteilen. Wie immer man Batscheba sehen möchte, dargestellt ist sie als eine selbständig handelnde Person.

Eine letzte Besonderheit ist an dieser Stelle zu bedenken. Unmittelbar nach der Notiz, dass David und Batscheba zusammen geschlafen haben, und unmittelbar vor ihrer Rückkehr in ihr Haus und der Feststellung der Schwangerschaft hält die Erzählung fest, dass sie *eine von ihrer Unreinheit geheiligte war.* Die Semantik des hebräischen Ausdrucks *ihre Unreinheit* kann sich nur auf die Menstruation und die damit verbundene Tabuvorstellung beziehen. Gemeint ist, Batscheba habe die Zeit ihrer Menstruation und die darauf folgende siebentägige Karenzzeit hinter sich. Hält der Erzähler somit fest, dass für Batscheba zu dem Zeitpunkt, als sie mit David geschlafen hat, die größtmögliche Chance bestanden hat, schwanger zu werden?[21] Hieran

---

21 Die Mehrzahl der Ausleger glaubt allerdings, dass die Notiz über das Ende von Batschebas Phase der »Unreinheit«

schließen sich Fragen an: Wenn der Erzähler vom Zusammenhang zwischen Menstruationszyklus und Konzeptionswahrscheinlichkeit wusste, hat er dieses Wissen auch bei Batscheba in der Erzählung voraussetzen können?

Exkurs: Was wusste der Erzähler über den Zusammenhang von Menstruationszyklus und Konzeptionswahrscheinlichkeit?
Zur Erhellung der biologischen Vorstellung der Altorientalen über Konzeptionswahrscheinlichkeit und Schwangerschaftsursachen bzw. die Möglichkeiten ihrer Verhinderung sind wir auf breit gestreute sporadische Angaben aus der Literatur und der bildlichen Darstellung des Alten Orients einschließlich Ägyptens angewiesen. Methodisch besteht das Problem, dass konkrete Vorstellungen nicht vorbehaltlos auf eine andere ethnische Region oder eine andere Zeitstufe übertragen werden können. Dass der Zusammenhang von Menstruationszyklus und Fruchtbarkeit bekannt war, lässt sich aus einem ägyptischen Hymnus auf den Gott Chnum entnehmen. Dieser wird gepriesen als einer, der, indem er mit Frauen schläft, diese schwanger werden lässt und ihre Monatsblutung im rechten Augenblick aufhören lässt. (Esna V,209.211).[22] Bekannt waren dem Altorientalen zudem Möglichkeiten der Schwangerschaftsverhütung. Dazu zählten pflanzliche Wirkstoffe ebenso wie eine Ausdehnung der Stillzeit nach einer Geburt und andere Verhütungsmaßnahmen. Eine für die in 2Sam 11,4 zu Grunde liegenden Vorstellungen aufschlussreiche Stelle ist die in Lev 15 thematisierte sexuelle Tabuphase nach Menstruation und Geburt. Lev 15,19 legt die Tabuzeit für eine menstruierende Frau auf sieben Tage fest. *Eine Frau, die (ihre) Menstruation hat, gilt sieben Tage lang als unrein.* Daraus ist häufig der m. E. falsche Schluss gezogen worden, das die Tabuphase sieben Tage nach dem Einsetzen der Menstruation anhält. Dagegen sprechen die anderen in Lev 15 verhandelten Tabufälle. Lev 15,2 thematisiert die Tabuisierung eines Mannes bei

---

der Feststellung der Vaterschaft Davids dient. Warum sollte der Erzähler aber etwas sicherstellen wollen, was im Verlauf der Erzählung eindeutig ist? David schläft mit Batscheba, Batscheba wird schwanger – es ist keine Frage, dass David der Vater des Kindes ist.

22 Vgl. FEUCHT, Kind, 94, die ausdrücklich auf Kenntnisse über die Konzeptionswahrscheinlichkeit in Ägypten verweist.

einem unnatürlichen Ausfluss. V. 13 legt fest, dass er *nach dem Aufhören* des Ausflusses sieben Tage zählen soll und dann wieder als rein gilt. Ebenso thematisiert Lev 15,25 die »Unreinheit« einer Frau nach einer ungewöhnlich langen Monatsblutung. Nach V. 28 soll sie wiederum *nach dem Aufhören* der Blutung sieben Tage zählen, danach gilt sie wieder als rein. Für die »normale« Menstruation darf ein Analogieschluss vorgenommen werden. Nach dem Abklingen der Blutung gilt die Frau für weitere sieben Tage als »unrein«. Das Ende der Tabuphase dürfte normalerweise mit dem Konzeptionsoptimum zusammenfallen. Auf diese Besonderheit macht der Erzähler seinen Leser in 2Sam 11,4 aufmerksam. Diese Hervorhebung ist Teil *seiner* Erzählstrategie. Darüber, ob dieser Zusammenhang im Denken der handelnden Figur Batscheba, über die er erzählt, eine Rolle spielt, schweigt er.

Mit Sicherheit hat der Erzähler seine damaligen Leser von der Zwangsläufigkeit der Schwangerschaft überzeugen können. Aber warum? Damit dem Leser der Atem stockt? Oder soll ihm der Gedanke kommen, Batscheba habe es »darauf ankommen lassen«? Immerhin spielt Batscheba im weiteren Geschehen nur noch dort eine Rolle, dann allerdings eine maßgebliche, wo es um die Belange ihres Sohnes Salomo geht. Auf dem Höhepunkt ihrer Macht verneigt sich der König Salomo vor der Königsmutter Batscheba und sie sitzt neben ihm auf dem Thron (1Kön 2,19). Zwischen 2Sam 11,1–12,25 und 1Kön 1 f. besteht zweifelsohne ein literarischer Zusammenhang. Die Rolle Batschebas in 2Sam 11 ist daher weniger als die der künftigen Frau Davids zu sehen, sondern vielmehr als die der künftigen Königin und Mutter des Königs nach David.[23] Dass sie die größtmögliche Karriere einer Frau im Alten Orient gemacht hat, ist deutlich. Ihr Aufstieg wird noch unterstrichen durch ihren sozialen Status, der sie gewiss

---

23 Die meisten Ausleger und Auslegerinnen sehen in der Batscheba in 1Sam 11 im Unterschied zur Batscheba in 1Kön 1 f. eine völlig passive Frau; vgl. stellvertretend L. S. Schearing, A Wealth of Women, 429.

nicht für das Amt der Königin prädestiniert hat. Sie war die Frau eines Soldaten, der bestenfalls Offizier und zudem Hethiter, also Ausländer war.

Man mag sich darüber wundern, dass die Geschichte des Königs Salomo mit einer Erzählung über seine Mutter einsetzt, oder besser, über die Umstände, wie sie zu seiner Mutter wurde. Allerdings wirft diese Feststellung bereits ein Schlaglicht auf die gesamte Erzählkonzeption. Schließlich sind es Frauen, die den Höhepunkt von Salomos Macht und Weisheit markieren, und schließlich ist es eine Frau, die ursächlich mit dem Zerfall des salomonischen Reiches verbunden ist.[24] Das ist eine merkwürdige Analogie zwischen David und Salomo. Frauen markieren sowohl den Höhepunkt an Macht und Stärke beider Könige, Frauen spielen eine maßgebliche Rolle beim Niedergang beider Könige. Batscheba tritt in Davids Leben, als er auf dem Höhepunkt seiner politischen – und wie *Ilse Müllner* richtig gesehen hat – zugleich sexuellen Macht steht.[25] Nach dem Batscheba-Uria-Skandal geht es mit Davids Macht bergab. In 2Sam 13 kann er in seinem Haus Vergewaltigung und Totschlag unter seinen Kin-

---

24 Der Besuch der Königin von Saba in 1Kön 10 stellt den Höhepunkt von Salomos politischer Macht und Stärke und seiner »internationalen« Anerkennung dar. Die Audienz der beiden streitenden Frauen in 1Kön 3,16–28, die mit dem Aussprechen des salomonischen Urteils endet, verweist auf den Höhepunkt von Salomos Weisheit und richterlicher Kompetenz. Die Heirat der Tochter des ägyptischen Königs (1Kön 3,1), die Baumaßnahmen Salomos für die Ägypterin (1Kön 7,8; 9,24) und ihre Erstplatzierung in der Liste der fremden Frauen, die Salomos Herz von JHWH abwendeten (1Kön 11,1 ff.), markieren die wichtigsten Eckpunkte der Geschichte Salomos: die Thronbesteigung, den Aufstieg zur Großmacht, den Bau von Palast und Tempel und den sich abzeichnenden Verfall des Reiches.

25 Vgl. I. MÜLLNER, Gewalt im Hause David, 87.

dern nicht abwenden, in 2Sam 15 bestreitet sein Sohn Abschalom die richterliche Kompetenz des Königs, in 2Sam 16–19 revoltiert Abschalom kriegerisch gegen David, in 2Sam 20 erhebt sich Scheba und bringt Israel zum Abfall, in 2Sam 21 sucht eine verheerende Dürre als Strafe JHWHs das Land heim und in 2Sam 24 wütet die von JHWH gesandte Pest. Schließlich trifft der Leser in 1Kön 1 auf einen alten König David, der von einem Mädchen gewärmt werden muss und der seine Macht und Potenz verloren hat – und das wieder in sexueller und politischer Hinsicht.

Salomos Leben wird durch zwei Frauen gerahmt. Batscheba, seine Mutter, begegnet im Zusammenhang mit seiner Inthronisation (1Kön 1) und der Ausschaltung seines Konkurrenten und Bruders Adonia (1Kön 2). Im Zusammenhang mit dem zweifachen Auftreten Batschebas stehen der Tod des namenlosen Kindes in 2Sam 12 und die Hinrichtung Adonias in 1Kön 2. Nachdem Batscheba vor Salomo Adonias Bitte vorgetragen hat, er möge ihm doch Abischag von Schunem zur Frau geben, lässt Salomo Adonia hinrichten. Die in 1Kön 3,11 genannte Tochter des Pharao steht an der Spitze derjenigen Frauen, die Salomo zum Abfall von JHWH bringen und somit den Zerfall des Großreiches initiieren (1Kön 11,4 f.7 f.9–12). Die ägyptische Prinzessin spielt dabei eine Sonderrolle. Die moabitischen, ammonitischen, edomitischen, sidonitischen und hethitischen Frauen bringen Salomo dazu, ihren angestammten Göttern zu opfern: der Astarte Sidons, dem Milkom und Moloch Ammons und dem Kemosch Moabs. Von einem ägyptisierenden Synkretismus Salomos wird dagegen nichts gesagt. Und doch ist die ägyptische Prinzessin die Frau Salomos, der in 1Kön 1–11 vom Erzähler besondere Beachtung geschenkt wird: Durch die Heirat der Pharaonentochter knüpft Salomo politische Bande an Ägypten (1Kön 3,1) und ihr baut er einen Palast (1Kön 7,9; 9,24). Ohne die Einfluss-nahme Batschebas auf David wäre Salomo gar nicht erst König geworden und, ohne dass die fremden Frauen auf ihn Einfluss genommen hätten, wäre es nicht zum Rück-fall in den kultischen Synkretismus und zur Abspaltung der zehn Stämme vom Jerusalemer Königtum gekom-men.

Was bezweckt der Erzähler mit seiner Geschichte? Haben wir mit dem biblischen David-Batscheba-Stoff ein Stück Unterhaltungsliteratur auf hohem Niveau vorliegen? Oder soll der Leser mehr als nur unterhal-ten werden? Was soll er davon halten, dass der König Israels mit der Frau eines seiner Untertanen Ehebruch begeht, der Untertan unschuldig in den Tod geschickt wird, dass der König vor Lüge, Mord und Intrige nicht zurückschreckt und dass das unter derart chaotischen Umständen gezeugte zweite Kind des Königs und der Frau des Untertanen schließlich auch noch König wird? Die Frage, ob der Leser mit der David-Batsche-ba-Geschichte unterhalten oder belehrt werden soll, muss nicht zwingend einseitig beantwortet werden. Denkbar sind schließlich beide Möglichkeiten zusam-men. Einen intentionalen Charakter trägt die Erzäh-lung ohnehin. Einem Erzähler, der seinen König als finsteren Bösewicht schildert, wird man immerhin die Vorstellung unterstellen können, dass ein König, wie jeder andere Sterbliche auch, nicht tadellos sein muss. Vor dem Hintergrund des altorientalischen Königside-als, nach dem der ideale König als Beschützer der Ar-men, Waisen und Witwen zu fungieren habe, ist ein derart kritisches Königsbild auffällig.[26] Vom König

---

26 Die Hebräische Bibel kennt zahlreiche Beispiele, die den König Israels ganz im Sinne des altorientalischen bzw. des ägyptischen Königsideals darstellen. Vgl. etwa Ps 72, der

wird erwartet, dass er die Witwen schützt, und nicht, dass er sie dazu macht. Worauf die Erzählung hinauswill, macht die Strafrede Natans in 2Sam 12,7–12 deutlich. David erhält seine Strafe: Das Schwert soll niemals mehr von seinem Haus (gemeint ist die Dynastie der Davididen) weichen, Böses bringt JHWH in das Haus Davids und Davids Frauen sollen mit einem nächsten Verwandten Davids schlafen müssen. David reagiert mit Reue und erhält dafür einen Teilerlass: Er selbst bleibt am Leben, nur sein und Batschebas Kind muss an seiner Stelle sterben (2Sam 12,13 f.). Die ursprüngliche Strafe galt sowohl David selbst als auch seinen Nachkommen. Dass Davids Leben geschont wird und dafür sein Kind sterben muss, heißt nicht, dass das Strafgericht gegen seine Nachkommen aufgehoben ist. Gewöhnlich wird der Auftritt Natans einer späteren Redaktion zugeschrieben.[27] Allerdings gibt es auf Grund des Stils und der narrativen Gestaltung keinen zwingenden Grund, den Natanauftritt für sekundär zu halten.[28] Das Schwert JHWHs schwebt damit weiter über den Davididen. Der erste König Israels und Judas hat eine schwere Schuld auf sich geladen. Nicht, dass er als böser Mensch gezeichnet werden sollte! David rutscht die schiefe Bahn immer tiefer hinab. Er verfällt der Schönheit einer Frau, schläft mit ihr, versucht ein erstes Mal die Schwangerschaft Uria unterzuschieben, versucht es ein zweites Mal, indem er mit Uria trinkt

---

den König nicht nur als Retter und Beschützer der sozial Schwachen darstellt, sondern dem König auch noch die Vernichtung des Bedrückers der Armen abverlangt. Davon ist faktisch das Wohlergehen des ganzen Landes abhängig. Versagt der König in seiner Funktion, dann versagt Gott dem Land die Fruchtbarkeit.

27 Stellvertretend vgl. S. A. Nitsche, König David, 224 f.
28 Vgl. A. Kunz, Die Frauen und der König David, 193–198.

und mit ihm ein böses falsches Spiel spielt, schickt ihn in den Tod und heiratet schließlich Batscheba. Erst an diesem Punkt der Erzählung greift JHWH ein. David hat sich in seinem Aktionismus, die Dinge zu vertuschen, immer tiefer hineingerissen.

Die Moral der Geschichte ist die: Auch der größte König Israels ist ein Mensch aus Fleisch und Blut, der seiner Leidenschaft und seinen Ängsten folgt und der deswegen – weil er die Macht auf seiner Seite hat – so gefährlich werden kann.

Der königskritische Ton der Erzählung ist nicht zu überhören. Und doch scheint die Erzählung zugleich einen unterhaltenden Charakter aufzuweisen. Aus der ägyptischen Spätzeit liegt seit ihrer Entdeckung im Jahr 1972 eine Erzählung vor, die mit 2Sam 11 f. erstaunliche Motivparallelen aufweist. Gattung und Inhalt von 2Sam 11 f. und der ägyptischen Geschichte sind völlig verschieden. Dennoch ist neben den Motivparallelen eine bemerkenswerte thematische Nähe zu beobachten, nämlich der König als Ehebrecher. Die im Text vorkommenden Pharaonennamen Si-Sobek und Menptah sind fiktiv. Die Geschichte selbst spielt in der dritten Zwischenzeit (1000–900 v. Chr.). Auf Grund ihrer sprachlichen Gestaltung wird für sie eine Abfassungszeit im Übergang vom 6. zum 5. Jh. v. Chr. angenommen.

Die Geschichte des Magiers Merirê

Dem König Si-Sobek bekommt eines Nachts das Essen nicht, er findet keinen Schlaf mehr, sein Blick wird starr und er leidet unter heftigen Schweißausbrüchen. Seine Weisen können dem König nicht mehr sagen, als dass er sterben wird, es sei denn, jemand könne für sein Weiterleben bitten. Dies könne allerdings nur der besonders begabte Magier Merirê, den die anderen Weisen bisher aus Neid vom Hof ferngehalten haben. Der darüber erzürnte König befiehlt, Merirê zu rufen. Dieser erscheint und sagt dem König zu, er könne tatsächlich für ihn eine Lebensverlängerung erbitten. Das Problem daran ist allerdings, dass Meri-

45

rê an Stelle des Königs sterben muss. Der König verspricht Merirê als Gegenleistung, seinen Sohn großzuziehen, für Merirê eine
großartige Trauerprozession abzuhalten und für ein ewiges Bewahren seines Namens in den Tempeln zu sorgen. Merirê erbittet
sich noch etwas anderes vom König: Dieser solle dafür sorgen,
dass seine Witwe Henut-nofret in ihrem Haus bleiben darf und
dass kein Vornehmer sie zur Frau nehmen dürfe. Auch der König selbst solle schwören, dass er kein Auge auf Henut-nofret
werfen werde bzw. verhindern werde, dass er ihre Schönheit
überhaupt zu sehen bekommt und ihretwegen den Eid brechen
würde. Weiter verlangt Merirê, dass die Kinder der Weisen, die
gegen ihn intrigiert haben, mit ihm in das Jenseits gehen müssen.
Der König stimmt zu und Merirê begibt sich nach allerlei Vor-
bereitungen in den Tod und wird in der Unterwelt von der Göttin Hathor empfangen. Hathor führt Merirê vor den großen
lebendigen Gott (Osiris). Dieser erkundigt sich nach den derzeitigen sozialen Verhältnissen Ägyptens, insbesondere nach dem
Ergehen der Witwen. Merirê muss einräumen, dass die Witwen
und die Bedürftigen unterdrückt und Kinder gewaltsam entführt
werden. Der große Gott bricht ob der desolaten Zustände in Wei-
nen aus, verspricht aber dem König, der im Augenblick 25 Jahre
alt ist, eine Lebenserwartung von 103 Jahren. Merirê bittet den
großen lebendigen Gott, ihn wieder auf die Erde zu lassen. Dieser lehnt ab. Dafür will ihm aber Hathor nach ihren Besuchen
Bericht über das Ergehen seines Hauses, seiner Familie und des
Königs berichten. Von Hathor muss Merirê aber erfahren, dass
der König Henut-nofret zur Frau genommen, sein Haus weggenommen und seinen Sohn getötet habe. Die Schuldigen sind
allerdings die Magier, die den König dazu angestiftet haben. Daraufhin fertigt Merirê ein Wesen aus Ton, das seinem Willen ge-
horchen muss, und schickt es auf die Erde zum König. Dieser
lässt auf Anweisung des Golems seine Weisen ermorden. Der
Golem kehrt zu Merirê zurück. Der Text ist anschließend nur
noch fragmentarisch erhalten. Merirê kehrt auf die Erde zurück
und hält dem eidbrüchigen König seine Fehltaten vor.[29]

Die Differenzen zwischen der ägyptischen Erzählung
und 2Sam 11 f. liegen auf der Hand. Dennoch bestehen
auffällige Gemeinsamkeiten im Gebrauch der Motive.

---

29 Zur spekulativen Rekonstruktion des fragmentarischen En-
    des der Geschichte vgl. E. BRUNNER-TRAUT, Altägyptische
    Märchen, 231 ff.

- Die Motive betreffen zunächst den König als Ehebre-
  cher. David und Si-Sobek verfallen der Schönheit der
  Frau eines ihrer Untertanen und nehmen sie zu sich.
- Der Ehebruch geschieht zur Zeit der Abwesenheit
  des Ehemannes. Uria ist für seinen König in den
  Krieg gezogen, Merirê ist für seinen König in den
  Tod und ins Jenseits gegangen.
- Der Ehebruch wiegt besonders schwer, da die Ehe-
  männer der Frauen für ihren König sterben.
- Beide Erzählungen beinhalten das Motiv des Stell-
  vertretertodes. In 2Sam 12,14 ff. muss das Kind Da-
  vids und Batschebas *an Stelle Davids* sterben. Das
  Kind stirbt, damit David von der Strafe des Todes
  verschont bleibt.[30] In der ägyptischen Erzählung begegnet das Motiv gleich zweimal. Zunächst geht Merirê an Stelle des Königs in den Tod. Zugleich fordert
  Merirê, dass die Kinder der ihm feindlich gesinnten
  Magier an Stelle ihrer Väter mit ihm in den Tod geschickt werden.
- Nachdem der König jeweils die Frau seines Untertanen zu sich genommen hat, kommt der Gesandte
  Gottes bzw. der Gesandte aus der jenseitigen Sphäre
  zu ihm. JHWH sendet den Propheten Natan zu David. Merirê sendet den Golem zu Si-Sobek.
- Nach dem Eintreffen des Gesandten zeigt der König
  sich reuig. David bekennt seine Schuld. Ebenso verfällt Si-Sobek in Regungslosigkeit und Angst. Dass er
  seine Magier töten lässt, lässt sich durchaus als
  Schuldeingeständnis verstehen, da sie ihn auf den
  Gedanken gebracht haben, Merirê in die Unterwelt
  zu schicken.
- Der König ist schuldig am Tod des Kindes. In 2Sam
  11 f. stirbt das erste Kind Davids und Batschebas. Es

---

30   Vgl. J. P. FOKKELMAN, King David, 91.

stirbt stellvertretend für David und es stirbt durch die Schuld Davids. In der ägyptischen Geschichte tötet der König das Kind des Merirê und der Henutnofret. Der König ist in beiden Erzählungen der Verursacher des Todes des Kindes.

– Beide Erzählungen weisen sozialkritische Züge auf. In 2Sam 12,1–4 hört David die Geschichte vom reichen und vom armen Schafbesitzer. Dass der Arme den Reichen beraubt, prangert David selbst als Missstand und als soziale Ungerechtigkeit an. Eben dieser Aspekt spielt auch in der ägyptischen Erzählung eine Rolle. Osiris erkundigt sich nach den sozialen Zuständen. Sie sind verheerend: *die Witwen werden benachteiligt und der Bedürftige ... schreit wegen der Brutalität, einer unterdrückt den anderen.*[31]

Beide Erzählungen beinhalten das Motiv der Intrige bzw., soweit stimmen die Erzählungen überein, der nachwirkenden Intrige. In 2Sam 11,14 f. beschließt David, Uria töten zu lassen. Das geschieht nicht mehr, um seine eigene Vaterschaft zu vertuschen. Dafür hätte der Tod Urias keinen Sinn. Dass David sich an Uria wegen seiner Gewitztheit rächen will, kann vermutet werden. Die Folge der Intrige ist, dass Uria stirbt und David Batscheba heiratet. In der Merirê-Erzählung liegt ebenfalls die nachwirkende Intrige vor. Merirê wird nicht in den Tod geschickt, damit der König dessen Frau bekommt. Als er aber im Jenseits ist, nimmt sich der König die Frau. Beide Episoden sind so dargestellt, dass im Rückblick der gewollte Tod des Ehemanns als Mittel des intriganten Königs erscheint, die Ehefrau des Untertanen zu bekommen.

---

31 Übersetzung nach E. BRUNNER-TRAUT, Altägyptische Märchen, 236.

Eine auffällige Analogie zwischen beiden Erzählungen existiert in der Betrachtungsweise des Todes. David sinniert über den Tod seines Kindes:

Ich gehe zu ihm (dem Kind), es aber wird zu mir nicht zurückkehren.
(2Sam 12,23)

Von sich selbst spricht David in einer Art und Weise, die das Gehen zu dem Kind, eine Todesmetapher, als einen zeitlosen Vorgang ausdrückt. Streng genommen müsste man übersetzen: *Ich bin ein zu ihm Gehender.*[32] Das Kind wird wie alle Toten nicht zurückkehren. Das Leben versteht David als einen Gang zum Tod. Dieser Gang führt nur in eine Richtung, er ist irreversibel. Die Toten können nicht zu den Lebenden zurückkehren. Ohne Zweifel redet David metaphorisch vom Tod. Zugleich artikuliert er auf der Bildebene eine Vorstellung vom Tod, die an eine räumliche Konzeption erinnert. Die Lebenden gehen zu den Toten und von dort, wo die Toten sind, können sie nicht zu den Lebenden zurückkehren. Für den Vergleich mit der Merirêgeschichte ist von Bedeutung, dass das Reden vom Tod im Zusammenhang mit dem Stellvertretertod erfolgt: David redet vom Tod bzw. vom Gang in die Sphäre der Toten im Zusammenhang mit dem Tod seines Kindes, das für ihn stellvertretend in den Tod geht. Genau diese Vorstellung bzw. dieses Motiv begegnet auch in der ägyptischen Erzählung. Allerdings ist hier die räumliche Trennung zwischen der Welt der Lebenden und der Welt der Toten aufgehoben. Merirê wünscht sich sehnlichst, nach seinem Gang in die Totenwelt wieder mit dem Pharao zusammensein zu können. Der Pharao

---

32 Im hebräischen Text steht an dieser Stelle ein Partizip (holech), dass hier das Leben Davids als ein Auf-dem-Weg-sein zum Tod versteht.

versichert Merirê, dass sie beide wieder zusammen-
kommen werden. Merirê soll wohl so der Gang in die
Totenwelt schmackhaft gemacht werden. Dieser allerdings bleibt skeptisch:[33]

Wie soll ich denn wieder mit euch zusammensein können. Seht,
es ist doch der Tod, in den ich gehen muss.

Merirê geht in den Tod bzw. in die Sphäre der Toten.
Ebenso wie David spricht er von einem irreversiblen Vorgang. Auch wenn die Existenz des toten Merirê ebenso
wie die des lebenden Königs nicht aufgehoben wird, so
kann Merirê doch nicht mit der Möglichkeit einer Rückkehr zum Pharao rechnen. Dass ihm die Rückkehr später
dennoch ermöglicht wird, hängst einerseits mit dem Stoff
der Erzählung und andererseits mit der Besonderheit des
Ehe- und des Eidbruchs des Pharaos zusammen. Beide
Erzählungen kennen eine Sphäre der Lebenden und eine
der Toten. Eine Rückkehr aus der Todessphäre in die Le-
benssphäre ist an sich ausgeschlossen. Aber aus der jenseitigen bzw. der göttlichen Sphäre heraus können die
auf Erden begangenen Sünden gesühnt werden. Merirê
handelt aus der Totenwelt heraus, während in 2Sam 12
Natan als der Gesandte Gottes auftritt.

David und Si-Sobek erfahren von dem Gesandten
aus der jenseitigen Sphäre bzw. vom Gesandten Gottes,
dass ihre Lebenszeit verlängert wird. In 2Sam 12 geschieht das am Ende der Episode, nachdem David sich
reuig gezeigt hat. Für Si-Sobek wird noch vor dem Ehebruch die Todesbedrohung bis zu seinem 103. Lebens-
jahr, er ist zum Zeitpunkt des Geschehens 25 Jahre alt,
ausgesetzt.

Der Grund für den König, sich die Frau seines Untertanen zu nehmen, ist jeweils deren Schönheit. Da-

---

33 Übersetzung nach einem freundlichen Hinweis von Frank
Kammerzell aus Wien.

vids Blick fällt in 2Sam 11,2 auf die badende Batscheba, von der der Erzähler sagt, dass sie sehr schön sei. Ohne die Erwähnung der Schönheit Batschebas blieben die Gründe für den folgenden Fortgang offen. So aber ist deutlich, dass die Schönheit Batschebas David zu den Aktionen mit ihren verheerenden Folgen treibt. Nicht anders ergeht es Si-Sobek. Er muss Merirê schwören, dass er während dessen Abwesenheit kein Auge auf Henut-nofret werfen wird bzw. dass er es von vornherein ausschließen soll, die Schönheit der Frau überhaupt zu sehen. Beide Erzählungen funktionieren an dieser Stelle nach dem Prinzip: Trotz aller möglichen bzw. tatsächlichen guten Vorsätze des Königs verfällt er der Schönheit einer Frau, als er diese nur sieht.

Mit der Frau des Untertanen riskiert der König nicht etwa nur ein sexuelles Abenteuer. Er heiratet die Frau und macht sie zu seiner Hauptgemahlin. Der Beginn der David-Batscheba-Erzählung ließe zunächst an ein Abenteuer Davids denken. Schließlich kehrt Batscheba in ihr Haus zurück (2Sam 11,4). Der Fortgang der Ereignisse verhindert, dass die Affäre ihren episodenhaften Charakter behält. Der Tod Urias erlaubt letztendlich, dass David Batscheba zu sich holt und sie zu seiner Frau macht. Dass es sich bei Henut-nofret um eine ausgesprochene Schönheit handelt, erfährt der König von Merirê. Von Zwischenstadien ist hier nicht die Rede: Merirê erfährt, dass der König seine Frau zu sich genommen und sie zu seiner Hauptgemahlin gemacht hat. Beide Frauen machen, ob nun gegen ihren Willen oder nicht, Karriere. Aus der Frau des betrogenen Ehemannes wird die Hauptfrau des Königs.[34]

---

34 In 2Sam 11 f. steigt Batscheba zunächst zur königlichen Gemahlin auf. In 1Kön 1 wird ihr Status durch die Einsetzung ihres Sohnes Salomo zum Nachfolger Davids weiter auf-

In beiden Erzählungen begegnet die nächtliche bzw. abendliche Umtriebigkeit des Königs als Handlungsbeginn. In der Merirê-Erzählung ist es gerade das Motiv der Völlerei des Pharaos am Abend, das dessen Umtriebigkeit hervorhebt. Warum die Handlung in 2Sam 11 am Abend einsetzt, lässt sich aus der Erzählung selbst nicht herauslesen. Soll hier ein Stimmungsbild erzeugt werden? Oder soll David desavouiert werden, weil er am Tag, während sein Heer kämpft, im Bett liegt und am Abend der Frau seines braven Soldaten Uria nachsteigt?

Zwischen beiden Erzählungen gibt es deutliche Unterschiede. Die ägyptische Variante trägt transzendente Züge. Das Jenseits und die Sphäre der Götter und Hathors ist ein Bereich, in dem die Handlungen ebenso ablaufen wie im Diesseits. Die Schuld des Königs wird in der ägyptischen Erzählung nicht so überdeutlich herausgearbeitet, wie das in 2Sam 11 f. geschieht. Dennoch bleibt der König trotz des schlechten Einflusses der Magier ein Ehebrecher. Auch ist der Ausgang der Handlung anders: Während Merirê in sein Haus zurückkehrt und wieder mit seiner Frau vereint wird, bleiben die Dinge in 2Sam 11 f. so, wie sie sind: Infolge des Ehebruchs wird Batscheba Davids Frau. Die Personenkonstellation ist nicht identisch. Uria, der Mann Batschebas, stirbt und verschwindet aus der Erzählung. Merirê kann der Tod bei seinen Aktionen nicht beeinträchtigen. Der Gesandte Gottes in 2Sam 12,1 ff., der den König über die Unrechtmäßigkeit der Ehe mit Batscheba aufklärt, ist der Prophet Natan. In der ägyptischen Erzählung übernimmt der von Merirê geschaffene Golem die Aufgabe, dem König seine Fehltat aufzuzeigen.

---

gebessert. In 1Kön 2 schließlich ist sie die Königsmutter, die an der Herrschaft ihres Sohns teilnimmt.

Zu den gemeinsamen Motiven gehört ferner der Tod am siebenten Tag. Der König Si-Sobek erfährt von seinen Magiern, dass die Frist bis zu seinem Tod noch sieben Tage beträgt. Zwar wird nicht gesagt, wann sich Merirê in das Jenseits begibt. Logischerweise muss das aber am siebenten Tag oder davor erfolgen. Das Kind Davids stirbt bemerkenswerterweise auch am siebenten Tag (2Sam 12,18). In beiden Erzählungen besteht somit eine Frist von sieben Tagen zwischen dem Bekanntgeben des bevorstehenden Todes und dem Eintreten des Todes, wobei dann jeweils der Stellvertretertod eintritt.

Eine geradezu frappierende Analogie zwischen 2Sam 11 f. und der David-Batscheba-Erzählung führt sogar zur Lösung eines Übersetzungsproblems. In 2Sam 12,14 fasst Natan noch einmal polemisch die Schwere der Schuld Davids zusammen:

Weil du den Feinden JHWHs mit dieser Sache gelästert hast, soll der Sohn, der dir geboren ist, sterben.
(vorläufige Übersetzung von 2Sam 12,14)

An der Stelle ist viel herumgerätselt worden. Entweder wird *lästern* im Sinne von *zum Lästern bringen* übersetzt oder der Text wird »korrigiert«, etwa durch Streichung des Wortes *Feinde*. Sinnvoll ist beides nicht. Der hebräische Ausdruck kann nicht anders als mit *lästern, schmähen* o. ä. übersetzt werden. Eine Korrektur des Textes ist durch nichts gerechtfertigt. Wie soll das Wort *Feind* versehentlich in den Text gekommen sein? Zu recht ist für 2Sam 12,14 schon häufig gemutmaßt worden, dass hier eine euphemistische, d. h. eine verhüllende Sprache vorliegt. Der Erzähler lässt Natan tatsächlich sagen, dass David JHWH gelästert habe. Aus religiösen Gründen hat er eine Scheu davor, dies direkt auszudrücken. Daher setzt er das Wort *Feind* ein. *Gesagt* wird, dass David den Feinden JHWHs gelästert hat, *gemeint* ist, dass David JHWH gelästert hat. Zu übersetzen ist daher:

Weil du JHWH mit dieser Sache gelästert hast, soll der Sohn, der dir geboren ist, sterben.
(2Sam 12,14)

In unserem Zusammenhang ist der Ausdruck *Feinde JHWHs* an Stelle von *JHWH* entscheidend. Ein entsprechender Euphemismus, wiederum unter Verwendung des Ausdrucks *Feinde*, taucht ebenfalls in der Merirê-Erzählung auf. Mehrfach steht in ihr der Ausdruck *Feinde Pharaos*, obwohl *der Pharao* gemeint ist. Der Euphemismus begegnet zum ersten Mal gleich zu Beginn der Geschichte im Zusammenhang mit der tödlichen Krankheit des Königs.

Das Auge des Pharaos, er lebe, sei heil und gesund, wurde starr.

Wortwörtlich steht hier: die *Feinde des Pharaos*. Zu lesen ist aber: *der Pharao*. Der Grund für die Verwendung des Euphemismus liegt hier wahrscheinlich darin, dass die Benennung einer tödlichen Erkrankung des (göttlichen) Königs Probleme bereitet hat. Um dieses Problem zu umgehen, wurden an Stelle des *Pharaos* die *Feinde des Pharaos* gesetzt. In der ägyptischen Literatur sind in diesem Zusammenhang Singular und Plural austauschbar. An anderen Stellen begegnet *Feinde Pharaos*.[35]

---

35 Vgl. F. KAMMERZELL, Ein demotisches Fragment der Merirê-Erzählung, 57, und ausführlich G. POSENER, Le Papyrus Vandier, 42. Bemerkenswerterweise hat G. POSENER noch vor der Auffindung des Papyrus Vandier darauf aufmerksam gemacht, dass der Euphemismus in 2Sam 12,14 ägyptischer Herkunft ist. Die zahlreichen Belege, die G. Posener für den Gebrauch des Ausdrucks Feind bzw. Feinde meist ḫftj(w) in euphemistischer Verwendung aufzeigen kann, erhärten die Vermutung, dass in 2Sam 12,14 ein ägyptischer Einschlag vorliegt; vgl. G. POSENER, Sur l'emploi euphémique, 30 ff.

Trotz vieler Differenzen bleiben genügend Berührungen im Gebrauch der literarischen Motive bestehen: Der Ehebruch des Königs mit einer Frau seines Untertanen, der Zeitpunkt des Ehebruchs (der Ehemann und Untertan kämpft bzw. stirbt für seinen König), der Stellvertretertod einer anderen Person für den König, die sich daraus für ihn ergebende Lebenszeitverlängerung, die Entsendung eines Boten aus dem Jenseits bzw. von Gott zum König, die Strafrede gegen den König, der trotzdem unbehelligt bleibt, die Reue des Königs, die Sensibilität für soziale Missstände und die Unterscheidung von Lebenswelt und Todeswelt, zwischen denen nur eine Einbahnstraße besteht.

Kann zwischen beiden Erzählungen so etwas wie eine Beeinflussung angenommen werden? Bemerkenswerterweise datiert die Merirê-Erzählung in den Übergang vom 6. zum 5. Jh. v. Chr.[36] Die David-Batscheba-Erzählung in 2Sam 11 f. ist nach Auffassung des Verfassers ebenfalls in diesem Zeitraum in Israel entstanden. Als Erklärungsmöglichkeiten für die bestehenden Motivparallelen können m. E. drei Modelle angenommen werden:

a. Das Modell der literarischen Beeinflussung einer Erzählung durch die andere

Der ägyptischen Geschichte wird man eine längere mündliche oder schriftliche Vorgeschichte zugestehen müssen. Dafür sprechen schon die beiden erfundenen Pharaonennamen. Sie wird in Ägypten schon länger bekannt gewesen sein. Dagegen ist 2Sam 11 f. auf den historischen David fixiert. Nimmt man eine Beeinflussung von 2Sam 11 f. durch die ägyptische Erzählung an, wäre ein kultureller Austausch zwischen Ägypten und Israel

---

36 Vgl. F. Kammerzell, Mi'jare' in der Unterwelt, 974.

die Bedingung dafür. Tatsächlich ist die Spätzeit des judäischen Königtums, der Übergang vom 6. zum 5. Jh., von intensiven Kontakten einzelner Kreise in Juda mit Ägypten geprägt. Immerhin trieb den letzten judäischen König, Zedekia, die Hoffnung um, dass er die babylonische Bedrohung mit militärischer Hilfe der Ägypter hätte abwenden können. Die Ägypter haben tatsächlich in Juda interveniert, allerdings ohne Erfolg (2Kön 24 f.). Für diejenigen unter den Judäern, die die Babylonier nicht als Herrschaftsmacht akzeptieren konnten oder wollten, war Ägypten ein willkommenes Fluchtland (vgl. Jer 44). Die Beispiele ließen sich vermehren.[37] Sicher ist, dass in der Spätzeit des judäischen Königtums ausreichend viele Kontakte zwischen Israel und Ägypten bestanden, auf Grund derer ägyptische Erzählstoffe durchaus nach Juda hätten gelangen können.[38]

---

37 Vgl. zuletzt B. U. Schipper, Israel und Ägypten in der Königszeit.

38 Das Modell einer direkten literarischen Beeinflussung gewinnt durch einen weiteren nachweisbaren wirkungsgeschichtlichen Niederschlag der Merirê-Erzählung außerhalb Ägyptens an Plausibilität. F. Kammerzell, Die Nacht zum Tag machen, 45, verdanken wir den bemerkenswerten Hinweis, dass die Einleitungsepisode in der Merirê-Erzählung von Herodot aufgegriffen worden und in den Historien (Herodot, II 133) eingearbeitet worden ist. Aus diesem Sachverhalt, der hier nicht nachgezeichnet werden kann, schlussfolgert F. Kammerzell (ebd., 50), dass die Merirê-Erzählung im 6. und 5. Jh. v. Chr. so bekannt gewesen sein muss, dass sie immerhin den Weg bis zu Herodot finden konnte. Zudem existiert noch ein demotisches (spätägyptisches) Fragment der Merirê-Erzählung, das im Wortlaut leicht vom Papyrus Vandier abweicht (pTebtunis Tait 9). Auch dieser Sachverhalt deutet darauf hin, dass der Stoff der Merirê-Erzählung ebenso wie die ihm zu Grunde liegenden Motive eine große Popularität genossen haben; vgl. F. Kammerzell, Ein demotisches Fragment der Merirê-Erzählung, 53 ff.

b. Das Modell des gemeinsamen Milieus des Erzählens

Der König als Ehebrecher dürfte als literarisches Motiv in den Literaturen Israels und Ägyptens seinen Niederschlag nicht zuletzt durch die soziale Wirklichkeit des Erzählers gefunden haben bzw. könnte durchaus seinen Erfahrungen entsprechen. Eine entsprechende Thematisierung könnte durchaus kulturübergreifend in verschiedenen Literaturen begegnen.[39] Auch die anderen gemeinsamen Motive in 2Sam 11 f. und in der Merirê-Erzählung ließen sich mit einem kulturübergreifenden gemeinsamen Erzählmilieu erklären. Dass der Tod des Ehemannes und der Ehebruch aus der jenseitigen bzw. der göttlichen Sphäre heraus geahndet werden, ist in der geistigen Verwurzelung beider Erzählungen begründet. Schwierig bliebe allerdings, die gemeinsame Vorstellung vom Tod als Topos, zu dem man sich begibt, und die signifikante euphemistische Verwendung des Substantivs Feind zu erklären. Letztere hat mit dem Thema Ehebruch nichts zu tun. Erklären ließe sich die Gemeinsamkeit möglicherweise mit der Spezifik des Motivs des Stellvertretertodes. Ein Mensch geht für den König stellvertretend in den Tod. Das setzt voraus, dass eine Konnexität zwischen Diesseits und Jenseits besteht.

c. Das Modell einer gemeinsamen Erzählvorlage

Beide Erzählungen gehen auf einen Erzählstoff zurück, der sowohl die ägyptische als auch die judäische Erzählung beeinflusst hat. Allerdings ist so ein Modell eher unwahrscheinlich. Für solch eine Annahme bieten zwei vergleichbare Erzählungen zu wenig Substanz. Zudem wäre es dann ein gewaltiger Zufall, wenn in

---

39 Vergleichbar wäre etwa das Thema *Bildung und Entwicklung*, das in der europäischen Literatur im so genannten Entwicklungsroman im 18. Jh. aufkommt.

der ägyptischen und in der judäischen Erzählung, ohne dass ein Einfluss vorläge, der Ausdruck Feind bzw. Feinde in euphemistischer Verwendung stehen würde.

Das Auftauchen signifikanter Motive, die euphemistische Verwendung von *Feind/Feinde* und die eigenwillige Vorstellung vom Tod als eines Topos, zu dem man *geht*, sprechen sehr dafür, in der Merirê-Erzählung die literarische Vorlage für 2Sam 11 f. zu sehen. In welcher Gestalt und in welcher Form der David-Batscheba-Erzähler mit ihr in Berührung gekommen ist, kann bestenfalls spekuliert werden. Konnte er Ägyptisch? Wenn ja, dann doch wohl eher nur das gesprochene und weniger das geschriebene Ägyptisch. Literarische Texte, die es zu einer gewissen Bekanntheit bringen, evozieren meist auch eine mündliche Weitergabe oder Interpretation ihres Inhalts. Immerhin ist es denkbar, dass unser Erzähler von der Merirê-Erzählung gehört hat und dass er ihren Inhalt im Wesentlichen kannte.

1.2. Die schöne Frau und der Weinberg – Zwei Geschichten über königliches Begehren

1Kön 21 erzählt, dass es den König Ahab nach dem Weinberg seines Untertanen Nabot gelüstete. Als Nabot sich dem Wunsch des Königs widersetzt, auf sein Erbteil zu Gunsten des Königs zu verzichten, verfällt Ahab in Depressionen. Seine Frau Isebel indes ist um eine Lösung nicht verlegen. Wenn Nabot sich weigert, muss er sterben. Sie beeinflusst die Honoratioren der Stadt Nabots, indem sie ihnen einen Brief schreibt, um ein Fasten auszurufen. Der ahnungslose Nabot wird als Wächter über das Fasten eingesetzt. Die Ältesten der Stadt bezichtigen Nabot entsprechend der Anweisung der Königin, das Fasten gebrochen zu haben. Nabot wird hingerichtet und Ahab, der in dieser Sache nicht nur inaktiv, sondern auch noch ahnungslos ist, nimmt sich Nabots Weinberg und erfüllt sich seinen sehnlichsten Wunsch: Er macht sich einen Gemüsegarten daraus. Die Sache missfällt JHWH, er sendet den Propheten Elia zu Ahab. Elia deckt die Schuld des Königs auf und verkündet die Strafe: Ahab soll sterben und sein Haus soll bis auf den letzten Mann ausgerottet werden. Der König, der vom drohenden Ende seines Lebens und seiner Dynastie hört, reagiert reumütig: Er zerreißt seine Kleider und fastet. Die Reue des Königs stimmt JHWH um. Der König wird verschont, das Unheil soll den Sohn des Königs treffen.

Seit einiger Zeit sind die Geschichten in 2Sam 11 f. und 1Kön 21 verstärkt in einen Zusammenhang gestellt worden. Von einigen Auslegern ist dabei die These aufgestellt worden, dass zwischen den Erzählungen literarische Beziehungen bestehen.[40] Zunächst sollen hier in aller Kürze die Parallelen im Gebrauch der Motive, im Ablauf der Handlung und in der Darstellungsweise des Königs benannt werden.[41] Wir orientieren uns im Vergleich beider Texte an der Chronologie der Handlung.

Der König *sieht* in unmittelbarer Nähe seines Palastes etwas, was er begehrt. David *sieht* die schöne Batscheba beim Baden (2Sam 11,2), Ahab *sieht* den Weinberg Nabots neben seinem Palast. Erstmalig dürfte der Blick des Königs nicht auf das Objekt seines Begehrens

---

40 Vgl. T. SCHAACK, Die Ungeduld des Papiers, 32–36; A. LANGE, Die Gleichniserzählung vom Mordfall Nabot, 32 f.; M. WHITE, Nabot's Vineyard and Jehu's Coup. 68 f.; L. L. LYKE, King David with the Wise Women of Tekoa, 145–158.

41 Ausführlich vgl. A. KUNZ, Die Frauen und der König David, 173 ff.

fallen. Dass Batscheba badet, dürfte dem königlichen Begehren ordentlich Vorschub geleistet haben. Ahabs Begehren setzt »einfach so« zu Beginn der Erzählung ein. In ihren Handlungen werden beide Könige gegensätzlich dargestellt. David erhebt sich von seinem Bett und sieht Batscheba, Ahab sieht den Weinberg Nabots und legt sich, weil er ihn nicht bekommt, krank in sein Bett. David wird *wegen einer Frau* aktiv, Ahab wird depressiv und inaktiv, *an seiner Stelle* handelt *seine Frau* Isebel. Der Ehemann bzw. der Besitzer dessen, was der König begehrt, hält sich außerhalb Jerusalems auf. Uria kämpft zusammen mit dem Heer gegen die Ammoniter, Nabot wohnt in einer anderen Stadt (1Kön 21,8). Warum Nabot im Blickfeld des Königspalastes einen Weinberg besitzt, er selbst aber in einer anderen Stadt wohnt, bleibt offen.

Der König versucht den Ehemann bzw. den Besitzer zu überzeugen. Beide Male geschieht das in der Residenzstadt. Uria soll mit Batscheba schlafen, um Davids Vaterschaft zu vertuschen. Nabot soll Ahab seinen Weinberg dem König veräußern. In beiden Fällen weigern sich die Untertanen, dem Willen des Königs zu entsprechen. Uria erklärt, seine Kameraden und die *Lade JHWHs* kampieren im Feld auf der bloßen Erde, wie könne er da zu seiner Frau nach Hause gehen (2Sam 11,11). Nabot argumentiert, JHWH lasse es ihm ferne sein, dass er sein Land verkaufe (1Kön 21,2). Die Begründung für die Weigerung wird jeweils mit dem Verweis auf JHWH geboten. Die Ursache für den Tod des Untertanen ist jeweils eine Frau. Batscheba ist *passiv* die Ursache für den Tod Urias, Isebel betreibt die Ermordung Nabots *aktiv*. Das Medium, mit dem die Mordanweisungen gegeben werden, ist jeweils der Brief. In 2Sam 11,15 schreibt David an Joab und gibt ihm Anweisung, wie Uria heimtückisch zu ermorden sei. In 1Kön 21,8 schreibt Isebel an die Ältesten der Stadt mit den Instruktionen, wie der Justizmord an Nabot vonstatten gehen soll.

Das Opfer wird jeweils an exponierte Stelle gesetzt. Uria soll *ahnungslos an der Spitze* der Kämpfer stehen, sie sollen sich *hinterrücks* zurückziehen, so dass er den Feinden wehrlos ausgeliefert ist. Nabot soll *ahnungslos an die Spitze des Fastens* gesetzt werden. Dann sollen die *meineidigen* Zeugen auftreten und Nabot des Fastenbrechens bezichtigen. Der Tod des Opfers ist nur möglich durch die *Kooperation Dritter.* Wiederum Dritte sind es, die den Tod herbeiführen. Uria stirbt durch die Hand der Ammoniter (2Sam 11,15), Nabot wird von den Stadtältesten gesteinigt (1Kön 21,10). Nach dem Tod des Ehemannes bzw. des Besitzers nimmt der König sich das begehrte Subjekt. David nimmt Batscheba in seinem Haus auf (2Sam 11,27), Ahab nimmt den begehrten Weinberg in Besitz.

JHWH missbilligt das Verhalten des Königs. Er sendet seinen Gesandten. Natan kommt zu David und deckt dem König seine Schuld auf (2Sam 12,1–4). Elia kommt zu Ahab und bezichtigt ihn des Mordes und des Raubes (1Kön 21,19). Die Missbilligung der Tat durch JHWH wird jeweils mit der Formulierung *böse in den Augen JHWHs* ausgedrückt (2Sam 12,27; 1Kön 21,25). Über den König wird das Todesurteil gesprochen. In 2Sam 12,13 wird das erst im Nachhinein durch die Rücknahme des Todesurteils (*Du wirst nicht sterben*) deutlich. Ahab erhält die Todesankündigung, dass Hunde sein Blut lecken werden, d. h., dass sein Leichnam unbestattet bleiben wird (1Kön 21,19). JHWH bzw. der Prophet werden als Feind bezeichnet. In 2Sam 12,14 stehen die *Feinde* euphemistisch für JHWH, in 1Kön 21,20 bezeichnet Ahab den Propheten als seinen Feind.

Der König reagiert reumütig. David sagt explizit, dass er gesündigt habe (2Sam 12,13), Ahab fastet und räumt damit ebenfalls seine Schuld ein (1Kön 21,27). Zur Reue des Königs gehören das Fasten und das Schlafen auf der Erde bzw. in Trauerkleidung (2Sam 12,16; 1Kön 21,27). Die Reue bewirkt, dass JHWH das Leben des Königs verschont. An Stelle des Königs wird die Strafe aber seinen Sohn treffen. In 2Sam 12,14 stirbt der unschuldige Säugling, nach 1Kön 21,29 soll die Strafe den Sohn Ahabs während seiner Zeit als König treffen.

Das Handlungsgerüst und der Motivgebrauch in 2Sam 11 f. und 1Kön 21 nötigt die Vermutung auf, dass zwischen beiden Texten ein Abhängigkeitsverhältnis besteht. Nur welches? Ist die Geburtsgeschichte Salomos der gebende oder der nehmende Text? Zunächst ist zu berücksichtigen, dass in 2Sam 11,21 in einer für die Hebräische Bibel geradezu singulären Weise ein anderer Text zitiert wird. An dieser Stelle legt Joab dem Boten, den er mit der Nachricht vom Tod Urias zu David schickt, folgende Worte in den Mund:

Wer erschlug Abimelech, den Sohn Jerubeschets. Hat nicht eine Frau einen Mühlstein von der Mauer auf ihn geschleudert, dass er in Tabez starb?
(2Sam 11,21)

Damit wird ausdrücklich auf den Tod Abimelechs in Ri 9,53 angespielt:

Eine Frau warf einen Mühlstein auf den Kopf Abimelechs und zerschmetterte seinen Schädel.
(Ri 9,53)

Auf der Ebene der erzählten Handlung entsteht der Eindruck, dass David die Geschichte vom Tod Abimelechs kennt. Auf der Ebene der Erzählung wird beim Leser die Kenntnis der Geschichte in Ri 9 vorausgesetzt. Damit ist offensichtlich, dass die Erzählung in

2Sam 11 f. jünger ist als die Erzählung vom Tod Abimelechs in Ri 9 und dass ihre Kenntnis beim Leser von
2Sam 11 f. vorausgesetzt ist. Es kann somit davon ausgegangen werden, dass der Erzähler von 2Sam 11 f. ältere Erzählungen in seine Geschichte einfließen lässt.
Insofern bereitet es keine Schwierigkeiten, ein analoges
Verhältnis zu 1Kön 21 anzunehmen. Einen zweiten
Hinweis auf den primären Charakter von 1Kön 21 liefert die Funktion der Erzählung innerhalb der Erzählungen vom König Ahab bzw. die Prophetenlegenden
von Elia (1Kön 17–19; 21). Nachdem Ahab Reue
gezeigt hat, erhält er in 1Kön 21,29 die Vergebung
JHWHs: Das Todesurteil wird zurückgenommen und
das Unheil soll erst in den Tagen seines Sohnes eintreffen. Merkwürdigerweise stirbt Ahab im nächsten Kapitel eher zufällig im Kampf. Ein Zusammenhang mit
1Kön 21 wird erst durch eine spätere Überarbeitung in
1Kön 22,38 hergestellt. In 1Kön 21,23 f. wird das Urteil
verkündigt, dass die Leichname von Ahabs Angehörigen, Nachkommen und der Isebels von Hunden und
Vögeln gefressen werden soll. Nach der Todesnotiz in
1Kön 22,35 hält die Erzählung fest, dass Ahabs Kriegswagen im Teich Samarias vom Blut gereinigt wurde
und »dass die Hunde dieses tranken und die Huren
sich darin wuschen« und so das Wort JHWHs erfüllt
wurde. Es ist offensichtlich, dass hier eine alte Erzählung von Ahab und Elia durch einen späteren Erzähler
und Überarbeiter in ein Ahab feindliches Raster ge-
presst worden ist und dass dabei Widersprüche in
Kauf genommen worden sind. Nimmt man also für
1Kön 21 ein hohes Alter an, legt sich wiederum der
Schluss nahe, dass die Erzählung eine Vorbildfunktion
für 2Sam 11 f. hatte. In diesem Fall würde 2Sam 11 f. eine Ummünzung und Zuspitzung der Geschichte in
Nabots Weinberg darstellen. In 1Kön 21 geht es um

materielle königliche Habgier. Der König begehrt ein Stück Land seines Untertanen und bekommt es nur durch eine blutige Intrige in seine Hand. Das Eingreifen Gottes, die Todesdrohung, die Reue des Königs und seine Begnadigung machen das Verbrechen nicht ungeschehen. Für den Leser der Erzählung hat sich die Gerechtigkeit aber wieder Geltung verschafft. Der König kann nicht schalten und walten, wie er will, und sich am Leben und am Hab und Gut seiner Untertanen vergehen. Gegen diesen Rechtsbruch, der nur auf Grund königlicher Macht möglich ist, schreitet der Gott Israels ein. Für den Leser ist deutlich, dass die königliche Macht durch das gerechtigkeitsstiftende Handeln Gottes restriktiv behandelt werden kann.

Die Geschichte von der Geburt Salomos in 2Sam 11 f. arbeitet nach dem gleichen Grundmuster. Der König begehrt etwas, was er nicht haben darf. Er nimmt es sich, reißt damit seinen Untertanen in den Tod und sich ins Verderben. Doch wieder kann der König Reue zeigen, wieder empfängt er die Vergebung Gottes und wieder kommt die Strafe auf den Sohn des Königs. Diesmal allerdings geht es nicht um ein Stück Acker. Hinter 1Kön 21 dürften durchaus soziale und politische Erfahrungen in Israel und Juda gestanden haben. Dass die Mächtigen die Macht haben, Land an sich zu reißen, ist eine Praxis, die von den Propheten mehrfach gegeißelt worden ist. So brandmarkt der Prophet Micha die Praxis der sozialen Oberschicht, sich an den Feldern der ihnen unterlegenen Personen zu bereichern.

Weh denen, die Schaden zu tun trachten und gehen mit bösen Gedanken um auf ihrem Lager, dass sie es frühe, wenn's licht wird, vollbringen, weil sie die Macht haben! Sie reißen Äcker an sich und nehmen Häuser, wie sie's gelüstet. So treiben sie Gewalt mit eines jeden Haus und mit eines jeden Erbe. (Mi 2,1 f.)

1Kön 21 scheint das narrativ auszugestalten, was in der Michastelle polemisch als soziale Ungerechtigkeit in Juda angedeutet wird. Demgegenüber erzählt 2Sam 11 f. eine völlig andere Geschichte. Was der König begehrt, ist diesmal immateriell. Er begehrt eine Frau. Ob nur für eine Nacht oder für immer, lässt die Erzählung am Anfang offen. Es geht dem Erzähler hier weniger darum, im Leser das kalte Entsetzen hochsteigen zu lassen. David steigert sich immer tiefer in die Rolle eines intriganten Ehebrechers hinein. Moralisch steht der Leser auf der Seite Urias. Ob Uria nur von David auf Grund seiner königlichen Macht betrogen wird oder ob seine Frau Batscheba und David den Ehebruch gemeinschaftlich begehen, bleibt offen und spielt keine entscheidende Rolle. Die Sympathie des Lesers gilt Uria. Er durchschaut Davids Intrige, deswegen geht er nicht zu seiner Frau, deswegen bettet er sich nachts auch noch so, dass alle ihn sehen können. Weiß er, was geschehen wird? Denkt er über den Brief und seinen Inhalt nach, den David ihm mit auf den Weg gegeben hat? Joab erfüllt den Befehl Davids nicht. Zwar stellt er Uria an einen heiß umkämpften Platz, aber den heimtückischen Mord befiehlt er nicht. Dass Uria dennoch im Kampf den Tod findet, wird in der Erzählung einem tragischen Zufall zugeschrieben. 2Sam 11,17 ff. erzählt nicht, dass die Krieger sich heimtückisch hinter Uria zurückgezogen hätten, wie David es befohlen hat. Uria fällt zusammen mit einer nicht näher spezifizierten Anzahl judäischer Krieger, während sie einen Ausbruchversuch der Belagerten zurückdrängen. Der kluge Uria durchschaut die Intrige Davids und ahnt wohl auch ihre Hintergründe, er bezwingt seine Gefühle, von denen zwar nichts erzählt wird, die ihm der Leser aber wird zugestehen müssen, und er zieht für den König, der ihn betrogen hat, in seinen letzten Kampf.

Wer kann so etwas erzählen? Ein literarisch gebildeter und geschulter Mensch. Jemand, der menschliche Tiefen ausloten kann, ohne sie platt auszuwalzen. Jemand, dem es nicht vordergründig um eine politische Aussage geht. Aber jemand, der den Anfang der Geburt des Königs Salomo mit erzählerischer Brillanz als ein Kabinettstück sondergleichen schildert, das den Leser wegen des grausamen Spieles Davids erschauern lässt und ihn zugleich wegen der Verkettung seltsamer Zufälle[42] in Spannung versetzt.

1.3. Dein Sohn Salomo soll König werden (1Kön 1,30) – Wie man König wird in Israel

1Kön 1,1–53 erzählt die Umstände der Thronbesteigung Salomos. Nachdem der altersschwache König David weder mehr warm werden noch länger regieren konnte, erhebt sich sein Sohn Adonia, bestellt sich eine Leibgarde, findet Verbündete unter den Großen des Königs und übt sich schon mal im königlichen Gehabe (1Kön 1,1–10). Der Erzähler hält fest, dass David Adonia noch nie etwas abgeschlagen habe (1Kön 1,6). Egal, ob David von den Thronambitionen seines Sohnes weiß oder nicht, er greift in das Geschehen nicht ein. Allerdings handelt es sich bei Adonia um den ältesten noch lebenden Sohn Davids und somit um den rechtmäßigen Thronanwärter (1Kön 1,6). Adonias lautstarker Anspruch auf den Thron erscheint etwas voreilig, unrechtmäßig ist er deswegen noch nicht. Dagegen, dass Adonia das rechtmäßige Erbe der Königsherrschaft antritt, regt sich Widerstand. Der Prophet Natan,

---

42 Zu den »Zufällen« sind zu zählen: die Schwangerschaft Batschebas und der mehr oder weniger zufällige Tod Urias im Kampf.

der in 2Sam 12,25 als der Erzieher Salomos begegnet, ermuntert zunächst Salomos Mutter, Batscheba, zum König zu gehen und ihn an einen ominösen Schwur zu Gunsten Salomos zu erinnern. Während die Königin redet, will er, Natan, hinzukommen, und ihre Worte vollenden (1Kön 1,11–14).

So geschieht es: Batscheba geht zum König und erinnert ihn an seinen Schwur, dass Salomo nach ihm König sein soll. Währenddessen erscheint Natan und stellt den König in aller Demut zur Rede: Sollte es tatsächlich so sein, dass Adonias Selbstproklamation zum König dem Willen Davids entspricht (1Kön 1,22–27)? David reagiert prompt: Er lässt Batscheba rufen und schwört, dass ihr Sohn Salomo König werden wird (1Kön 1,30). Umgehend trifft David seine Anweisungen: Salomo soll durch Zadok, den Priester, und durch Natan, den Propheten, an der Gihonquelle zum König gesalbt werden. Der Befehl wird ausgeführt. Salomo wird zum König gesalbt, der Schofar wird geblasen und dem ganzen Volk wird verkündigt: *Es lebe der König Salomo!* (1Kön 1,39). Den allgemeinen Jubel bekommen auch Adonia und die Seinen mit. Die fröhlich tafelnde Adonia-Partei löst sich auf. Ihr Anführer flieht zum Altar und empfängt dort die Amnestierung durch Salomo (1Kön 1,52).

Warum wird Salomo König und nicht sein älterer (!) Bruder Adonia? Nach dem *vorliegenden* Wortlaut der Erzählung muss die Antwort so ausfallen: Weil David irgendwann einmal einen Schwur zu Gunsten Salomos geleistet hat. Den schien er in seiner Altersschwäche vergessen zu haben. Oder hatte er es sich zwischenzeitlich zu Gunsten Adonias anders überlegt? Es genügt allerdings, dass Batscheba und Natan bei David erscheinen, ihn an seinen Schwur erinnern und flugs ist Salomo der designierte König!

Nach dem *vorliegenden* Wortlaut wird Salomos Thronbesteigung durch Davids Senilität ermöglicht und durch eine Hofintrige initiiert. Ihren Ausdruck finden beide Aspekte jeweils im Zusammenhang mit einer Frau. Davids Altersschwäche findet ihren Ausdruck im Gegenüber zur jugendlichen Abischag, mit der David, wie ausdrücklich festgestellt wird, nicht mehr schläft (1Kön 1,4). Dem zweiten Aspekt verleiht die Gestalt Batschebas Konturen. David muss sowohl an den Batscheba gegebenen Schwur zu Gunsten Salomos erinnert (1Kön 1,17), als auch von der Revolte Adonias in Kenntnis gesetzt werden (1Kön 1,24–27). Ohne Batschebas Einflussnahme auf David und ohne Natans Information wäre Adonia der neue König Israels geworden.

Bei genauer Betrachtung fallen Ungereimtheiten auf. Sie deuten darauf hin, dass der vorliegende Text nicht der ursprüngliche ist.

– In 1Kön 1,5 fasst Adonia den Entschluss, König zu werden (was er als ältester Sohn auch so geworden wäre), und legt sich eine Leibgarde zu. V. 6 hält fest, dass David ihn noch nie an seinem Tun gehindert bzw. dieses hinterfragt habe. Vorausgesetzt ist, dass David über Adonias Tun im Bild ist und es billigt. In 1Kön 1,24.27 fragt Natan zweimal, ob David Adonia dazu ermächtigt habe, sich zum König ausrufen zu lassen. Hier geht es im Unterschied zu V. 6 nicht darum, dass David Adonia nie etwas *verwehrt* habe, hier geht es um die fehlende *Erlaubnis* Davids. 1Kön 1,6 setzt das Wissen Davids um die Aktion Adonias voraus, 1Kön 1,11.18 stellt dagegen ausdrücklich Davids Unkenntnis fest.

– Vom Schwur, den David gegenüber Batscheba zu Gunsten der Thronanwartschaft ihres Sohnes Salomo gegeben haben soll, ist insgesamt dreimal die Rede (1Kön 1,13. 17. 30). Innerhalb der David- und der Salomogeschichten hängt dieser Schwur ohne Bezugspunkt in der Luft. Nirgendwo sonst wird ein solcher Schwur Davids auch nur erwähnt. Dieses Desiderat sticht besonders ins Auge, da die Erzähler der David- und der Salomogeschichten sonst peinlich darauf bedacht sind, Verbindungslinien zwischen den einzelnen Episoden zu ziehen.

– Ein regelrechtes Hin und Her weist die Audienzszene in V. 15–31 auf. In V. 15 kommt Batscheba zu David, in V. 22 kommt Natan hinzu. Dass Batscheba sich zurückzieht, wird nicht ausdrücklich gesagt. Merkwürdig ist, dass David Batscheba, die doch eigentlich bei ihm ist, in V. 28 zu sich rufen lässt. Ein ähnliches Verwirrspiel ergibt sich mit Natan. David lässt Batscheba zu sich rufen, während Natan mit ihm redet (V. 28). Die V. 29–31 beinhalten eine kurze Unterredung zwischen David und Batscheba. In V. 32 lässt David neben Zadok und Benaja den Propheten Natan zu sich rufen, obwohl der doch eigentlich schon vor ihm steht.

– Die Audienzszene in 1Kön 1,15 weist eine weitere Auffälligkeit auf. Batscheba betritt das Gemach des Königs. An dieser Stelle verweist die Erzählung auf das hohe Alter Davids und die Anwesenheit Abischags. Abischag spielt im folgenden Verlauf keine Rolle mehr. Während sie in 1Kön 1,1–4 das Alter Davids illustriert, erscheint sie an dieser Stelle völlig funktionslos. Weitaus bedeutsamer ist der Verweis auf das hohe Alter Davids. Es ist längst festgestellt worden, nämlich in V. 1. Auch wenn ein Erzähler Redundanzen bewusst einsetzen kann, etwa um seinen Lesern wichtige Details in seiner Schilderung in Erinnerung zu rufen, so wird er sie nicht grundlos als Sperrgut inmitten des Handlungsverlaufs platzieren. Der Hinweis, dass Batscheba einen sehr alten David vorfindet, unterbricht die Handlungsschritte. Batscheba kommt zu David und verneigt sich vor ihm. Einen entsprechenden Verlauf der Handlung schildert 1Kön 1,28 f.:

Der König antwortete und sprach: Ruft mir Batscheba. Und sie kam vor den König und stand vor ihm. Und der König schwor und sprach ...
(1Kön 1,28 f.)

Diese stereotype Handlungsfolge wird in 1Kön 1,15aβ.b durchbrochen:

Batscheba kam zum König ins Zimmer.
Der König war sehr alt und Abischag, die Schunemiterin, diente dem König.
Batscheba verneigte sich und fiel vor dem König nieder ...
(1Kön 1,15)

Mit V. 15aβ.b wird innerhalb des Überarbeitungsteil-abschnitts 1Kön 1,11–22 die Person Abischags literarisch am Leben gehalten. Daran, dass die Darstellung etwas ungelenk wirkt, zeigt sich das besondere Interesse des Überarbeiters an Abischag. Abischag ist in vier Szenen präsent. Eingeführt wird sie in 1Kön 1,1–4 mit dem Attribut der außerordentlichen Schönheit. Sie fungiert als Verwalterin des Königs und spendet ihm zugleich körperliche Wärme. In 1Kön 1,15 ist sie Zeugin der Audienz Batschebas bei David, die die Thronbesteigung Salomos zur Folge hat. Im Geschehen selbst kommt Abischag nicht mehr vor. Sie ist nur noch in zwei Gesprächsszenen präsent. Das ist zunächst der Fall in 1Kön 2,13–18. Adonia kommt zu Batscheba und bittet sie, beim König zu intervenieren. Es obliegt offensichtlich Salomos Entscheidungsgewalt, Abischag Adonia zur Frau zu geben. In der zweiten Gesprächsszene in 1Kön 2,19–25 nutzt Salomo die Bitte Batschebas, die hier als Heiratsvermittlerin auftritt, gnadenlos aus. Salomo betrachtet das Ganze als Hochverrat und lässt seinen Bruder Adonia exekutieren.

- In 1Kön 1,5 erklärt Adonia seine Absicht, König zu werden. Das entsprechende Verb ist futurisch formuliert bzw. drückt die bloße Absicht aus. Dagegen behauptet Natan in 1Kön 1,11, dass Adonia bereits König geworden ist bzw. bereits als König herrscht. Das betreffende Verb steht im Perfekt und verweist so auf die Faktizität des Vorgangs. Adonias Aktionen in 1Kön 1,5–10 lassen sich als Signale für eine Thronanwartschaft angesichts des Alters und des bevorstehenden Todes Davids verstehen. Dagegen spricht Natan in 1Kön 1,11 von Hochverrat: *Adonia, der Sohn der Hagit, ist König geworden und unser Herr David weiß davon nichts.*
- In 1Kön 1,5–10 ist von einer eigentlichen Revolte nichts zu spüren. Die Formulierung *Adonia, der Sohn der Hagit, erhob sich ...* spielt weniger auf eine politische Erhebung als eher auf eine individuelle Überhebung gegenüber anderen an. Die Königstitulatur wird hier vermieden. Dagegen behauptet Natan in 1Kön 1,25, Adonia sei von seinen Anhängern bereits als König proklamiert worden.

Nimmt man die genannten Ungereimtheiten ernst, scheinen in die ursprüngliche Grunderzählung in 1Kön 1 sekundäre Elemente hineingearbeitet worden zu sein. Als ursprünglicher Anfang lässt sich aus formalen Gründen V. 5 annehmen. Die Davidgeschichten beinhalten zwei Erzählungen von Aufständen der Söhne Davids.: Es handelt sich neben 1Kön 1 um den Abschalomaufstand in 2Sam 15.

Danach geschah es, dass Abschalom sich einen Wagen, Pferde und 50 Mann, die vor ihm liefen, anschaffte.
(2Sam 15,1)

In 1Kön 1,5 taucht eine fast identische Formulierung auf:

Adonia, der Sohn der Hagit, erhob sich und sprach:
Ich will König werden. Und er schaffte sich einen Wagen, Pferde und 50 Mann an, die vor ihm liefen.
(1Kön 1,5)

In der Folge berichten beide Erzählungen davon, wie die beiden Söhne Davids mit Thronambitionen Anhänger gewinnen. 1Kön 1,5–10 thematisiert die Aktivitäten Adonias als künftiger König. Der Kreis der höchsten Hofleute wird festgelegt (1Kön 1,7): Mit Joab, dem Heerführer, und Ebjatar, dem Priester, sind jeweils die beiden höchsten militärischen und kultischen Funktionsträger genannt. Die Bankettszene in 1Kön 1,9 zeigt Adonia als den durch seine Brüder und durch die Judäer anerkannten König. Adonia hält Hof und macht seine Brüder und seine Landsleute zu Untertanen und zu Nutznießern seiner Hofhaltung. Ähnlich geht Abschalom in 2Sam 15,1 ff. vor. Er sammelt mehr und mehr Anhänger, bis er stark genug ist, sich gegen seinen Vater zu stellen und sich als König proklamieren zu lassen.

Adonia geht in einer Weise vor, die an den Beginn der Erhebung Abschaloms erinnert. Vor diesem Hintergrund ergeht das Wort Natans an Batscheba in 1Kön 1,11 völlig unvermittelt. Hinzu kommen die Spannungen in der Bewertung des Handelns Adonias und in der Einschätzung Davids. Eine logische Fortführung des Geschehens ergibt sich mit dem Auftritt Natans vor David in V. 23. David erfährt von der Erhebung Adonias und davon, dass die Königssöhne, die Militärfunktionäre und der Priester Ebjatar Adonia zum König gemacht haben. Auf die Frage Natans in V. 27, ob denn David seine Großen nicht von der Ernennung Adonias unterrichtet habe, reagiert David, indem er Batscheba zu sich rufen lässt. Anschließend *schwört*

David, so zu handeln, wie er *geschworen hat*, dass nämlich Batschebas Sohn, Salomo, auf dem Thron sitzen
wird. Durch den doppelten Schwur wirkt die Rede
Davids schwerfällig. Die bisher skizzierte Grunderzählung hat einen entsprechenden Schwur noch nicht genannt. Weist man die Elemente, die auf einen zurückliegenden Schwur verweisen, der Überarbeitung zu,
lässt sich folgender Wortlaut rekonstruieren:

Der König schwor und sprach: So wahr JHWH lebt, der mich aus
aller Bedrängnis erlöst hat: Salomo, dein Sohn, wird nach mir
König sein, er wird auf meinem Thron an meiner Stelle sitzen.
(1Kön 1,29 f.)

In der Grundschicht schwört David Batscheba erstmalig zu Gunsten der Thronanwartschaft ihres Sohnes
Salomo. Die Grundschicht der Erzählung, die hier nur
andeutungsweise herausgearbeitet werden konnte,
umfasste den Wortlaut in der linken Spalte, die spätere
Überarbeitung gibt die rechte Spalte wieder:

> (1) Der König David war alt, in
> die Tage gekommen, man be-
> deckte ihn mit Kleidern, aber
> ihm wurde nicht warm. Da
> sprachen seine Diener:
> (2) Man suche meinem Herrn,
> dem König, ein Mädchen, eine
> Jungfrau, die soll vor dem Kö-
> nig stehen, und sie soll für ihn
> die Verwalterin[43] sein, an seiner
> Brust soll sie schlafen und warm
> wird es meinem Herrn, dem Kö-
> nig werden.

---

43 Bei dem Amt der Sochenet, das Abischag einnehmen soll,
scheint es sich um eine bedeutende Funktion zu handeln.
In Jes 22,15 taucht das männliche Pedant des Sochen auf.
Die nachgestellte Formulierung *Der über das Haus gesetzt ist*
zeigt, dass es sich beim Sochen um den Verwalter des Königshauses handelt.

(3) Man suchte in ganz Israel ein schönes Mädchen und fand Abischag, die Schunemiterin, und brachte sie zum König. (4) Das Mädchen war ausgesprochen schön, sie wurde des Königs Verwalterin und diente ihm. Aber der König erkannte sie nicht.

(5) Adonia, der Sohn der Chagit, erhob sich indem er sprach: Ich will König werden. Und er verschaffte sich Wagen und Pferde und 50 Mann, die vor ihm liefen. (6) Sein Vater hatte ihn allezeit nicht bekümmern wollen, dass er sprach: Warum tust du solches? Auch er war sehr schön von Gestalt und sie hatte ihn nach Abschalom geboren. (7) Seine Worte kamen zu Joab, dem Sohn der Zeruja, und zu Ebjatar, dem Priester, dass sie helfen mögen, hinter Adonia. (8) Und Zadok, der Priester, Benaja, der Sohn Jehojadas, Natan, der Prophet, Schimi, Reï und die Helden Davids waren nicht mit Adonia. (9) Adonia opferte Schafe, Rinder und Kälber beim Gleitstein, neben der Gichonquelle, und er rief seine Brüder, die Königssöhne, und alle Männer Judas, die Diener des Königs. (10) Aber Natan, den Propheten, Benaja, die Helden und Salomo, seinen Bruder, rief er nicht.

(11) Natan sprach zu Batscheba, der Mutter Salomos: Hast du nicht gehört, dass Adonia, der Sohn Chagits, König geworden ist, und unser Herr David weiß

davon nichts. (12) Jetzt geh! Ich will dir raten, dass du dein Leben und das deines Sohnes Salomo rettest. (13) Geh, komm zum König David und sage zu ihm: Hast du nicht, mein Herr König, deiner Magd geschworen, dass Salomo, dein Sohn, nach mir herrschen wird und er wird auf meinem Thron sitzen?[44] Warum ist Adonia König geworden? (14) Und siehe, noch während du dort redest mit dem König, komme ich nach dir und werde deine Worte vollenden. (15) Batscheba kam zum König ins Zimmer, der König war sehr alt und Abischag, die Schunemiterin, diente dem König. (16) Batscheba verneigte sich und fiel nieder vor dem König. Der König sprach. Was hast du? (17) Sie sprach zu ihm: Mein Herr, du hast deiner Magd bei JHWH, deinem Gott, geschworen, dass Salomo, dein Sohn, König nach mir wird und er auf meinem Thron sitzen wird? (18) Jetzt siehe: Adonia ist König geworden und mein Herr König weiß es nicht. (19) Er hat viele Ochsen, Kälber und Schafe geschlachtet und hat alle Königssöhne, Ebjatar, den Priester, und Joab, den Heerführer, gerufen. Aber Salomo, deinen Sohn, hat er nicht gerufen. (20) Du, mein Herr König, die Augen Israels sind auf

---

44 Die Übersetzung versucht die Schwierigkeiten nachzuempfinden, die sich aus den Suffixen der ersten Person, die sich auf David beziehen, und der indirekten Rede Batschebas ergeben.

dir, dass du ihnen sagst, wer auf dem Thron meines Herrn König nach ihm sitzen wird. (21) Wenn sich mein Herr König zu seinen Vätern legt, werden ich und mein Sohn als Schuldige dastehen. (22) Siehe, während sie noch mit dem König redete,

kam Natan, der Prophet.

(23) Man sagte dem König: Siehe, da ist Natan, der Prophet. Er kam vor den König und fiel vor dem König auf sein Angesicht.

(24) Natan sprach: Mein Herr König, hast du gesagt: Adonia wird nach mir König sein und auf meinem Thron sitzen? (25) Denn er ist heute herabgestiegen und hat Ochsen, Kälber und Schafe in Menge geschlachtet, er hat die Königssöhne gerufen, die Heerführer und Ebjatar, den Priester. Siehe, sie essen und trinken vor ihm und rufen: Es lebe der König Adonia. (26) Mich, deinen Diener, Zadok, den Priester, Benaja, den Sohn Jojadas, und Salomo, deinen Diener, hat er nicht gerufen. (27) Wenn diese Sache von meinem Herrn König veranlasst worden ist, dann hast du deine Diener nicht wissen lassen, wer auf dem Thron meines Herrn Königs nach ihm sitzen wird. (28) Da antwortete der König und sprach: Ruft mir Batscheba. Und sie kam vor den König und stand vor dem König. (29) Und der König schwor und sprach: So wahr JHWH lebt, der mich errettet hat aus aller Bedrängnis,

(30) so, wie ich dir geschworen
habe bei JHWH, dem Gott Israels:

Salomo, dein Sohn, wird nach mir
König sein, er wird auf meinem
Thron an meiner Stelle sitzen,

so werde ich heute tun. (31) Batscheba verneigte sich bis zur Erde und fiel nieder vor dem König und sprach: Mein Herr, der
König David, lebe ewig.

(32) Der König David sprach:
Ruft mir Zadok, den Priester, ...
und Benaja, den Sohn Jojadas,
und sie kamen zum König.
(33) Der König sprach zu ihnen:
Nehmt mit euch die Diener eu-
res Herrn und setzt Salomo,
meinen Sohn, auf das Maultier,
das mir gehört und führt ihn hinab zum Gichon. (34) Dort soll
ihn Zadok, der Priester, und Natan, der Prophet, zum König salben über Israel. Blast den Scho-
phar und ruft: Es lebe der
König Salomo ...

In der Grundschicht ist es der ungehorsame Übereifer
Adonias, der David dazu bewegt, den jüngeren Sohn
Salomo als Nachfolger einzusetzen. Der Beginn der Erhebung Abschaloms in 2Sam 15,1 ff. und Adonias in
1Kön 1,5 ff. ist absichtlich parallel gestaltet. Adonia
reiht sich in die Reihe der Söhne Davids ein, die wegen
eines Vergehens scheitern und sterben und die als
Thronfolger ausscheiden. Amnon vergewaltigt seine
Halbschwester Tamar und stirbt durch die Hand Abschaloms (2Sam 13), Abschalom erhebt sich gegen David und stirbt als Rebell (2Sam 15–19). Adonia schließlich erhebt sich gegen David und scheitert (1Kön 1).
Warum fällt die Wahl Davids ausgerechnet auf Salo-

mo? 2Sam 3,2–5 nennt die Reihenfolge der Söhne Davids Amnon, Kilab, Abschalom, Adonia, Schefatja und Jitream. An der Reihe war der später geborene Salomo nach dem Ausscheiden Amnons, Abschaloms und Adonias offensichtlich noch nicht. Warum übergeht David drei ältere Söhne? Wegen Salomo? Oder wegen Batscheba? Oder wegen Natan?

Salomo tritt in 1Kön 2 erstmalig aktiv in Erscheinung. Natan ist mit Salomo auf Grund der Notiz in 2Sam 12,24bβ.25 verbunden. Sie ist allerdings der Zusatz eines späteren Redaktors. Also doch wegen Batscheba? Zumindest wird man diese Möglichkeit ernsthaft in Betracht ziehen müssen. Adonia selbst hat durch seinen Aktionismus die Ungnade Davids auf sich gezogen. Die Entscheidung Davids zu Gunsten Salomos teilt er nicht etwa dem künftigen König, sondern dessen Mutter und seiner eigenen Frau, Batscheba, mit. Batscheba ist in der Grunderzählung in 1Kön 1 ganz die, die sie schon in 2Sam 11 war: Sie ist ausschließlich die Mutter Salomos. Hat sie in 2Sam 12,24 von David einen Sohn empfangen, so empfängt sie in 1Kön 1,30 für diesen Sohn die Königswürde. Ist sie in 2Sam 11 zur Ehefrau des Königs geworden, so steigt sie jetzt in das Amt der Königsmutter auf. Zweimal lässt David Batscheba rufen, zuerst, um mit ihr zu schlafen und dann, um ihren Sohn Salomo zum König zu machen.

David schickte Boten, um sie zu holen, sie kam zu ihm und er schlief mit ihr.
(2Sam 11,4)

Da antwortete David und sprach: Ruft mir Batscheba, sie kam vor den König und stand vor dem König.
(1Kön 1,28)

Ist mit der parallelen Gestaltung der beiden Vorgänge ein gemeinsamer Hintergrund angedeutet? Macht David Batschebas Sohn Salomo aus demselben Grund

zum König, aus dem er auch Batscheba zu sich rief und
die schwere Schuld des Ehebruchs auf sich geladen
hat? Wie darf überhaupt die Tröstung in 2Sam 12,24
verstanden werden?

David tröstete Batscheba, seine Frau, und er ging zu ihr und
schlief mit ihr und sie gebar einen Sohn.
(2Sam 12,24)

Tröstet David Batscheba, *indem* er mit ihr schläft und ein
Kind zeugt? Oder schläft er mit ihr, *nachdem* er sie getröstet hat? Batscheba gibt dem Kind den Namen *Sein
Ersatz*. Offenbar ist damit der Verlust des ersten Kindes
überwunden. Zweimal lässt David Batscheba rufen,
zweimal kommt Batscheba zu ihm. Betrachtet man diesen Vorgang als Handlungsrahmen, fällt das einmalige
Kommen Davids zu Batscheba besonders ins Gewicht.
Die Tröstung und das Zeugen des Kindes, Salomos, stehen in einem unmittelbaren Zusammenhang. Auf jeden
Fall kehrt die besondere Konstellation David–Batscheba–Salomo in 1Kön 1,28.30aβ wieder. Davids Entscheidung zu Gunsten Salomos hätte im Rahmen des Erzähl-
konzepts von 2Sam 11 f. und 1Kön 1* etwas mit der
Beziehung zwischen David und Batscheba zu tun.[45]
Mehr lässt sich der Erzählung nicht entnehmen.

---

45 Diese Deutung hat bereits der mittelalterliche jüdische Kom-
    mentator David Kimchi vorgenommen. Batscheba habe Da-
    vid, als er zu ihr kam, zunächst zurückgehalten. Von ihrem
    Kind werden seine Brüder, d. h. die anderen Söhne Davids,
    sagen, es sei in Sünde gezeugt worden. David habe versucht,
    sie zu beruhigen: Schließlich habe Gott die Sünde Davids
    weggenommen. Batscheba geht jedoch auf Nummer sicher:
    Sie bittet David zu schwören, dass der Sohn Batschebas den
    Thron nach David besteigen wird. David leistet den Schwur.
    Bemerkenswert an dieser fiktiven und nacherzählenden
    Deutung ist, dass David im Augenblick der Zeugung den
    Schwur gegenüber Batscheba zu Gunsten ihres Sohnes lei-
    stet; vgl. D. KIMCHI, Mikraot gedolot haketer zur Stelle.

Ein ganz anderes Gepräge verleiht dagegen die Bearbeitungsschicht dem Vorgang. Die Vorschaltung der Abischag-Episode in 1Kön 1,1–4 betont Davids Senilität.[46] In der Grunderzählung schwört David, dass Salomo König werden wird. In der Überarbeitung behauptet Natan in 1Kön 1,13, dass David bereits geschworen habe. An diesen Schwur soll Batscheba David erinnern. Was soll der Leser an dieser Stelle denken? Dass er hier etwas Neues erfährt, etwas, von dem er eigentlich schon hätte wissen müssen? Oder machen sich Natan und Batscheba gemeinsam Davids Senilität zu Nutze, indem sie David an einen nie gegebenen Schwur erinnern? In diesem Fall würde das Motiv des betrogenen altersschwachen Vaters vorliegen, das dem Bibelleser aus der Geschichte von Isaak, Jakob und Esau in Gen 27,1 ff. bestens bekannt ist. In beiden Erzählungen gibt es einen altersschwachen Vater (Isaak und David), es gibt zwei konkurrierende Söhne (Jakob und Esau bzw. Salomo und Adonia) und es gibt eine Mutter, die zu Gunsten ihres jüngeren Sohnes, der in der Erbreihenfolge der Benachteiligte wäre, agiert (Rebekka und Batscheba). Die Altersschwäche des Vaters wird ausgenutzt und mit Hilfe der Mutter tritt der jüngere Sohn das Erbe an. Trotz deutlicher Unterschiede (Rebekka ist die Mutter beider konkurrierender Brüder, Batscheba nur die Mutter Salomos) deuten die inhaltlichen Analogien darauf hin, dass die Motivkombination *konkurrierende Brüder, alter Vater und die zu Gunsten des jüngeren Bruders agierende Mutter* in 1Kön 1 vorliegt.

---

46 Die hebräischen Ausdrücke *alt werden* (*zaken*) und *in die Tage kommen* (*ba bejamim*) drücken sonst das Greisenalter, nicht aber den unmittelbar bevorstehenden Tod aus; vgl. Gen 18,11; 24,1; Jos 13,1; 23,1 f.

In der vorliegenden Fassung erzählt 1Kön 1 vom Handeln Davids, Natans, Adonias, Batschebas und Abischags von Schunem. Von Salomo wird überhaupt keine Handlung berichtet, er bleibt völlig passiv. Von Abischag wird immerhin gesagt, dass sie dem König David dient (1Kön 1,4). Die Ereignisse lassen sich mit folgenden Punkten zusammenfassen:

A) Unter den Prinzen kommt es offensichtlich zu Konkurrenzkämpfen. Der älteste Sohn Adonia beansprucht für sich die Thronnachfolge.

B) Der Anspruch und die Aktionen des ältesten Prinzen Adonia erfolgt bereits zu Lebzeiten des amtierenden Königs David.

C) Der älteste Prinz Adonia verfügt über eine eigene Partei, die hochrangige Hofleute und die übrigen Königssöhne umfasst.

D) Gegen die Rangliste setzt der amtierende König David seinen jüngeren Sohn als Nachfolger ein.

E) Diese Thronfolgeregelung geschieht unter Einflussnahme der Mutter des künftigen Königs, Batscheba.

F) Auch Salomo kann auf eine Partei verweisen, der neben Batscheba der Prophet Natan, Banaja und die Helden Davids, offensichtlich eine militärische Führungselite, angehören.

G) Die Funktion Abischags wird zweimal als *Sochenet*, als eine Art höher gestellte Verwalterin, beschrieben. Ihr Auftauchen in der Erzählung spielt somit auf einen erotischen und einen verwaltungstechnischen Zusammenhang an. In gewisser Weise steht sie damit in Konkurrenz zur Königin Batscheba.

H) Natan motiviert Batscheba zur Intervention zu Gunsten Salomos, *damit sie ihr Leben und das Leben ihres Sohnes rette* (1Kön 1,12). Eine Thronbesteigung Adonias hätte möglicherweise Salomo und Batscheba in Gefahr bringen können.

I) Die Einsetzung Salomos als König erfolgt mittels eines Schwurs des noch amtierenden Königs.

J) Nachdem Salomo als Nachfolger eingesetzt ist, zeigt er sich großzügig gegenüber seinem Bruder Adonia. Unter der Auflage, dass er sich loyal zu verhalten habe, amnestiert Salomo seinen Bruder und schickt ihn nach Hause.

K) Die Kontroverse über den künftigen König wird mit der öffentlichen Proklamation Salomos als König beendet (*Man blies den Schofar und das ganze Volk rief: Es lebe der König Salomo*; 1Kön 1,39).

Die genannten Eckdaten der Thronbesteigung Salomos kehren sowohl in der politischen Konstellation als auch in der literarischen Darstellung im Zusammenhang mit der Thronfolgeregelung des assyrischen Königs Asarhaddons wieder. Asarhaddon kam auf Betreiben seiner aus Syrien oder evtl. aus Israel stammenden Mutter Naqia auf den Thron, obwohl er nicht der älteste der Prinzen war. Sanherib, sein Vater, hatte ihn noch zu Lebzeiten als Nachfolger eingesetzt. Neben seiner Mutter fand Asarhaddon Unterstützung durch die Priesterschaft und Teile der Armee. Die älteren Prinzen fühlten sich zu Recht übergangen und intervenierten so nachdrücklich gegen Asarhaddon, dass Sanherib gegen seine unzufriedenen Söhne vorgehen musste. Die Anti-Asarhaddonpartei, an deren Spitze der älteste Kronprinz Arda-Mulissi stand, konnte die Thronbesteigung Asarhaddons zwar nicht verhindern, war jedoch immerhin für die Ermordung Sanheribs verantwortlich (2Kön 19,37). Darüber, wie es Naqia gelungen sein könnte, ihren Sohn Asarhaddon als Thronerben bei Sanherib durchzusetzen, hat der Assyrologe *Walter Mayer* Vermutungen angestellt. Das Herz des alten Königs habe sich noch einmal der Liebe in Gestalt der jungen Tašmētu-Šarrat geöffnet. Möglicherweise, so vermutet *Walter Mayer*, habe Sanherib mit der Absetzung Arda-Mulissis und mit der Einsetzung Asarhaddons einen hohen Preis für Tašmētu-Šarrat an Naqia zahlen müssen.[47]

Zwischen der Erzählung über die Umstände von Salomos Thronbesteigung in 1Kön 1 und den Vorgängen bei der Einsetzung Asarhaddons bestehen Analogien. Die oben genannten Ereignisse und Darstellungsweisen in 1Kön 1 kehren in den Vorgängen in Assur wieder bzw. werden von Asarhaddon selbst in seinen Inschriften dargestellt:

A) Zwischen den Prinzen, an der Spitze der älteste Sohn Sanheribs, Arda-Mulissi, und dem jüngeren Asarhaddon kommt es zu Streitigkeiten über die Thronnachfolge.

B) Die Kontroverse geschieht noch zu Lebzeiten des amtierenden Königs Sanherib.

C) Der älteste Prinz Arda-Mulissi wird von den übrigen Prinzen und von einflussreichen Hofleuten unterstützt.

D) Sanherib setzt gegen die altersmäßige Rangliste seinen Sohn Asarhaddon als Thronerbe ein.

E) Das Übergehen der älteren Prinzen zu Gunsten Asarhaddons geht wahrscheinlich auf den Einfluss der Königin und Mutter Asarhaddons, Naqia, zurück.

F) Asarhaddon weiß einflussreiche Kreise hinter sich. Neben seiner Mutter unterstützen ihn Teile der Priesterschaft und der Armee.

G) Sanheribs Entscheidung könnte mit seiner Altersliebe zu seiner jungen Favoritin Tašmētu-Šarrat im Zusammenhang stehen.

---

47   Vgl. W. MAYER, Politik und Kriegskunst der Assyrer, 374 ff.

H) In einer Votivinschrift behauptet Naqia, für das »Leben ihres Sohnes Asarhaddon« und für »Festigkeit ihrer eigenen Regierung« gehandelt zu haben. Offensichtlich fallen hier, ebenso wie im Fall Batschebas, Machterwerb und Lebenssicherung durch die Favorisierung des eigenen Sohnes als Thronnachfolger zusammen.

I) Während in 1Kön 1,30 David zu Gunsten der Nachfolge Salomos schwört, lässt Sanherib die Assyrer bei den Reichsgöttern den Treueid auf Asarhaddon schwören. In beiden Fällen wird mit einem Schwur bzw. Eid der jüngere Prinz als Nachfolger eingesetzt.

J) Ebenso wie Salomo Adonia (zunächst) amnestiert, lässt Asarhaddon nach der Thronbesteigung seine Brüder ungeschoren. Lediglich die an der Revolte beteiligten Funktionäre werden bestraft.

K) Ebenso wie in 1Kön 1,39 die Kontroverse um die Nachfolge mit der öffentlichen Proklamation Salomos entschieden wird, beendet auch in der Inschrift Asarhaddons der Ruf »Dieser (Asarhaddon) ist unser König« den Kampf um die Nachfolge: Die Assyrer stellen sich geschlossen auf die Seite des neuen Königs.

Die Analogien zwischen der Darstellung der Thronnachfolgeauseinandersetzungen in 1Kön 1 und den Vorgängen im Zusammenhang mit der Thronnachfolge Asarhaddons, die sich aus den assyrischen Inschriften direkt bzw. indirekt rekonstruieren lassen, haben *Tomoo Ishida* vermuten lassen, dass 1Kön 1 und den Inschriften Asarhaddons die gemeinsame Gattung der »Royal Historical Writings of an Apologetic Natur«[48] zu Grunde liegt. Demnach würden sowohl 1Kön 1 als auch die Königsinschriften Asarhaddons das Ziel ver-

---

48   T. Ishida, The Succession Narrative, 185.

folgen, die Thronbesteigung des nicht legitimen Prinzen, Asarhaddon und Salomo, zu rechtfertigen. Allerdings wird dabei übersehen, dass 1Kön 1 gar nicht die Absicht hat, Salomos Thronbesteigung zu rechtfertigen. Die Umstände, durch die Salomo auf den Thron kommt, sind alles andere als glanzvoll. Gott bzw. JHWH kommt in 1Kön 1 nur in Schwur- bzw. Segensformeln vor (1Kön 1,17.29.30.36.37.47.48). Offen bleibt die Frage, ob Salomo *trotz* oder *wegen* Davids Altersschwäche auf den Thron kommt. Der Wille Salomos, König zu werden, ist nirgends zu erkennen. Er wird durch die Intervention Natans und Batschebas auf den Thron geschoben.[49] Und das in einer Situation, in der David politisch und sexuell nicht mehr auf der Höhe seiner Macht ist. Um eine Apologie Salomos und seiner Thronbesteigung kann es sich in 1Kön 1 gerade nicht handeln. Wie sind dann die Gemeinsamkeiten in der Darstellung der Thronbesteigung Asarhaddons und Salomos zu erklären? Die Erschütterungen, die das Übergehen der Prinzenrangliste durch Sanherib zu Gunsten Asarhaddons auslöste, haben das Assyrerreich in eine schwere Krise gestürzt. »Es mag zwar auf den ersten Blick etwas simpel erscheinen, dass eine Haremsintrige den Untergang eines großen Reiches auf dem Höhepunkt seiner Macht einleiten soll, allerdings kommt dergleichen in der Geschichte tatsächlich vor.«[50] Die Umstände der Thronbesteigung Asarhaddons dürften spektakulär genug gewesen sein, dass sie im Assyrerreich und über seine Grenzen hinaus be-

---

49 Dass der Vorgang für einen david- und salomofreundlich gesinnten Leser anstößig gewirkt haben muss, zeigt sich schon darin, dass die Chronik ihn geflissentlich übergeht. Die Hofintrige in 1Kön 1 passt nicht in das glanzvolle Königsbild des Chronisten.

50 W. Mayer, Politik und Kriegskunst, 377.

kannt geworden sind. Schließlich geht auch der biblische Erzähler in 1Kön 19,37 auf die Umstände der Ermordung Sanheribs durch seine eigenen Söhne, deren Flucht nach Urartu und die Thronbesteigung Asarhaddons ein.[51] Zudem könnte auch die Herkunft der Mutter Asarhaddons, Naqia, aus Syrien bzw. aus Israel einem Bekanntwerden der spektakulären Ereignisse Vorschub geleistet haben. Man wird davon ausgehen können, dass die Ereignisse im Zusammenhang mit der Thronbesteigung Asarhaddons sensationell genug waren, um deren Narrativierung zu einem Erzählstoff im eigentlichen Sinne auszulösen. Das Übergehen des ältesten Prinzen zu Gunsten eines jüngeren, das Agieren der Mutter des jüngeren Prinzen, das Auftreten einer jüngeren Favoritin des Königs in Konkurrenz zur Königin, die Entscheidung des alten Königs noch zu Lebzeiten, einen jüngeren Prinzen als Nachfolger und König einzusetzen, die Parteiung unter der Führungselite zu Gunsten eines der beiden Konkurrenten, die Begnadigung des ältesten Prinzen durch seinen Bruder nach dessen Thronbesteigung, die Bestrafung seiner Anhänger und die Beendigung der Revolte zu Gunsten des jüngeren Prinzen durch seine offizielle Proklamation als König sind durchaus auffällige Analogien.

Sollten diese Vermutungen zutreffen, wäre erst für die Bearbeitungsschicht in 1Kön 1 eine Beeinflussung durch die assyrischen Ereignisse anzunehmen. Der Beginn der Regierungszeit Asarhaddons datiert in das Jahr 681 v. Chr. In seiner vorliegenden Form wäre 1Kön 1 in der Zeit danach aufgeschrieben worden. Wie lange danach, lässt sich nicht sagen. Letztlich muss von einer

---

51 2Kön 19,37 nennt einen der Königssöhne Adrammelech. Hierbei handelt es sich um eine Verlesung des Namens des ältesten Kronprinzen Arda-Mulissi; vgl. W. MAYER, Politik und Kriegskunst, 378.

langen mündlichen oder schriftlichen Eigenexistenz der Vorstufen und Vorlagen von 1Kön 1 ausgegangen werden.

Worauf läuft 1Kön 1 hinaus? Einerseits schildert die Erzählung die Umstände der Thronbesteigung Salomos. Andererseits arbeitet sie der Ermordung Adonias, Joabs und Schimis sowie der Verbannung Ebjatars vor. Ein Gesamteindruck kann sich nur durch die Lektüre der zusammenhängenden Kapitel 1Kön 1 und 2 ergeben. Für sich genommen, weist 1Kön 1 zwei unterschiedliche Erzählintentionen auf. Sie verteilen sich auf die Grund- und die Überarbeitungsschicht.

In der *Grundschicht* erhebt sich Adonia, der älteste Sohn Davids, und übt sich schon mal im Amt des Königs. David scheint gegen das Vorgehen nichts einzuwenden zu haben, zumindest, so notiert die Erzählung ausdrücklich (1Kön 1,6), habe David Adonia noch nie etwas verwehrt. Dagegen interveniert Natan. Er hält dem König vor, dass sich der Vorgang entweder hinter dem Rücken Davids ereignet habe (was Natan nicht glaubt) oder dass David es unterlassen habe, seine höchsten Funktionäre zu informieren (1Kön 1,27). Die Machtkonstellation zwischen Natan und David, wie sie schon in 2Sam 12 begegnet ist, kehrt an dieser Stelle wieder. Offensichtlich genügt das bloße Eingreifen Natans, um David zum Einlenken zu bringen: Er lässt Batscheba rufen und designiert ihren Sohn Salomo als Nachfolger (1Kön 1,29). Die anschließenden Ereignisse zeigen, dass Davids Wort mächtig genug ist, die Nachfolgestreitigkeiten zu entscheiden. Kaum haben Adonias Gefolgsleute von der Einsetzung Salomos gehört, laufen sie erschrocken auseinander (1Kön 1,49). Adonia selbst wird von Furcht befallen. Er sucht Zuflucht am Altar, wo ihn der Amnestiebescheid Salomos erreicht (1Kön 1,50–53). Die Grundschicht 1Kön

1,5–10.22b.24–29.30aβ.32 ff. bildet den Abschluss einer Folge von Aufstands- und Plagenerzählungen. In 2Sam 13 kommt es im Haus Davids zu Vergewaltigung und Totschlag unter den Königskindern, in 2Sam 15–18 erhebt sich Abschalom gegen den König, in 2Sam 20 bringt Scheba ganz Israel zum Abfall von David, in 2Sam 21,1–14 und in 2Sam 24 wüten eine von JHWH gesandte Dürre bzw. Pest. David zeigt sich in allen Fällen schwach: Er ist schwach gegenüber Natan. Zu allererst zeigt sich seine Schwäche paradoxerweise in seiner Vaterliebe.

Er bestraft Amnon nicht, der seine Schwester vergewaltigt hat (2Sam 13,21). Dass er damit erst recht Hass unter seinen Söhnen schürt, nimmt er entweder im Kauf oder es ist ihm nicht bewusst. Als Abschalom aus Hass und Rache Amnon erschlägt, muss er zunächst zwar fliehen, doch in 2Sam 13,37 ist schon wieder unklar, um wen David trauert: um seinen toten oder um seinen geflohenen Sohn. Spätestens in 2Sam 13,39; 14,1 ist der Zorn des Königs verraucht und in Sehnsucht nach seinem Sohn umgeschlagen. Abschalom darf zurückkehren, erhebt sich gegen David und wird zur tödlichen Bedrohung. In den entscheidenden Kampf, in dem es um das Leben und die Herrschaft Davids geht, schickt er seine Truppe mit der Mahnung, das Leben Abschaloms zu schonen (2Sam 18,5). Als Joab sich diesem Befehl widersetzt und den Aufrührer töten lässt, verfällt David in eine hemmungslose Trauer, die sein ganzes Heer brüskiert.[52] Schließlich arbeitet

---

52 Die gegenteiligen Aussagen in 2Sam 19,2–5 gehören einer späteren Überarbeitung an. Das zeigt sich einmal an den Gegensätzen im Abschnitt selbst. Joab behauptet in V. 6, mit seiner Klage um Abschalom habe David seine Krieger beschämt, die ihm heute sein Leben und das Leben seiner Angehörigen gerettet haben. In V. 8 beschwört Joab, dass

der Erzähler auch in 2Sam 12,16–23 mit dem Motiv der Vaterliebe. David unternimmt alles, um sein und Batschebas Kind zu retten. Als das Kind dennoch stirbt, zeugt er mit Batscheba sofort ein zweites: Salomo.

Mit Adonia schließt sich ein erster Kreis: Wieder ist David in seiner Liebe zu seinem jeweils ältesten Sohn gefesselt. Wieder muss einer seiner höchsten Beamten einschreiten und David zum Handeln zwingen. Nach dem namenlosen Kind in 2Sam 12,18,[53] nach Amnon und nach Abschalom ist Adonia der vierte »Erstgeborene« Davids, der den Thron nicht besteigt.

Mit Batscheba schließt sich ein zweiter Kreis. Wie schon in 2Sam 11,3 lässt David Batscheba rufen. Sie kommt zu ihm. Diesmal empfängt sie kein Kind, sondern sie empfängt die Königswürde für ihr Kind Salomo.

Ein dritter Kreis schließt sich mit Salomo. So, wie er bei seiner Geburt und ihren Umständen als neugeborenes Kind völlig passiv bleiben musste, so ist er es an dieser Stelle wieder. Seine Einsetzung als Nachfolger

---

David sich unbedingt dem Volk zeigen müsse, sonst laufe es ihm davon. In V. 9a kommt David der Aufforderung Joabs und dem Willen des Volks nach. Dagegen zeigt sich das Volk in V. 2–5 beschämt über den Tod des Aufrührers. Der Überarbeiter hat dabei den Widerspruch in Kauf nehmen müssen, dass es auf der Handlungsebene kaum eine andere »Lösung« als den Tod des Aufrührers gegeben hätte. Ein gewichtiges Argument dafür, dass die V. 2–5 sekundär sind, lässt sich mit ihrer fehlenden Funktionalität im Erzählganzen erbringen. In V. 1 erhält Joab die schlechte Nachricht, dass David um Abschalom trauert. In V. 6 geht er zu David und stellt ihn zur Rede bzw. zwingt ihn, sich öffentlich zu zeigen. Die V. 2–6 unterbrechen somit den Erzählfluss.

53 Das Kind Davids und Batschebas ist innerhalb des Erzählganzen der Davidgeschichten nicht der älteste Sohn Davids. Durch die Verbindung mit Salomo entsteht aber der Eindruck, dass dieses Kind Davids Nachfolger geworden wäre.

ist eine Sache zwischen David und Batscheba, die Intervention gegen seinen älteren Bruder ist Sache Natans.

Mit Natan schließt sich ein vierter Kreis. Hatte er in 2Sam 12,14 das von JHWH verhängte Todesurteil gegen das Kind gesprochen, so verhindert Natan hier die Thronbesteigung des anderen älteren Bruders, Adonias.

In der Überarbeitungsschicht wird die Erzählung zur Hofintrige umgemünzt. Mit der Einführung Abischags von Schumen und der Umdeutung Batschebas von der passiven Empfängerin der Nachricht über die Thronnachfolge Salomos wird sie zur aktiven Beteiligten an der Inthronisation Salomos. Die Senilität Davids spielt erst in der Überarbeitung eine Rolle. Dass David an einen früheren Schwur zu Gunsten Salomos erinnert wird, steht ohne Anknüpfung an die sonstigen Daviderzählungen da. Damit ist immerhin denkbar, dass der Erzähler den angeblich zurückliegenden Schwur David literarisch nicht aus der Luft holt, sondern die Behauptung gegenüber dem greisen David der Intervention Natans und Batschebas unterordnet. In der Grundschicht wird Salomo folgerichtig König. Drei seiner Brüder, Amnon, Abschalom und Adonia, haben sich erhoben bzw. überhoben und sind von der Bildfläche verschwunden. Sein eigener älterer Bruder, das Kind Davids und Batschebas, ist infolge der Schuld Davids gestorben. In diesem Aufstehen und Abtreten von Königssöhnen ist es folgerichtig, dass am Ende einer übrig bleiben wird, den die Wahl zur Zufriedenheit des Lesers treffen wird. Salomos Erwählung ist in der Grundschicht folgerichtig. In der überarbeiteten Fassung ist sie es nicht mehr. Davids Aktionen sind auf Frauen fixiert, gegen das Urteil und die Stimme Natans vermag er nichts auszurichten. Salomo wird König infolge einer Haremsintrige, darin besteht die entscheidende Akzentverlagerung der Überarbeitung gegenüber der Grunderzählung.

1.4. ... und das Königtum wurde fest in der Hand Salomos! (1Kön 2,46) Ende gut – alles gut?

1Kön 2 erzählt von den Intrigen und Lynchmorden, die nach dem Tod Davids zu Beginn der Herrschaft Salomos betrieben und begangen worden sind. Als sich die Tage des Königs David ihrem Ende nähern, befiehlt er seinen Sohn und designierten Nachfolger Salomo zu sich. Zunächst erfolgt die Vermahnung, ganz im Sinne JHWHs und seiner Gebote zu wandeln. Nur unter dieser Voraussetzung könne das Königtum Salomos Bestand haben.[54] Wegen der Treue Salomos zur Tora werde ihm die Weisheit gegeben, die er zur Ausübung seiner Königsherrschaft nötig habe (1Kön 2,3 f.).

Mit diesem Vorspann wird der folgende Erzählinhalt positiv eingefärbt. Mit V. 5 wendet sich das Blatt. David gibt Salomo seinen letzten Willen bekannt. Er soll sich an den Personen rächen, gegen die David Rachegedanken hegt. Zunächst geht es um Joab. Dieser habe die beiden Heerführer Sauls und Davids, Abner und Amasa, ermordet. Im Kontext von 1Kön 2 entsteht der Eindruck, es handle sich um eine nachholende Justiz. War David selbst zu schwach, um seinen mächtigen Heerführer Joab für seine blutigen Missetaten zu bestrafen? Vor dem Erzählhintergrund der Ermordung

---

54 Damit ist auf die Verheißung der ewigen Dynastie für David und seine Nachkommen in 2Sam 7 angespielt. Um ein direktes Zitat handelt es sich jedoch nicht. Der insgesamt deuteronomistische Text 2Sam 7 ist in 1Kön 2,1–4 vorausgesetzt. Der Abschnitt ist schon deswegen deuteronomistisch oder jünger.

Abners in 2Sam 3 könnte dieser Gedanke tatsächlich aufkommen. Nachdem Abner durch die Hand Joabs gestorben ist, stellt David resignierend fest:

Ich bin heute schwach, obwohl ich zum König gesalbt bin, und diese Menschen, die Söhne der Zerujah (Joab und Abischai), sind stärker als ich. JHWH aber möge es dem Täter entsprechend seiner Bosheit vergelten.
(2Sam 3,39)

1Kön 2,5 f. liest sich vor diesem Hintergrund tatsächlich als logische Folge von 2Sam 3,39: David habe es zur Zeit seiner Königsherrschaft über Juda nicht vermocht, die Ermordung Abners zu ahnden. Jetzt aber sei die Zeit gekommen, die offene Rechnung durch Salomo begleichen zu lassen. Eine gründliche Durchmusterung der Erzählung in 2Sam 3,6–39 lässt allerdings auch einen anderen Schluss zu. Die Episode setzt damit ein, dass Abner zum mächtigsten Mann im Norden, also in Israel, aufgestiegen ist.

Und es war während des Krieges zwischen dem Haus Sauls und dem Haus Davids, dass Abner stark wurde im Haus Saul. Und Saul hatte eine Nebenfrau gehabt, ihr Name war Rizpah, die Tochter Ajahs. Und er (Isch-Boschet, der Sohn und Nachfolger Sauls) sprach zu Abner: Warum hast du mit der Nebenfrau meines Vaters geschlafen?
(2Sam 3,6 f.)

Die Übersetzung des hier im Deutschen mit *dass Abner stark wurde im Haus Saul* wiedergegebenen Ausdrucks ist schwierig. Gewöhnlich wird die Stelle so verstanden, dass Abner das Haus Davids stärkte, d. h., dass er es unterstützte. Der betreffende hebräische Ausdruck *mitchazek* hat allerdings die Bedeutung sich stark machen bzw. sich stärken.[55] Ist damit angedeutet, dass

---

55 Vgl. Gen 48,2; Num 13,1; Ri 20,22; 1Sam 4,9; 30,6; 2Sam 10,12; 1Kön 20,22; 2Chr 1,1; 12,13; 13,7.21 u. a. Einige dieser Stellen drücken geradezu aus, dass eine Person mächtig

Abner im Haus des Saulnachfolgers Isch-Boschet zu einer ernsten Gefahr und Konkurrenz geworden ist? Schließlich setzt die Erzählung voraus, dass Abner mit der ehemaligen Nebenfrau Sauls, mit Rizpah, geschlafen habe. Isch-Boschet scheint darin einen ernsten Affront gesehen zu haben. Allerdings blieb er gegen Abner machtlos. Der geht zu David und bietet ihm die Herrschaft über Israel, d. h. die Gesamtherrschaft über Juda und Israel, an. Als Joab von den Geheimverhandlungen erfährt, lässt er Abner nach Hebron bringen und ersticht ihn im Stadttor (2Sam 3,27). Zwar hat die Erzählung an dieser Stelle eine ganz andere Begründung parat: Joab habe Abner aus Rache für den Tod seines Bruders Asaël getötet (2Sam 3,27bβ.30). Allerdings handelt es sich dabei um spätere Zusätze, die Joabs Motiv zum Mord mit Blutrache für den Tod seines Bruders Asaël erklären wollen.[56] Ohne diese Zusätze wird Joab in der Erzählung zwar nicht gerade zu einem Unschuldslamm, seine Tat erscheint jedoch politisch motiviert und zu Gunsten Davids geschehen zu sein.

Nicht anders stellt sich die Ermordung Amasas in 2Sam 20,8–10 dar. Amasa ist von David nach der Tötung Abschaloms als Heerführer eingesetzt worden (2Sam 19,14). Allein diese Personalentscheidung Davids ist problematisch. Schließlich hat Joab den Auf-

---

wird. Als Beispiel vgl. 1Chr 1,1: *Und Salomo, der Sohn Davids, wurde mächtig (mitchazek) in seinem Königtum und JHWH machte ihn überaus groß.* In den Stellen in denen das Verb *chazak* im Hitpael vorkommt, ist nahezu immer das Sich-stark-machen einer Person vor einer Konfrontation oder einer schweren Aufgabe gemeint. Dass (männliches) Sich-stark-machen und männliche sexuelle Potenz und Macht zusammenfallen können, belegt 2Chr 13,21: *Und Abijah wurde mächtig (mitchazek). Er nahm sich 14 Frauen und zeugte 22 Söhne und 16 Töchter.*

56 Vgl. A. KUNZ, Die Frauen und der König David, 78 f.

rührer und Hochverräter Abschalom hingerichtet (2Sam 18,14) und so Davids Königsherrschaft in ihrer schwersten Krise gerettet. In 2Sam 20 gerät das Königtum in eine erneute Krise durch den Sezessionsaufstand gegen David, der von Scheba angeführt wird. Amasa erhält den Auftrag, innerhalb von drei Tagen die Kriegsleute Judas zusammenzurufen. An dieser Aufgabe scheitert er: Nach der festgesetzten Zeit kommt er nicht nach Jerusalem zurück (2Sam 20,5). Davids Einschätzung der Situation nach dem Ausbleiben Amasas fällt düster aus: Der Schaden, den Scheba jetzt anrichten wird, wird noch größer als der des Abschalom sein (2Sam 20,6). Was ist Amasa vorzuwerfen: Kommt er aus Unfähigkeit zu spät? Oder aus Verrat? Diese Frage lässt die Erzählung zunächst offen. Derjenige, der die Kastanien aus dem Feuer holt, ist Joab. Mit »seinen Männern«, wohl die Leibgarde des mächtigen Heerführers, verfolgt er Scheba und erzwingt seine Hinrichtung (2Sam 20,22). Für die Darstellung in 1Kön 2 bedeutsam ist die in diesem Zusammenhang geschehende Ermordung Amasas. Unterwegs wird Joab von Amasa erwartet. Wenn Amasa tatsächlich das judäische Heer hätte sammeln wollen, wäre der nördlich von Jerusalem gelegene Ort der Begegnung unmöglich gewesen. Amasas Verhalten bleibt undurchsichtig. Joab spielt in 2Sam 20,1–22 eine durchaus positive Rolle. Er und seine Männer sind die einzigen, die noch auf Davids Seite stehen und für ihn kämpfen. Als er Scheba in der Stadt Abel Bet Maacha stellen kann, zeigt er sich gegenüber den Angeboten der belagerten Stadt empfänglich, Schebas Kopf gegen die Verschonung der Stadt zu bekommen (2Sam 20,16–22).

Die Erzählung 2Sam 20,1–22 lässt einige Punkte offen. Deutlich aber ist, dass Joab nicht als finsterer Geselle handelt, sondern als Diener Davids, der mit

Gewalt die Stabilität der Königsherrschaft Davids erkauft. Das Urteil Davids über Joab in 1Kön 2,5 f. ist vor dem Hintergrund von 2Sam 3,6–39 und 2Sam 20,1–22 nicht völlig gerechtfertigt. An Joabs Händen klebt Blut. Aber er hat es für David vergossen. Zudem verdankt David Joab sämtliche militärische Siege über seine inneren Feinde, also über Abschalom und Scheba. Hinzu kommt die Heldentat Joabs, als erster in das jebusitische Jerusalem eingedrungen zu sein und David damit den Weg zur Einnahme der Stadt geebnet zu haben (2Sam 5,8). Etwas merkwürdig ist es schon, dass Davids letzte Gedanken ausgerechnet einer an sich unbegründeten Rache an Joab gelten.

Absonderlich wirkt auch die Anweisung Davids an Salomo in 1Kön 2,8 f., er solle Schimi nicht ungestraft davonkommen lassen. Ebenso wie in der Anweisung für Joab ist hier die Kenntnis eines anderen Erzählzusammenhangs vorausgesetzt. Auf seiner Flucht vor Abschalom begegnet David Schimi, einem Angehörigen des Hauses Saul. Den müden und verzweifelten König treffen die Fluchworte Schimis: Ein Bluthund sei er, da er im Haus Sauls Blut vergossen habe. Nun aber sei mit dem Aufstand Abschaloms die gerechte Vergeltung über David gekommen (2Sam 16,7 f.). Die Erzählung notiert ausdrücklich, dass Schimi in der Position des Schwachen und Ausgelieferten ist. Abischai, der Bruder Joabs, schlägt David vor, Schimi zu töten. Doch David wehrt ab: Schließlich habe es JHWH dem Schimi eingegeben, David mit Flüchen, Steinen und Dreckklumpen zu bewerfen (2Sam 16,10). Noch einmal begegnet Schimi David bei seiner Rückkehr nach dem Sieg über Abschalom: Wieder zieht Schimi David entgegen, 1000 Mann sind bei ihm. Diesmal wirft Schimi sich vor David auf dem Boden, bekennt seine Schuld und seinen Irrtum und erbittet die Vergebung Davids.

Sie wird ihm großzügig gewährt. Wieder versucht Abischai von David die Erlaubnis zur Tötung Schimis zu bekommen. Auch diesmal verweigert David seine Zustimmung:

David sprach: Was ist zwischen mir und euch, Söhne der Zerujah, dass ihr mir heute zum Widersacher werden solltet und heute in Israel ein Mann sterben sollte? Wisst ihr nicht, dass ich heute König geworden bin über Israel? Und der König sprach zu Schimi: »Du sollst nicht sterben.« Und er schwor es ihm.
(2Sam 19,24)

Im Hinblick auf die Milde, die David Schimi in 2Sam 16,10 und 19,24 entgegenbringt, überrascht der Entschluss auf dem Sterbebett. Im Grunde hat der Leser von 2Kön 2 Schimi längst vergessen. Ein offener Konflikt, der seiner Lösung harrt, ist in 2Sam 16 und 19 gerade nicht vorgegeben. Warum kocht der Erzähler die Schimigeschichte nochmals auf? Um Joab und Schimi nachträglich anzuschwärzen? In diesem Fall würde die Erzählintention von 2Sam 3,6–39; 16,5–13; 19,17–24; 20,1–22 gegen den Strich gekämmt werden. Oder soll der Leser gar nicht auf der Seite Davids stehen und seine letzte Entscheidung gutheißen? Und sollen dem Beginn der Herrschaft Salomos gar tyrannische Züge untergelegt werden? Stellen wir die Fragen noch eine Weile zurück.

Die Umstände, die zum Tod Adonias führen, sind nicht weniger rätselhaft. 1Kön 2,13–25 erzählt, dass Salomos Bruder Adonia, der in 1Kön 1 um ein Haar den Königsthron bestiegen hätte, sich bittstellend an die Mutter seines Konkurrenten und Bruders Salomo, an Batscheba, wendet. In 1Kön 2,10, also unmittelbar zuvor, ist der Tod Davids festgehalten worden. Der Gang Adonias zu Batscheba leitet somit in das erste Ereignis nach Davids Tod und zu Beginn der Herrschaft Salomos ein. Alles beginnt ganz unspektakulär. Adonia erinnert Batscheba zunächst daran, dass er von *Israel* zum König bestimmt worden war, dass aber sein Bruder Salomo das Königtum erhalten habe, weil *JHWH* es so wollte (1Kön 2,15). Es sieht an dieser Stelle nicht so aus, als wollte Adonia die Thronbesteigung Salomos hinterfragen. Im Gegenteil: Das religiöse Argument, JHWH habe Salomo als König gewollt, wiegt die Entscheidung Israels zu Gunsten Adonias auf. So gesehen kann das nachfolgende Ersuchen Adonias *zunächst* nur die Bitte um ein Trostpflaster sein:

>»Jetzt möchte ich eine Bitte loswerden. Ich bitte dich: Weise mich nicht ab!« Sie sprach zu ihm: »Sprich!« Er sprach: Sage doch Salomo, dem König, denn dich wird er nicht abweisen, dass er mir Abischag von Schunem zur Frau geben soll!«
> (1Kön 2,16 f.)

Was hat Adonia zu diesem Schritt bewogen? Liebe zur schönen Abischag? Verdruss über den verpassten Thron? Naivität hinsichtlich der Reaktion Salomos? All diese Fragen bleiben offen.

Zunächst kommt Batscheba zum Zug: Sie geht zu Salomo, *um mit ihm wegen Adonia zu reden.* Der König erhebt sich vor seiner Mutter, fällt vor ihr nieder und setzt sich wieder auf seinen Thron. Für Batscheba wird ein zweiter Thronsessel geholt und sie setzt sich zur Rechten ihres Sohnes (1Kön 2,19).[57] Merkwürdigerweise sagt sie kein Wort davon, dass sie auf Bitten Adonias gekommen ist:

---

57 Die Formulierung *Sitzen zur Rechten* kommt in der Hebräischen Bibel nur noch in Ps 110,1 vor. Hier ist der König gemeint, der sich in Anlehnung an die ägyptische Königsvorstellung als von Gott adoptiert und auf eine annähernd gleiche Stufe transformiert empfinden kann. Der König steht um ein Geringes unter seinem Gott, er steht zugleich über allen anderen Menschen. Überträgt man dieses Bild auf 1Kön 2,19, erscheint die Königsmutter Batscheba als Mitregentin Salomos. Sie ist seiner Herrschaft (geringfügig?) untergeordnet und zugleich ganz Israel übergeordnet.

Sie sprach: »Eine kleine Bitte habe ich, die bitte ich von dir. Weise mich nicht ab!« Der König sprach zu ihr: »Frage, meine Mutter, ich werde dir nichts abschlagen!« Sie sprach: »Abischag von Schunem möge deinem Bruder Adonia zur Frau gegeben werden.«
(1Kön 2,21)

Gegenüber Adonias Bitte an Batscheba fällt die Formulierung Batschebas gegenüber Salomo kürzer aus. Während Adonia um Abischag als *Trostpflaster* für das verlorene Königtum bittet, agiert Batscheba nur als Partnervermittlerin. Gerade das bringt Salomo in Rage:

Der König antwortete und sprach zu seiner Mutter: »Warum erbittest du Abischag von Schunem für Adonia. Erbitte doch das Königtum für ihn, denn er ist mein älterer Bruder. Und für ihn sind Ebjatar, der Priester, und Joab, der Sohn der Zerujah. Und Salomo schwor bei JHWH: Gott tue mir dieses und jenes, bei seinem Leben hat Adonia dieses Wort gesagt. Und jetzt, so wahr JHWH lebt, der mich erhoben hat und mich gesetzt hat auf den Thron Davids meines Vaters und der mir ein Haus gemacht hat, so wie er gesagt hat, heute soll Adonia sterben.
(1Kön 2,22 f.)

Gesagt, getan. Salomo schickt Banaja, den Sohn Jehojadas, los, der Adonia umgehend umbringt. Die spannende Frage lautet: Was genau hat Adonia im Schilde geführt? Klafft zwischen dem, was er gegenüber Batscheba gesagt hat, und dem, was er wirklich dachte, der abgrundtiefe Spalt des Verrats? Wenn der Erzähler so denkt, warum sagt er das dann nicht?

Dass es Zusammenhänge gibt zwischen der Herrschaft über den Harem bzw. die Frauen des Königs und der Aneignung von Herrschaft, lässt sich leicht aufzeigen. In 2Sam 16,21 bekommt der abtrünnige Sohn Davids, Abschalom, den Rat, die in Jerusalem zurückgelassenen Frauen des Königs zu vergewaltigen. Auf diese Art und Weise würden Abschaloms Anhänger merken, dass die Feindschaft zwischen Abschalom und David unversöhnlich ist, und sie würden desto kühner Abschalom anhängen. Auf die dann tatsächlich geschehene Vergewaltigung der Frauen in 2Sam 16,22 spielt die oben schon diskutierte Strafrede Natans vor David an: Weil David, der doch so viele Frauen hat, sich der Frau seines Untertanen Uria bemächtigt habe, werde einer kommen und mit Davids Frauen in aller Öffentlichkeit schlafen (2Sam 12,11). Die Vergewaltigung von Davids Frauen durch Abschalom dient der Provokation. Sie stellt einen gewaltsamen Einbruch in die königliche Sphäre dar und unterstreicht den Anspruch auf den Thron. Allerdings dient der Gewaltakt nicht dazu, über das Hintertürchen des Harems auf den Königsthron zu kommen.

In dieser Episode gibt es vier Perspektiven: die Adonias, die Salomos, die Batschebas und die des Erzählers. Ein Vergleich zwischen der Vergewaltigung der Haremsfrauen durch Abschalom und der Bitte Adonias verbietet sich. Schließlich versucht Adonia, Abischag über eine Petition an den König zu bekommen. Dahinter einen Verrat lauern zu sehen, wäre unsinnig. Adonia hätte dann versucht, mit einer Petition an den König den König zu stürzen. Soviel Naivität ist keiner der handelnden Personen zuzutrauen. Salomo reagiert so, wie es ihm die letzten Worte Davids nahe gelegt haben: mit Lynchjustiz. Der zweimalige Gebrauch der Schwurformel in 1Kön 2,23 f., die Erwähnung, dass JHWH ihn auf den Thron seines Vaters gesetzt habe (das hat Adonia wenige Verse zuvor [V. 15] auch schon festgestellt), und die sich so erfüllende Verheißung JHWHs stehen mit dem Vorwurf gegenüber Adonia in keinem Zusammenhang. Sagt Salomo somit, dass er aus göttlicher Hand sein Königtum empfangen habe und deswegen tun und lassen kann, was er will?

Was ist mit Batscheba? In ihrer gründlichen Analyse der Erzählungen, in denen die Frau begegnet, ist *Maria*

Häusl etwas Bemerkenswertes aufgefallen: Batscheba ist »selten als Objekt von Handlungen belegt«[58] Welche Konsequenzen lassen sich daraus ziehen? Etwa die, dass Batscheba nicht mit sich umspringen lässt? Jedes Mal, wenn sie auftritt, handelt sie für ihren Sohn Salomo. Jedes Mal bringt ihr das einen Prestigegewinn und eine Erhöhung ihres sozialen Status ein. Das Entscheidende ist, dass sie jedes Mal den König zum Handeln bringt. In 2Sam 11,4 f. schläft sie mit David und teilt ihm ihre Schwangerschaft mit. Das genügt, um David Pläne zur Übertölpelung und später zur Beseitigung Urias schmieden zu lassen. In 2Sam 12,24 trauert sie um ihr totes Kind und wird wegen ihrer Trauer von David mit einem zweiten Kind getröstet. In der überarbeiteten Erzählung in 1Kön 1,11 ff. lässt sie sich von Natan zu David schicken und setzt bei David die Einsetzung Salomos als Nachfolger Davids zu Ungunsten Adonias durch. In 1Kön 2,13 ff. lässt sie sich von Adonia zum König Salomo schicken. Während die Folgen für Adonia tödlich sind, wird für Batscheba der Thron neben Salomo aufgestellt (1Kön 2,19). Ohne dass Batscheba eine Hand dafür oder dagegen rührt, irgendjemand stirbt immer, wenn sie mit dem König kommuniziert: Uria und ihr erstes namenloses Kind. Ihr Gang zu David in 1Kön 1 hat Adonias Thronbesteigung vereitelt. Jetzt sitzt sie neben dem König auf den Thron und trägt Adonias Bitte vor. Weiß sie, was geschehen wird? Oder ahnt sie es? Hinsichtlich der Darstellung Batschebas gibt es eine Konstante: Ob Batscheba Ziele verfolgt oder nicht, bleibt unausgesprochen. Mit Ausnahme von 2Sam 12,24 erfahren wir nichts über ihre Gefühle. Dagegen löst sie Gefühle aus: Davids Begehren, seine Tröstungen, seinen Unmut über

---

58   M. Häusl, Abischag und Batscheba, 267.

Adonia[59] und schließlich Salomos Zorn über Adonia.
Salomos Reaktion verrät, was in ihm vorgeht:

> Der König Salomo antwortete und sprach zu seiner Mutter: »Warum bittest du um Abischag von Schunem für Adonia? Erbitte doch für ihn das Königtum, denn er ist mein älterer Bruder und Ebjatar, der Priester, und Joab, der Sohn der Zerujah, sind für ihn. (1Kön 2,22)

Salomos Reaktion offenbart eine ängstliche Empfindlichkeit und Aufgeregtheit. Er weiß um das Erstgeburtsrecht Adonias und er weiß, dass sein Bruder mit Ebjatar und Joab zwei mächtige Männer auf seiner Seite hat.[60] Bei Abischag handelt es sich nicht um eine Frau aus dem Harem, also nicht um ein Sexualobjekt des Königs. Sie hat das Amt der *sochenet* inne (1Kön 1,2.4). Der Ausdruck lässt sich etymologisch aus dem Akkadischen ableiten. Die Bezeichnung šakintu bezeichnet eine Verwalterin des Königspalastes.[61] Dass eine šakintu eine politische Machtposition innehat, kann daher angenommen werden. Gilt das auch für Abischag? Vielleicht. In dem Fall hätte Salomo fürchten müssen, dass sich auf den Waagschalen der Macht Adonia doch als der Stärkere hätte erweisen können. Wenn jemand hätte absehen können, dass Salomo wegen der in ihm rumorenden Anspannung völlig überzogen reagieren könnte, dann am ehesten seine Mutter.

---

59 In 1Kön 1,6 wird ausdrücklich festgehalten, dass David Adonia noch nie etwas verwehrt habe. Der Satz steht im Anschluss an die Feststellung, dass Adonia sich die Erlangung der Königsherrschaft in den Kopf gesetzt hat (V. 5). Damit ist zunächst angedeutet, dass David Adonia wohl auch diese Eigenmächtigkeit hätte durchgehen lassen. Nach der Audienz Batschebas und Natans bei David steht für ihn fest, dass Salomo König wird. Somit haben Batscheba und Natan bei David eine Sinnesänderung bewirkt.
60 Vgl. S. J. DeVries, 1 Kings, 38.
61 Vgl. M. Häusl, Abischag und Batscheba, 239–242.

Zwingt sie ihn so zum Handeln, um auf brutale Weise seine Herrschaft zu sichern?

Wie dem auch sei, der Vorwurf Salomos, Adonias Bitte um Abischag sei in Wirklichkeit der erste Schritt, um ihn vom Thron zu jagen, ist im Erzählkontext von 1Kön 2 ungerechtfertigt. Ob Salomo das gewusst hat oder ob Batscheba diese Reaktion ins Kalkül gezogen hat, ist ungewiss. Das hat nur einer gewusst, der Erzähler nämlich. Aber der hatte offensichtlich gerade nicht vor, uns das Geheimnis so einfach preiszugeben.

So bleibt dieser Vorgang am Anfang der Herrschaft ebenso obskur wie befremdlich. Und genau das, so möchte ich vermuten, war die Absicht des Erzählers. Allerdings werden die folgenden Ereignisse zeigen, dass Salomo grausame und unbegründete Morde befiehlt. Erst im Rückblick kann somit klar werden, welches Konturenbild der Erzähler von Salomo entwirft.

1Kön 2 ist in Einzelepisoden untergliedert, die nach einem gleichen Handlungsmuster verlaufen. Die Morde, die in 1Kön 2,13 ff. begangen werden, haben ihr Vorspiel in den Anweisungen Davids in V. 5–9. David erinnert Salomo an die bösen Taten Joabs. Deswegen soll dessen *graues Haar nicht in Frieden in die Totenwelt hinabfahren* (1Kön 2,6). An Schimis harte Worte gegen David während seiner Flucht vor Abschalom wird gedacht: Deswegen soll Salomo Schimis *graues Haar mit Blut hinunter in die Totenwelt bringen* (1Kön 2,9). Die Gegensätzlichkeit der beiden Formulierungen *nicht in Frieden* und *mit Blut* haben einen identischen Inhalt. Joab und Schimi sind alte Männer. Noch im Greisenalter soll die Rache Davids sie treffen, sie sollen keines friedlichen Todes sterben.

Der folgende Abschnitt lässt sich untergliedern in die Ermordung Adonias (1Kön 2,13–25), in die Verbannung Ebjatars (1Kön 2,26 f.), in die Ermordung Joabs (1Kön 2,28–36) und in die Ermordung Schimis (1Kön 2,36–46). Der Tod Joabs wird gerahmt von der Adonia- und der Schimiepisode. Darin bekommt Salomo einen formalen Vorwand in die Hand, seine beiden Kontrahenten auszuschalten. Beide begehen eine Tat, die keineswegs einen Affront gegenüber Salomo darstellt. Dennoch nutzt Salomo die Umstände gnadenlos aus und gibt den Tötungsbefehl.

Adonias Bitte, Salomo möge ihm Abischag zur Frau geben, liefert Salomo den entscheidenden Vorwand. Dabei wird an die Forderung Davids nach der Saultochter Michal in 2Sam 3,13 angeknüpft.

(David sprach zu Abner:) Eine Bitte habe ich an dich. Du wirst mein Antlitz nicht sehen, es sei denn, du bringst Michal, die Tochter Sauls, mit, wenn du kommst, um mein Antlitz zu sehen.	(Adonia sprach zu Batscheba:) Eine Bitte habe ich an dich. Wende dein Antlitz nicht ab. Sie sprach zu ihm: Sprich! Er sprach zu ihr: Rede mit Salomo, dem König, denn dein Antlitz wird er nicht abwenden, dass er mir Abischag von Schunem zur Frau gebe.

In der Übersetzung lassen sich die zahlreichen Stichwortüberschneidungen nur bedingt aufzeigen. Doch sie sind so deutlich, dass eine direkte Anspielung angenommen werden muss. Zudem taucht in beiden Texten ein und dasselbe Motiv auf: Ein Mann begehrt eine Frau für sich, die mit dem verstorbenen König in Beziehung stand. Die Forderung Davids in 2Sam 3,13 bezieht sich auf die Saultochter Michal, bei der Bitte Adonias in 1Kön 2,16 f. handelt es sich um Abischag, die mit David in einem gleichermaßen erotischen und administrativen Verhältnis stand. In 2Sam 3,6–39 steht die Forderung nach der Frau zwar im Zusammenhang mit Davids Bestreben, König über Israel zu werden, eine Notwendigkeit dafür besteht nicht. Immerhin wird durch den Rückverweis auf 2Sam 3,13 ein Zusammenhang zwischen der Bitte um die Frau und dem Anspruch auf den Thron angedeutet. Salomos Behauptung, mit seiner Bitte um Abischag sei bereits der erste Schritt in Richtung Hochverrat getan, ist auf Grund des literarischen Kontextes nicht völlig gegenstandslos. Bringt Adonia seine Bitte scheinheilig vor oder ist Salomos Entrüstung nur vorgespielt? Für die erste Möglichkeit spricht *zunächst* nur sehr wenig. Immerhin räumt Adonia ein, dass Salomo das Königtum von JHWH empfangen habe (1Kön 2,15). Der Satz drückt eher eine Akzeptanz der Thronbesteigung Salomos durch seinen älteren Bruder aus.

Ebjatar ist von Salomo längst in die Verbannung geschickt worden. Joab wird im folgenden Verlauf auf den bloßen Befehl Salomos ermordet, er selbst sieht sich zu einer Gegenwehr gar nicht in der Lage. Vor diesem Hintergrund erscheint die Behauptung Salomos reichlich überzogen.

Bei einem Vergleich der Todesumstände von Adonia und Schimi fallen Analogien auf. Salomo lässt Schimi zu sich rufen, befiehlt ihm, in Jerusalem ein Haus zu bauen und dieses nicht zu verlassen. Sollte Schimi sein Haus verlassen und den Kidronbach überschreiten, müsse er sterben. Der somit unter Hausarrest gestellte bzw. in seiner Bewegungsfreiheit stark eingeschränkte Schimi akzeptiert die Restriktion (1Kön 2,37). Drei Jahre lang sitzt Schimi unbehelligt in seinem Haus. Als zwei seiner Knechte die Situation nutzen wollen und von ihrem Herrn davonlaufen, übergeht Schimi das Verbot Salomos und holt die beiden zurück. Salomo nutzt die Gelegenheit gnadenlos aus und lässt Schimi durch Benaja ermorden. Wiederum wirkt Salomos Reaktion auf die Übertretung Schimis überzogen. Was

hätte Schimi anderes tun können, als seine Leute zu-
rückzuholen? Salomo interpretiert die verständliche
Handlung Schimis als Ausdruck seiner generellen Bosheit (1Kön 2,44). Man kommt nicht umhin, Salomos Reaktion auf Adonias Bitte und auf Schimis Tat mit der
sprichwörtlichen Wandlung der Mücke zum Elefanten
zu vergleichen.

Die Hinrichtung Joabs durch Benaja geschieht ohne
Vorwand. Nachdem Joab vom Tod Adonias gehört hat,
sucht er Zuflucht am Altar JHWHs (1Kön 1,28 f.). Als
Begründung für die Flucht gibt V. 28 an, dass Joab der
Adoniapartei angehört hat. Joabs Motiv für die Flucht
zum Altar ist seine Angst vor der Rache Salomos.
Ebenso, wie er das später im Fall Schimis machen wird,
kramt Salomo die alte Kontroverse zwischen David
und Joab wieder aus. Wiederum gibt es die Perspektive
Salomos, der hinter allem gleich Verrat und Gefahr wit-
tert, es gibt die Perspektive Joabs, der weiß, dass die
Ermordung Adonias zugleich auch sein Ende ist, und
es gibt die Perspektive des Lesers, der sich darauf einen Reim machen muss.

Der Tod Joabs ist mit dem Schimis unter einem
Aspekt parallel gestaltet. In beiden Fällen scheint auf
die Texte angespielt zu sein, die die Frage der Asylie-
rung des Totschlägers betreffen. Ex 21,12 regelt die Frage so: Wer einen Menschen vorsätzlich erschlägt, soll
selbst hingerichtet werden. Eine Unterscheidung zwischen Mord und Totschlag erfolgt dabei nicht. Liegt
der Fall vor, dass der Tod versehentlich herbeigeführt
wird,[62] soll der Verursacher in eine der Asylstädte fliehen. Für den Fall, dass jemand mit Hinterlist getötet
hat, legt Ex 21,14 fest:

---

62 In moderner rechtlicher Formulierung läge fahrlässige Tö-
    tung vor.

Wenn sich jemand an seinem Nächsten vergeht und er ihn mit Hinterlist tötet, soll man ihn von meinem Altar wegnehmen und er soll sterben.
(Ex 21,14)

Warum lässt der Erzähler Joab am Altar Zuflucht suchen? Soll er eine Antwort auf die Frage von Schuld und Unschuld finden? Benaja, der sonst ohne Skrupel die Mordbefehle Salomos ausführt, ist sich diesmal nicht sicher. Er fordert Joab auf, den Altar zu verlassen. Joab weigert sich: Hier wolle er sterben. Ratlos läuft Benaja zu seinem König zurück. Wenn er da sterben wolle, dann soll er eben am Altar sterben. So stirbt Joab *wie* ein Mörder, der vergeblich am Altar Zuflucht gesucht hat.

Der Fall Schimis ist in seiner Darstellung ähnlich an die Institution der Asylstädte gebunden. Derjenige, der einen Menschen fahrlässig, also nicht mit Absicht getötet hat, soll in eine der Asylstädte fliehen. Der Bluträcher, der ihn verfolgt, darf ihm in der Asylstadt nichts tun. Allerdings gibt es eine Ausnahme:

Überschreitet der Totschläger die Grenze seiner Asylstadt, in die er geflohen ist, und der Bluträcher trifft ihn außerhalb der Grenze seiner Asylstadt an und der Bluträcher tötet den Totschläger, so ist er unschuldig.
(Num 35,26 f.)

Die Aufhebung des Asylschutzes im Fall einer Grenzüberschreitung erinnert an die Umstände des Todes Schimis. Dabei ist es weniger der Einzelfall Schimis und Joabs, der jeweils an die Institution der Asylstädte erinnert. Da jedoch in beiden Fällen Anklänge an die betreffenden Texte vorliegen, dürfte die Analogie nicht zufällig sein. Wie im Fall des »versehentlichen Totschlägers« verliert Schimi seinen Schutz, indem er die ihm zugewiesene Grenze überschreitet. Wie im Fall des vorsätzlich handelnden Totschlägers bzw. Mörders kann der Altar JHWHs Joab kein Asyl bieten, er wird an Ort und Stelle hingerichtet. Was bezweckt der Erzähler mit der Darstellung dieser Aktion? Soll in der Frage von Schuld und Unschuld die Waage mehr zu Ungunsten Joabs und Schimis ausschlagen? In diesem Fall würde sich ein eher salomofreundliches Bild einstellen. Dem widerspricht wiederum, dass die beiden Chronikbücher, die sich durch eine ausgesprochen positive Darstellung Salomos auszeichnen, die Ermordung Adonias, Schimis und Joabs übergehen.

Heinrich Heine hat mit seinem Gedicht *König David* die Intention der Erzählung von der Ermordung Joabs auf Befehl Salomos vorzüglich getroffen.

> *Heinrich Heine*
> *König David*
>
> Lächelnd scheidet der Despot,
> Denn er weiß, nach seinem Tod
> Wechselt Willkür nur die Hände,
> Und die Knechtschaft hat kein Ende.
>
> Armes Volk! wie Pferd' und Farrn
> Bleibt es angeschirrt am Karrn,
> Und der Nacken wird gebrochen,
> Der sich nicht bequemt den Jochen.
>
> Sterbend spricht zu Salomo
> König David: Apropos,
> Daß ich Joab dir empfehle,
> Einen meiner Generäle.
>
> Dieser tapfre General
> Ist seit Jahren mir fatal,
> Doch ich wagte den verhaßten
> Niemals ernstlich anzutasten.
>
> Du, mein Sohn, bist fromm und klug,
> Gottesfürchtig, stark genug,
> Und es wird dir leicht gelingen,
> Jenen Joab umzubringen.[63]

---

63 H. Heine, Sämtliche Schriften (6/2), 40.

Eine Antwort darauf, welches Bild von Salomo der Erzähler figurieren möchte, kann nur im Zusammenhang mit dem literarischen Wachstum des Kapitels gesehen werden. Die Notiz in 1Kön 1,4, dass David mit Abischag nicht mehr habe schlafen können, hinge ohne die Episode in 1Kön 2,13–26 funktionslos in der Luft. Erst die Bitte Adonias, Salomo möge ihm Abischag zur Frau geben, erhellt den Hintergrund von Davids Impotenz. Gerade weil David nicht mit Abischag geschlafen hat, kann Adonia um die Frau bitten. Davids Impotenz bildet somit die Voraussetzung für Adonias Bitte um Abischag. Literarisch liegen somit 1Kön 1,1–4 und 1Kön 2,13–26 auf einer Ebene. Bereits die mittelalterlichen jüdischen Ausleger haben in der Bitte keinesfalls nur den naiven Versuch Adonias gesehen, sich mit der schönen Abischag als Frau über den Verlust der Königsherrschaft zu trösten. *David Kimchi* kommentiert den Vorgang folgendermaßen: Adonia habe gewusst, dass Abischag nur als Frau für den König in Frage komme. In dem Moment, wo Adonia Abischag bekommen hätte, wäre er in Richtung Königsherrschaft einen Schritt weiter gewesen. Ausgesprochen drastisch bemerkt *David Kimchi* weiter, wenn Adonia mit Abischag schlafe, würde er das *Szepter des Königs* benutzen und demzufolge in die Rolle des Königs schlüpfen.[64] Adonia hat sich in 1Kön 1 bereits des königlichen Mahls bedient, um seinen Thronanspruch zu zementieren. In 1Kön 1,9 schlüpft er in die Rolle des Königs, indem er *wie der König* ein Festmahl veranstaltet. In 1Kön 2,13–17 versucht er wieder, in die Rolle des Königs zu schlüpfen. Legt man 1Kön 1 als Folie auf 1Kön 2,13–26, erscheint das Bild Salomos wesentlich heller, als es nur auf der Basis von 1Kön 2 scheinen will.

---

64 Vgl. D. Kɪᴍᴄʜɪ, Mikraot gedolot haketer, zur Stelle.

Zwischen 1Kön 1,1–10.15–31 und 1Kön 2,13–26 bestehen Analogien in der Personenkonstellation. In den drei Szenen liegt die Konstellation König (David bzw. Salomo), Salomo, Adonia, Batscheba und Abischag vor. Batscheba spricht bei David wegen einer seiner Söhne vor. In 1Kön 1,15 erscheint sie vor David, um die Nachfolge ihres Sohnes Salomo durchzusetzen. In 1Kön 2,19 betritt Batscheba die Gemächer ihres Sohnes Salomo, um für Adonia die Ehe mit Abischag anzubahnen. In 1Kön 1,15 ist Abischag während der Audienz anwesend, eine Funktion nimmt sie im Erzählablauf nicht wahr. Demgegenüber ist sie in 1Kön 3,19 der Anlass, weswegen Batscheba bei Salomo erscheint. Die erste Audienz in 1Kön 1,15–31 kostet Adonia den Thron, die zweite in 1Kön 2,19–22 kostet ihn das Leben.

Batscheba wird in 1Kön 1,11–14 von Natan instruiert, warum sie zum König gehen soll und was sie während der Audienz vortragen soll. Natan weist sie dabei in die Strategie ein, mit der sie bei David vorsprechen soll. Sie soll David an einen angeblichen Schwur erinnern, den er zu Gunsten der Thronfolge Salomos geleistet haben soll. Ähnlich geht auch Adonia vor. Zunächst will er Batscheba glauben machen, dass er von der Rechtmäßigkeit der Thronbesteigung Salomos überzeugt sei (1Kön 2,15). Dann soll Batscheba vortragen, dass er nur einen einzigen Wunsch habe: Wenn schon nicht das Königtum, dann soll er doch wenigstens die schöne Abischag zur Frau bekommen (1Kön 2,17). Salomo reagiert anders, als von Adonia erhofft. Das von Adonia suggerierte Argumentationsschema *Wenn ich schon nicht König werde, dann doch wenigstens der Mann einer schönen Frau und der Vertrauten des alten König Davids* wird von Salomo auf den Kopf gestellt: Die Bitte um die schöne und sexuell noch unberührte

Vertraute des alten Königs ist der erste Schritt in Richtung Thronusurpation und somit Hochverrat.

Warum in 1Kön 1,1–5 Abischag eingeführt wird, klärt sich erst in 1Kön 2,13–26. Während sie in 1Kön 1,1–4 selbst keine Funktion hat, nimmt ihre Bedeutung in 1Kön 2,13–26 dramatisch zu. In 1Kön 1,1–4 illustriert sie Davids Senilität und sexuelle (und gleichbedeutend damit politische) Impotenz. Dass David alt und schwach ist, hätte der Erzähler auch anders sagen können. Demgegenüber ist Abischag in 1Kön 1,13–26 unverzichtbar.

Der Erzähler von 1Kön 2,13–26 stößt den Leser an, vier Möglichkeiten zu erwägen. Das Ganze kommt einem unlösbaren Kriminalfall gleich. Die *erste Möglichkeit* besteht darin, dass Adonia tatsächlich so unschuldig ist, wie er sich in 1Kön 2,15 f. zu erscheinen bemüht. Diese Möglichkeit wird dadurch unterstrichen, dass Adonia behauptet, Salomo habe das Königtum von JHWH erhalten. Hierbei ist zu berücksichtigen, dass in den Erzähltexten der Hebräischen Bibel nirgendwo ein Ereignis im Gewand einer Lüge JHWH zugeschrieben wird. Hinzu kommt, dass Adonia in 1Kön 1 neutral, d. h. nicht negativ dargestellt wird. Daraus, dass Salomo mit seiner Verdächtigung, Adonia wolle ihn in Wirklichkeit vom Thron stürzen, Recht hat, ergibt sich die *zweite Möglichkeit*. Dafür spricht zumindest, dass Adonia in 1Kön 1,5–10 alle Vorkehrungen getroffen hat, um den Thron zu besteigen: Er hat sich mit einer Privattruppe umgeben (1Kön 1,5) und er hat wichtige Personen aus der Führungselite des Hofes hinter sich gebracht (1Kön 1,8). Zudem kann er für sich in Anspruch nehmen, der älteste Sohn Davids nach Abschalom und zugleich der von David am meisten geliebte Sohn zu sein (1Kön 1,6). Die *dritte und vierte Möglichkeit* hängen mit der Bewertung Batschebas zusammen. Entweder ist sie naiv genug zu glauben, dass Salomo in der Bitte seines Bruders Adonia nichts Anstößiges findet. In diesem Fall wäre wieder zwischen der ersten und der zweiten Möglichkeit abzuwägen. Oder aber sie weiß genau, was passieren wird.

Für die letztgenannte Möglichkeit sprechen folgende Argumente: Dass Batscheba an dieser Stelle überhaupt noch einmal auftaucht, muss Gründe haben. Für das Erzählte selbst hätte es auch genügt, wenn Adonia seine Bitte direkt an seinen Bruder gerichtet hätte. So aber erfährt der Leser, dass Batscheba in 1Kön 2,19 auf dem Höhepunkt ihres Aufstiegs angekommen ist. Sie ist die Mutter des Königs, die neben ihrem Sohn auf dem Thron sitzt. In dieser Position erscheint sie nicht mehr als Bittstellerin im Auftrag Adonias. Salomo und Batscheba sind von Anfang an zusammen aufgestiegen. Mit dem Ehebruch und dem Tod Urias und des ersten Kindes steigt Salomo in 2Sam 11 f. – noch ungeboren – vom Sohn einer Offizierswitwe zum Königssohn auf. Mit dem zweiten Auftreten Batschebas in 1Kön 1 steigt Salomo vom Königssohn zum Nachfolger auf. Bei ihrem dritten Auftritt ist Salomo König und Batscheba besteigt den Thron an seiner Seite.

Batscheba taucht immer zum Wohle ihres Sohnes Salomo auf. Ihr letztmaliges Erscheinen auf der Bühne des Geschehens in 1Kön 2,13–26 geschieht im Zusammenhang mit der Festigung der Macht Salomos. Der Tod Adonias in 1Kön 2,25 leitet die blutigen Ereignisse ein, in denen Salomo seine tatsächlichen und vermeintlichen Widersacher ermorden lässt. Ebjatars Verstoßung (1Kön 2,27), die Ermordung Joabs (1Kön 2,28–34) und Schimis (1Kön 2,26–46a) laufen auf den entscheidenden Schlusssatz in 1Kön 2,46b hinaus: Das Königtum wurde fest in der Hand Salomos. Batscheba eröffnet die Handlungssequenz, in der die Gegner Salomos ausgeschaltet werden. Für die Ermordung Schimis muss Salomo nur einen Vorwand finden – und er findet ihn nach drei Jahren. Von Joab berichtet der Erzähler gar nichts mehr, also auch nicht, dass er gegen Salomo opponiert hätte. Zudem sieht dessen Tod nach der Hinrichtung Adonias eher nach Rache aus als nach machtpolitischer Notwendigkeit.

Darf man für den Tod Adonias dasselbe annehmen? Hat Salomo bloß einen Vorwand gesucht und ihn gefunden? Wie gut kennt eine Mutter ihren Sohn? Hat Batscheba gewusst, dass Adonia sterben wird, sobald sie Salomo den Vorwand dafür liefert? Die Fragen sind nicht zu beantworten. Aber sie sind vom Erzähler gestellt worden, der es meisterhaft versteht, die Phantasie seiner Leser anzuregen. Ist davon auszugehen, dass der Erzähler die Antwort kennt und dass er will, dass der Leser hinter die Kulissen des Erzählten wie des Unerzählten blickt? Ist die Antwort in der Analogie des Erzählten zu finden?

In 1Kön 1,1–10.15.31 und 2Kön 2,13–26 begegnet eine analoge Personen- und Handlungskonstellation. Davids sexuelle Schwäche wird in 1Kön 1,1 ff. an seinem Verhältnis zu Abischag offenbar. Der Schwäche korrespondiert die politische Untätigkeit Davids angesichts der Erhebung Adonias. In 1Kön 2,13–16 versucht Adonia, in die Rolle des Nachfolgers Davids bei Abischag zu schlüpfen. In 1Kön 1,1–4 und 1,15 erscheint Abischag als einzige Person, die unmittelbaren Zugang zum König hat. Dies betrifft sowohl einen erotischen als auch einen administrativen Aspekt. Wenn Adonia Abischag wegen ihrer Schönheit begehrt, klingt der zweite Aspekt auch ungenannt mit an. Das Vorwissen von 1Kön 1,1 ff. erlaubt dem Leser, die Handlungsmuster Adonias und Salomos in 2Sam 2,13–26 zu dechiffrieren.

Noch in einem zweiten Punkt ist die Analogie der Handlungen darauf angelegt, Adonias und Salomos Verhalten zu entschlüsseln. Batschebas Gang zu David geschieht im Auftrag Natans mit dem Ziel, Salomo als Thronnachfolger durchzusetzen. In 1Kön 2,13–26 geht sie wiederum im Auftrag eines Dritten zum König. Die Vorkenntnis von 1Kön 1,11 ff. signalisiert dem Leser eine scheinbare Wiederholung des Geschehens. Schon einmal ist Batscheba in Auftrag eines Dritten zum König gesandt worden, schon einmal hat sich diese Strategie bewährt, schon einmal ist es ihrem Einfluss auf den König zu verdanken, dass die Thronfolgeregelung entsprechend der Bitte Batschebas getroffen wurde. Der Beginn der Audienzszene in 1Kön 2,19 lässt zunächst erwarten, dass Batschebas Bitte entsprochen wird: Sie kommt zu Salomo, er erhebt sich von seinem Thron, kommt ihr entgegen, verneigt sich vor ihr und lässt sie auf einem Thronstuhl neben dem seinen Platz nehmen. Die außerordentliche Hochschätzung, die Batscheba in 1Kön 1,19 durch Salomo erfährt, lässt nicht erwarten, dass ihre Bitte für Adonia so verheerende Folgen haben wird. Vor diesem Hintergrund wirkt die Reaktion Salomos umso harscher.

Der Gang Batschebas zu David in 1Kön 1,11 ff. und zu Salomo in 1Kön 1,19 ff. ist bewusst parallel gestaltet. Der Auslöser dafür, zum König zu gehen, ist jeweils der Auftrag bzw. die Empfehlung eines Dritten. Natan schickt Batscheba zu David, Adonia bittet Batscheba um Intervention bei Salomo. In beiden Fällen geht es darum, für den benachteiligten Prinzen beim König Zugeständnisse zu erwirken. In 1Kön 1,15–31 gelingt es Batscheba, Salomo als Thronnachfolger durchsetzen, in 1Kön 2,20–25 will Batscheba für Adonia Abischag erbitten, erwirkt aber nur das Gegenteil, nämlich dass die Bitte um Abischag von Salomo als erster Schritt in Richtung Thronnachfolge gedeutet wird.

Geradezu entgegengesetzt ist die Audienzszene dargestellt: In 1Kön 1,15 ff. kommt Batscheba zum König, verneigt sich vor dem König und wird mit einem knappen *Was willst du?* empfangen. Dagegen werden in 1Kön 2,19 in aller Breite die Etappen des glanzvollen Empfangs Batschebas durch Salomo geschildert. Dennoch entspricht Salomo in 1Kön 2,22–24 der Bitte Batschebas im Gegensatz zu 1Kön 1,15 ff. nicht.

Die Abischagepisoden in 1Kön 1,1–4.15; 2,13–26 gehören unlösbar zusammen. Ohne 1Kön 1,1–4 würde der Leser Abischag in 1Kön 2,13–26 nicht kennen; ohne 1Kön 2,13–26 wäre das Auftauchen Abischags in 1Kön 1,1–4.15 relativ funktionslos.[65] Die Betonung der Rolle Abischags in 1Kön 2,13–26 liegt literarisch mit der Abischagepisode in 1Kön 1,1–4.11–22 (V. 15) auf einer Ebene. Der Überarbeiter, der Abischag in 1Kön 1,1–4.15 eingeführt hat, ist identisch mit dem Erzähler der Episode in 1Kön 2,13–26.

Was hat den erzählenden Überarbeiter in 1Kön 1,1–4.11–22a.23.30aα.b.31 veranlasst, Abischag von Schunem in die Erzählung von den Umständen der Thronnachfolge Salomos einzuarbeiten? Am Ergebnis ändert sich schließlich nichts: Salomo besteigt als Nachfolger Davids den Thron. Allerdings wird in der Überarbeitung die Intention zu Gunsten Salomos und zu Ungunsten Adonias verschoben. In der Grunderzählung sagt Adonia, dass er König werden will. In

---

65 Für sich betrachtet weist 1Kön 1,1–4 auf Davids Senilität hin. Das hätte allerdings nicht zwingend mit der Einführung Abischags kenntlich gemacht werden müssen. Ihr erstmaliges Auftauchen in 1Kön 1,1–4.15 signalisiert, dass sich mit ihrer Person noch weitere Handlungskonstellationen ergeben werden.

diesem Zusammenhang wird notiert, dass David Adonia noch nie etwas verweigert habe (1Kön 1,5). In der Überarbeitung behauptet Batscheba, dass Adonia bereits als König herrsche (1Kön 1,18). Zudem erhält Adonia mit seiner Bitte um Abischag den Anstrich des ewig unzufriedenen Zweiten, der solange keine Ruhe geben wird, bis er hat, was er will.

Allerdings ist die Einführung Abischags in der Überarbeitung in ihrem literaturhistorischen Zusammenhang zu betrachten. Die oben angeführten Analogien zwischen der Darstellung der Thronbesteigung Asarhaddons und Salomos besagen schließlich nur, dass es entsprechende Vorgänge durchaus gegeben hat und dass sie ihrerseits eine Erzählstoffbildung auf literarischer Ebene evoziert haben. Die Personenkonstellation Herrscher, Königin und junge Favoritin des Königs, die in 1Kön 1 mit David, Batscheba und Abischag begegnet, taucht ebenfalls im Esterbuch auf. Hier sind es der Perserkönig, die Königin Wasti und die schöne Ester, die eine Trias bilden. Die junge Favoritin des Königs kommt in beiden Erzählungen jeweils als Siegerin eines landesweiten »Schönheitswettbewerbs« an den Hof. In 1Kön 1,2 schlagen Davids Höflinge vor, ihm ein Mädchen zu suchen. Bei der anschließenden Suchaktion erweist sich Abischag von Schunem als die Schönste im ganzen Land. Im Esterbuch schlagen die Hofleute dem König vor, aus dem ganzen Reich die schönsten Mädchen zusammenzusuchen. Diejenige, die sich der König erwählen wird, soll Königin an Stelle Wastis werden. Unter den Landesschönen ist Ester, die an den Hof kommt und deren außerordentliche Schönheit – auch darin gleicht sie Abischag – gepriesen wird (Est 2,7).

In beiden Erzählungen begegnet das Motiv *Erfüllung eines Wunsches durch den König*. In 1Kön 1,15 ff. ist es Batscheba, die sich mit der Bitte an David wendet, er möge ihren Sohn Salomo als Nachfolger einsetzen. Im Esterbuch wendet sich Ester an den König und rettet so ihr Volk vor der Vernichtung durch Haman (Est 7,1 ff.). Der Unterschied zwischen beiden Erzählungen besteht darin, dass im Esterbuch die junge Favoritin des Königs die Bitte äußert, während es in 1Kön 1,15 ff. Batscheba obliegt, den König mit einer Bitte umzustimmen. Analog dazu verhält sich die Bewertung der einzelnen Frauen in den Erzählungen. Während Abischag in 1Kön 1 f. im Unterschied zur alten Königin Batscheba blass und passiv bleibt, avanciert Ester zur zentralen Heldin des Buches, während Wasti nach ihrer Absetzung als Königin keine Rolle mehr spielt.

Die Bitte der Frau an den König geschieht nicht nur, um anderen einen Vorteil zu verschaffen bzw. ihnen das Leben zu retten. Batscheba wird von Natan instruiert, wie sie bei David die Thronnachfolge Salomos durchsetzen könne. Das Ziel des Petitionsganges besteht darin, dass Batscheba ihres und Salomos Leben rettet (1Kön 1,12). Batscheba ist somit auf Gedeih und Verderb auf den Erfolg ihres Petitionsganges angewiesen. Vor einer entsprechenden Situation steht auch Ester. Sie wird von ihrem Onkel Mordechai aufgefordert, zum König zu gehen und die Rettung des jüdischen Volkes zu erwirken. Als sie sich zunächst weigert, hält ihr Mordechai ihre eigene Situation vor Augen: *Denke nicht, dass du dich als einzige von den Juden retten wirst im Haus des Königs.*

Die Bitte der Frau erwirkt in beiden Erzählungen die Bestrafung des Aufrührers. In 1Kön 1,15 ff. geht Batscheba zum König, um Salomo als Nachfolger durchzusetzen. Dass Salomos Aufstieg Adonias Abstieg nach sich ziehen wird, ist dabei vorausgesetzt. In 1Kön 2,13–26 geht sie erneut zum König. Ihre Bitte an Salomo bewirkt, dass Adonia völlig in Ungnade fällt und hingerichtet wird. Ester wendet sich mehrfach an den König. Ähnlich wie in 1Kön 1,15 f. und 2,19 wird in Est 5,2 ff. eine höfische Audienzszene geschildert: Ester kommt zum König und wird gnädig empfangen. Zunächst äußert sie bloß die Bitte, der König möge sie zusammen mit Haman bei einem Gastmahl beehren. Während des Gastmahls läuft die Vernichtung Hamans wiederum in zwei Schritten ab. Zunächst offenbart Ester dem König, dass sie aus dem jüdischen Volk, welches vor seiner Auslöschung steht, stamme und dass es Haman ist, der den Völkermord anstrebt (Est 7,3 ff.). Wütend verlässt der König den Raum. Als er wiederkommt, sieht er Haman bittend auf dem Bett (!) Esters liegen. Er deutet die Szene als Vergewaltigungsversuch und lässt Haman hinrichten (Est 7,8–10).

Das Esterbuch gilt allgemein als literarische Spätschrift in der Hebräischen Bibel, in der auf zahlreiche ältere Bücher angespielt wird. So hat man in der Josephsgeschichte, in der Exoduserzählung und in der Gestalt des Agag in 1Sam 15 Vorlagen für das Esterbuch gesehen. Hierfür gibt es Gründe, die eine solche Annahme rechtfertigen. Die Diasporasituation der Josephsgeschichte (Gen 37–50), die drohende Auslöschung im Ausland (Ex 1,8–10) und die Errettung daraus und die Nachbildung des Judenfeindes Agag in der Gestalt Hamans, sind im Esterbuch entfaltet.[66] Dass 1Kön 1 f. auf das Esterbuch gewirkt haben soll, ist eher unwahrscheinlich. Für die Rezeption der genannten Erzählungen im Esterbuch gibt es gewichtige theologische Gründe, die es in 1Kön 1 f. nicht gibt.

---

66 Der Bezug auf ältere biblische Bücher wird im Esterbuch selbst angezeigt. Haman wird in Est 3,1 als Agagaiter bezeichnet und somit mit dem in 1Sam 15 begegnenden Agag, dem Feind Sauls und Israels, gleichgestellt.

Die vorliegende Gestalt von 1Kön 1 f. wirft ein Schlaglicht auf die literaturhistorische Entwicklung in Israel. Die Voraussetzung der Machtergreifung Salomos wird als ein differenzierter Prozess mit einer subtilen Herangehensweise der Beteiligten beschrieben. Die Entscheidungen der beiden Könige David und Salomo werden durch Batscheba evoziert. In 1Kön 1,11 ff. wird eine Strategie entworfen, wie David zu Gunsten Salomos umgestimmt werden kann. Das spricht nicht unbedingt dafür, dass David als König einen souveränen Entscheidungsträger darstellt. Er wird manipuliert. Batscheba und Natan verabreden sich, dass sie nacheinander bei David wegen Salomo vorsprechen. David erscheint als ein Mensch, der dem Einfluss und der Stimme der wichtigsten Personen um ihn herum ausgeliefert ist. Er ist mehr Mensch als König, der auf die Personen hört, denen er vertraut. Die Einführung Abischags in den Handlungsverlauf entkleidet die Erzählung ihres politischen Charakters. *Die schöne Frau und der Herrscher* ist ein literarisches Motiv, das besonders in den Spätschriften der Hebräischen Bibel, in der zwischen- und in der neutestamentlichen Literatur begegnet.[67] In 1Kön 1 wird

---

67 Die schöne Frau im Verhältnis zum König bzw. zum Mächtigen stellt ein verbreitetes Motiv dar. Neben dem Esterbuch, in dessen Handlungsverlauf die schöne jugendliche Heldin zur Königin und zur Retterin ihres Volkes avanciert, beinhaltet das Buch Judith eine analoge Konstellation. Hierin wird, in midraschartiger Entfaltung von Ri 4, eine Konstellation aufgezeigt, in der die schöne Jüdin Judith den fremden Bedroher, Holofernes, mit Hilfe ihrer Schönheit und ihrer Entschlossenheit überwindet. Dass das Motiv *die Schöne und der Herrscher* auch negativ konnotiert sein kann, zeigt die Geschichte von der tanzenden Tochter der Herodias vor Herodes. Die Schönheit der Frau wird hier instrumentalisiert, um den Herrscher zum Mord an Johannes dem Täufer anzustiften; vgl. Mk 6,14–29.

das Motiv *die schöne Frau und der Herrscher* gebraucht, ohne dass der Leser so recht erfährt, welche Rolle Abischag jeweils für die Betreffenden spielt. In 1Kön 1,1–4 teilt sie mit David das Bett. Was geht in David vor? In 1Kön 1,15 betritt die alternde Königin Batscheba Davids Gemach und findet die junge schöne Abischag vor. Was empfindet sie, die einst, als sie jung und schön war, das Begehren des Königs geweckt hat? In 1Kön 2,13–26 will Adonia die schöne Abischag auf Biegen und Brechen zur Frau haben. Steht dahinter wirklich nur der Versuch, Salomo den Thron streitig zu machen, wie die oben skizzierte Analogie zwischen 1Kön 1,11 ff. und 2,13 ff. nahe legt? Oder spielt letztlich doch die Schönheit Abischags eine unheilvolle Rolle, weil Adonia sich mit ihr über den Verlust des Thrones trösten will?

Antworten auf diese Fragen sucht der Leser vergeblich. Abischag ist – ganz im Unterschied zu Batscheba – immer nur passiv. Und doch löst sie immer etwas aus, wo sie auch nur genannt wird. Eben weil es die Aufgabe des Lesers bleibt, sich die einzelnen Szenen auszumalen, und er dabei immer mindestens zwei Antworten auf eine Frage finden kann, bleiben die beiden Kapitel 1Kön 1 und 1Kön 2 ein literarisches Meisterstück. Der Erzähler beschreibt Menschen, deren Verhalten und Reaktionen nicht in jedem Fall nachvollziehbar sind. Gerade deshalb erscheinen alle Handlungsweisen als emotional bestimmt. Was die handelnden Personen in ihrem Inneren bestimmt und leitet, darüber darf und soll sich der Leser Gedanken machen.

1.5. Gib deinem Knecht ein hörendes Herz (1Kön 3,4–15)

Mit 1Kön 3,4–15 wird gegenüber den beiden vorherigen Kapiteln eine völlig neue Perspektive eröffnet. Ver-

119

gessen scheint, dass Salomo durch eine Hofintrige auf den Thron gekommen ist, vergessen scheint auch, dass zu Beginn der Herrschaft Salomos viel Blut geflossen ist. Nichts mehr erinnert an Davids Untaten. Der Batscheba-Skandal wird nicht nur geschickt überspielt, er wird regelrecht annulliert. JHWH erscheint Salomo im Traum mit der knappen Aufforderung: *Bitte mich (was du willst), ich werde es dir geben!* (1Kön 3,5). Ganz und gar untypisch für eine Traumerzählung beginnt Salomo eine längere Rede. JHWH habe sich seinem Vater David gegenüber sehr gütig gezeigt, weil er vor seinem Gott in Wahrheit, in Gerechtigkeit und mit geradem Herzen gewandelt ist. Deswegen habe JHWH sich gegenüber David besonders gütig erwiesen und ihm einen Sohn geschenkt, der heute auf dem Thron sitzt (1Kön 3,6). Nun sei er, Salomo, noch ein Knabe, der weder ein noch aus wisse, deswegen möge JHWH ihm ein verständiges Herz schenken, damit er für das Volk Recht sprechen und Gutes und Böses unterscheiden könne (1Kön 3,9).

Mit dieser Bitte Salomos gelingt es dem Erzähler, zwei Fliegen mit einer Klappe zu schlagen. Das Bild von David, das Salomo figuriert, stellt geradezu einen Affront zur David-Batscheba-Geschichte in 2Sam 11 f. dar. Nach den Worten Salomos war David ein König ohne Fehl und Tadel, der von JHWH für seine Rechtschaffenheit mit einem Sohn, nämlich Salomo, belohnt worden ist. Vor dem Hintergrund von 2Sam 11 liest sich die Geburtsgeschichte Salomos ganz anders. Salomo ist hier ganz gewiss nicht der Lohn für Davids Redlichkeit, sondern das aus den Folgen des Ehebruchs und der Ermordung Urias entstandene Kind.

Salomo sprach: Du hast deinem Knecht David, meinem Vater, eine große Güte erwiesen, weil er vor dir in Wahrheit, Gerechtigkeit und mit redlichem Herzen gewandelt ist, und du hast ihm

diese große Güte erwiesen, dass du ihm einen Sohn geschenkt
hast, der heute auf seinem Thron sitzt.
(1Kön 3,6)

In der Perspektive Salomos stellt sich seine Geburt so
dar, als wäre sie der Lohn für Davids vorzüglichen
Charakter. Vergessen ist der Tod seiner Brüder Amnon,
Abschalom und Adonia, vergessen ist, dass ohne die
Intervention beim altersschwachen David jetzt Adonia
auf dem Thron sitzen würde, vergessen ist auch, dass
er allein das Kind der Tröstung ist, die David Batscheba
nach dem Tod ihres ersten Kindes hat zukommen lassen. Vergessen ist erst recht das vernichtende Urteil
JHWHs über die Davididen in 2Sam 12,9 f.:

Warum hast du das Wort JHWHs verachtet, indem du das Böse in
seinen Augen getan hast, weil du Uria, den Hethiter, mit dem
Schwert erschlagen hast, und seine Frau hast du dir zur Frau genommen und ihn hast du umgebracht durch das Schwert der Ammoniter. Und nun soll das Schwert bis in Ewigkeit nicht mehr weichen
von deinem Haus, weil du verachtet hast und du dir genommen hast
die Frau Urias, des Hethiters, damit sie deine Frau wird.
(2Sam 12,9 f.)

Das Kind, das unter diesen Umständen geboren wird,
stirbt durch die Hand JHWHs. David tröstet die trauern-
de Mutter durch die Zeugung eines zweiten Kindes.

Weil du mit dieser Sache JHWH gelästert hast, muss der Sohn,
der dir geboren wurde, sterben ... Und David tröstete Batscheba,
seine Frau, er ging zu ihr und schlief mit ihr. Sie gebar einen Sohn
und nannte seinen Namen *Sein Ersatz*.
(2Sam 12,14.24)

Dagegen liegt 1Kön 3,4–15 auf gleicher Linie mit der
Verheißung einer dauerhaften Dynastie für David und
seine Nachkommen in 2Sam 7.

Wenn deine Tage voll werden und du dich zu deinen Vätern
legst, dann will ich deinen Nachkommen aufrichten, der aus deinem Leib gekommen ist, und will sein Königtum fest machen.
(2Sam 7,12)

Das ist die Gegenposition zur Geburtsgeschichte Salomos in 2Sam 11 f. Die Frage, welcher der beiden Abschnitte älter ist und welcher dann das Korrektiv darstellt, ist ähnlich wie die nach dem Huhn und dem Ei. In der jetzt vorliegenden Gestalt der David- und Salomogeschichten erfährt der Leser zuerst von der Verheißung eines Sohnes mit einer glanzvollen Zukunft und erst danach von den peinlichen Umständen der Geburt Salomos. Immerhin schwingt auch in 2Sam 7,14 eine deutliche Warnung JHWHs mit.

Ich werde für ihn ein Vater sein und er wird mir ein Sohn sein, der mit Menschenstöcken und Menschenschlägen geschlagen wird, wenn er sündigt.
(2Sam 7,14)

An welche Schläge denkt der Verfasser? Immerhin wird man sich vorstellen müssen, dass dieser Passus nicht ins Blaue hineingeschrieben worden ist, sondern dass er einen konkreten Bezugspunkt in der literarischen Salomoüberlieferung hat. Hat der Erzähler die salomonische Tragik der JHWH- und Frauenliebe vor Augen? Denkt er daher an den in 1Kön 11,14 genannten Widersacher Salomos, der die Antwort JHWHs auf Salomos Synkretismus ist? Diese Möglichkeit hat einen Anhaltspunkt darin, dass in 1Kön 11,39 die Rücknahme der Verheißung in 2Sam 7,12 genannt wird.

Ich will die Nachkommenschaft Davids demütigen, allerdings nicht für alle Tage.
(1Kön 11,39)

Von dem bzw. den Nachkommen Davids ist mit zwei Ausnahmen nur in 2Sam 7,14 und 1Kön 11,39 die Rede.[68] In der Verheißung an David in 2Sam 7,14 will

---

68 Das hebräische Wort *sera* weist die Bedeutung Samen und Nachkommen auf. Im Bereich der David- und Salomogeschichten begegnet es an acht Stellen. Von den Nachkom-

JHWH dem Nachkommen Davids Beständigkeit auf dem Thron geben, allerdings unter einem Strafvorbehalt. In 1Kön 3 wird der Verheißungsgedanke wieder aufgegriffen: Salomo ist der Lohn für Davids Rechtschaffenheit. Dazwischen steht die Erzählung vom David-Batscheba-Skandal. Bleibt somit schon ein bitterer Nachgeschmack, so versalzt die 1Kön 3,4–15 vorangehende Notiz von Salomos kultischem Aktionismus die Suppe gründlich. Insofern klingt das salomonische Sowohl-als-auch in 1Kön 3 schon an.

1Kön 3,4–15 und 1Kön 3,16–28 gehören unlösbar zusammen. In V. 4–15 erhält Salomo die Weisheit, die er zur Lösung des Falls in V. 16–28 benötigt. Die Erzählung von der Gabe der Weisheit (1Kön 3,5–15) leitet nahtlos in die Geschichte vom salomonischen Urteil (1Kön 3,16–28) über. *Damals kamen zwei Prostituierte* (1Kön 3,16) lässt die Episode zeitlich unmittelbar auf die Verleihung der Weisheit folgen.[69] Zudem greift die Schlussnotiz in 1Kön 3,28 einen Gedanken aus 1Kön 3,4–15 wieder auf. Nach dem Urteil erkennt ganz Israel, dass in Salomo die Weisheit Gottes war und er so in der Lage ist, Gericht zu halten. Genau darum hat Salomo in 1Kön 3,9.11 gebetet. Ohne 1Kön 3,16–28 wüsste der Leser nicht, wie er sich die in V. 4–15 verliehene richterliche Weisheit vorzustellen hat, ohne 1Kön 3,4–15 wüsste er nicht, wo die richterliche Weisheit Salomos herkommt. Die beiden Erzählungen 1Kön 3,4–15 und 1Kön 3,16–28 bilden ein Ganzes. Unbenommen davon bleibt die Möglichkeit, dass älteres Traditionsgut in beide Erzählungen eingeflossen ist.

---

men Davids ist neben 2Sam 7,14 und 1Kön 11,39 nur noch in 1Sam 20,42 und 1Kön 2,33 die Rede.

69 Das hebräische Wörtchen *az* (damals, dann) steht in 1Kön 1–11 immer, um zwei Ereignisse zeitlich und logisch miteinander zu verbinden; vgl. 1Kön 8,1.12; 9,11.24; 11,7.

Im nächsten Abschnitt über das salomonische Urteil in 1Kön 3,16–28 können m. E. Aspekte zur Sprache gebracht werden, die den Abschnitt als relativ jung erscheinen lassen. Entsprechendes muss auch für 1Kön 3,4–15 gelten. Einmal liegt die Episode literarisch auf einer Ebene mit der Dynastieverheißung in 2Sam 7, die allgemein als Produkt der exilisch-nachexilischen Literatur Israels angesehen wird. Daneben lässt sich noch eine weitere Besonderheit von 1Kön 3,4–15 anführen, die den Abschnitt literaturgeschichtlich einzuordnen hilft. Es handelt sich dabei um eine Erinnerung an die Gestalt des Mose als Richter Israels. In 1Kön 3,8 benennt Salomo die Schwierigkeiten seines Königsamtes: Das Volk sei zu groß und zu zahlreich, als dass er es richten könne.

Dein Knecht ist inmitten deines Volkes, das du erwählt hast, ein großes Volk, das man wegen seiner Menge weder messen noch zählen kann.
(1Kön 3,8)

Die große Zahl des Volkes stellt den König Salomo als Richter vor eine nicht zu lösende Aufgabe. Wie kann er *die Menge* der anstehenden Rechtsfälle *allein* bewältigen? Diese Sorge Salomos fällt insofern auf, als es im weiteren Verlauf nicht um die Zahl der Rechtsfälle geht, die Salomo zu entscheiden hat, sondern nur um einen einzigen, allerdings äußerst schwierigen Fall.

Im Fall des Mose ist das Problem der zahlenmäßigen Größe des Volkes weitaus sinnvoller in der Erzählung verankert. Ex 18,13–27 erzählt, wie Mose von seinem Schwiegervater Jetro Besuch bekommt. Jetro wird Zeuge, wie Mose den ganzen Tag lang für das Schlange stehende Volk Recht spricht. Der offensichtlichen Überlastung des einzigen Richters Israels begegnet Jetro mit einem Vorschlag: Mose solle redliche Männer aus Israel auswählen, die für ihn die Rechtsprechung übernehmen. Nur die wirklich schweren Fälle sollen Mose persönlich vorgetragen werden.

Das Problem der zu großen Zahl von Rechtsfällen hat in Ex 18,13–27 einen sinnvollen Platz, in 1Kön 3,4–15 dagegen nicht. Die Geschichte vom salomonischen Urteil liest sich geradezu als Fallbeispiel für die schweren Fälle, die nach Ex 18,22 an Mose delegiert werden sollen. Ex 18,13–27 liegt eine distributive Rechtsvorstellung zu Grunde. Nicht Mose allein, sondern die redlichen und gottesfürchtigen Menschen werden als Richter eingesetzt, allerdings ohne dass Moses Autorität als höchster Richter in Frage gestellt wird. Dagegen ist 1Kön 3,16–28 allein auf Salomo als dem höchsten und weisesten Richter Israels fokussiert. Dass in 1Kön 3,16–28 eine Moseassoziation vorliegt, wird durch die parallele Gestaltung einer wichtigen Passage deutlich: Jetro beschreibt die Last des Richteramtes des Mose in Ex 18,18:

Du machst dich und das *Volk* bei dir missmutig, denn die Sache ist *zu schwer* für dich, du *vermagst es nicht* allein zu schaffen.
(Ex 18,18)

Einen entsprechenden Gedanken hegt auch Salomo in 1Kön 3,9:

Gib deinem Knecht ein hörendes Herz, um dein *Volk* zu richten und um Gut und Böse zu verstehen, denn *wer vermag* dieses *schwere Volk* zu richten.
(1Kön 3,9)

Salomo und Mose stehen beide vor dem schweren Problem, das Volk unter den gegebenen Umständen nicht richten zu können. Die Lösungen fallen unterschiedlich aus. 1Kön 3,4–14 setzt auf die besondere Weisheit des Königs und somit einer Einzelperson, während Ex 18,13–27 mit der Demokratisierung des Rechts antwortet. Die inhaltlichen Analogien und der spezifische

Wortgebrauch legen nahe, dass ein Text auf den anderen gewirkt hat.[70] Nur welcher auf welchen? Die in 1Kön 3,8 deplatziert wirkende große Zahl des Volks, obwohl doch anschließend (in Analogie zu Ex 18,22.26) nur ein besonders schwerer Fall vor Salomo gebracht wird, lässt Ex 18,13–27 die Priorität zukommen. Unter dieser Voraussetzung begegnet Salomo als Mose redivivus, dessen richterliche Kompetenz im Unterschied zu Mose nicht auf einer Demokratisierung rechtlicher Instanzen basiert, sondern dessen weisheitliches Charisma ihn zum unvergleichbaren Richter Israels macht.

1.6. ... und ganz Israel hörte das Urteil (1Kön 3,16–28)

1Kön 3,16–28 stellt die erzählerische Entfaltung und zugleich den Höhepunkt der Weisheit Salomos dar. Erzählt wird die Geschichte von zwei Prostituierten, über deren grausames Schicksal Salomo entscheiden muss. Beide Frauen wohnen in einem Haus, beide haben ein Kind zur Welt gebracht. Das Kind der einen Frau stirbt über Nacht, die andere behauptet, ihre Gefährtin habe es im Schlaf versehentlich erstickt. Als wäre dieses Geschehen noch nicht grauenhaft genug, nimmt die Mutter des toten Kindes das Kind der schlafenden anderen, schiebt ihr das tote Kind unter und gibt das lebende Kind als das ihre aus. Wie soll Salomo entscheiden? Es steht Aussage gegen Aussage, es gibt weder Zeugen noch die Möglichkeit einer Beteiligung Dritter. Salomo setzt auf die Psyche der Mutter, die den Verlust ihres

---

70 Dass zwischen Ex 18,13–27 und 1Kön 3,4–15 ein Abhängigkeitsverhältnis besteht, legt schon der Gebrauch der Ausdrücke Volk (am), können/vermögen bzw. nicht können/vermögen (jachal/lo jachal) und schwer sein (kawed) nahe, der sonst nur noch in Num 11,14 begegnet.

Kindes zu bewältigen hat und deren Aggression sich gegen die andere Mutter und gegen den Umstand richtet, dass deren Kind lebt. Und er setzt auf die Psyche der Mutter, deren Kind lebt und die will, dass ihr Kind lebt. Salomo befiehlt, das Kind zu töten, zu zweiteilen und jeder Mutter eine Hälfte zu geben. Was zunächst grausam anmutet, ist nichts anderes als eine präzise Anwendung psychologischen Wissens. Die Mutter des lebenden Kindes wird den Tod ihres Kindes niemals dulden. Statt dessen wird sie die Preisgabe des Kindes in Kauf nehmen und es bei ihrer Nachbarin (immerhin in ihrer unmittelbaren Nähe) aufwachsen lassen. Für die Mutter des toten Kindes stellt der Tod des anderen Kindes eher eine Erleichterung als eine Erschwerung ihres Schicksals dar. So müsste sie nicht mit ansehen, wie das Kind der Nachbarin heranwächst und sie fortwährend an den Verlust des eigenen Kindes erinnert wird. Und so kommt, was kommen musste: Die Mutter des lebenden Kindes ist bereit, ihr Kind der Nachbarin zu geben, die Mutter des toten Kindes nimmt den Tod des anderen Kindes in Kauf.

Es handelt sich hier um einen Rechtsfall der besonderen Art, in dem zu den richterlichen Aufgaben des Königs noch kriminalistische Begabung und psychologisches Geschick gehören. Für die in 1Kön 3,16–28 erzählte Episode vom Streit zweier Mütter wegen eines toten und eines lebenden Kindes hat man insgesamt 22 Parallelen gezählt. Dafür musste allerdings ein geographischer Rahmen bis Indien gezogen werden. Zudem handelt es sich um Erzählungen jüngeren Datums.[71] Hilfreicher ist dagegen, die vergleichbaren Parallelen in der Hebräischen Bibel bzw. aus der frühen jüdischen Literatur zu bemühen.

---

71 Vgl. H. GRESSMANN, Das Salomonische Urteil, 212 ff.

Abb. 2: Hans Holbein d. J., Urteil des Salomo, um 1520,
Tempera auf Lindenholz, Basel, Kunstmuseum

1Kön 3,16–28 lässt sich folgendermaßen gliedern:
A) *Eröffnung der Audienzszene*: Zwei Prostituierte kommen zu Salomo (3,16).
B) *Schilderung des Vorfalls*: Ein Kind ist gestorben, beide
Frauen beanspruchen das lebende Kind, die Spreche-

rin unterstellt ihrer Nachbarin, dass sie ihr Kind weggenommen habe (3,17–21).

C) *Zuspitzung*: Auch die andere Frau behauptet, dass das lebende Kind ihr eigenes sei (3,22).

D) *Faktische Unlösbarkeit des Falls*: Die beiden einzigen Zeuginnen machen gegensätzliche Aussagen und beschuldigen sich gegenseitig.

E) *Geniestreich* Salomos: Der Befehl, das Kind zu töten, ergeht mit dem Wissen, dass das Kind auf Grund der richtig eingeschätzten Reaktionen beider Mütter unbehelligt bleiben wird.

F) *Gefährdung* des lebenden Kindes, *Erzählverlauf am Spannungshöhepunkt*: Das lebende Kind ist scheinbar in höchster Lebensgefahr.

G) *Aufdeckung der Lüge*: Die Frau, die zuerst geschwiegen hat, ist die Lügnerin (3,27).

H) *Bewahrung der Unschuldigen*: Die richtige Mutter bekommt ihr Kind (3,27).

I) *Weisheit des Königs wird populär*: Ganz Israel fürchtet Salomo und seine Weisheit und akzeptiert seine richterliche Kompetenz.

J) *Weisheit von Gott gestiftet*: Das salomonische Urteil ergeht im Anschluss an die Begabung Salomos mit Weisheit durch JHWH in 1Kön 3,4–15.

1Kön 3,16–28 weist in Inhalt und Aufbau Parallelen mit der Susanna-Erzählung in den griechischen Zusätzen zum Danielbuch auf.[72] Eine knappe Inhaltsangabe muss hier genügen:

---

72 Die Susanna-Erzählung liegt in zwei Fassungen vor, einer älteren aus hasmonäischer Zeit, der Septuagintafassung, und einer jüngeren, der Theodotionfassung. Zu Grunde dürfte der nur griechisch überlieferten Erzählung ein älteres hebräisches Original liegen; vgl. H. ENGEL, Die Susanna-Erzählung, 177 ff.

Erzählt wird die Geschichte der bildschönen jüdischen Frau Susanna, zu der die Liebe zweier Ältester entbrannt ist. Rastlos und nicht ohne Grund mutlos stellen sie Susanna nach, ertappen sich gegenseitig und gestehen sich ihr Begehren ein. Sie treffen Susanna ohne Zeugen badend im heimischen Park und versuchen, sie sich durch Erpressung gefügig zu machen. Entweder lasse Susanna sich von beiden Ältesten vergewaltigen oder sie werde von beiden des Ehebruchs und der Unzucht bezichtigt. Bei den Ältesten handelt es sich um die Oberhäupter des Volkes und um die höchsten Richter (Sus 1,5), angesehene Männer also, deren Wort sehr schwer gegen das Susannas wiegen würde. Susanna sieht für sich keine Rettung mehr und verweigert sich den beiden Lustgreisen. Diese stimmen ein Geschrei an und behaupten, nachdem genügend Leute herbeigelaufen sind, sie hätten Susanna zusammen mit einem Mann ertappt. Am nächsten Tag wird Gericht gehalten. Die beiden Ältesten sind die Zeugen gegen Susanna und zugleich ihre Richter. Natürlich glaubt man zunächst den angesehenen Ältesten. Susanna, zum Tode verurteilt, fleht zu Gott um Rettung. Der erweckt den Geist des jungen Daniel, der unmittelbar vor der Hinrichtung Susannas Unschuld akklamiert. Das verwunderte Volk erfragt Daniels Gründe für die Behauptung der Unschuld Susannas. Er führt den bis heute geltenden Grundsatz von der Unschuldigkeit des Angeklagten bis zum endgültigen Schulderweis als Argument an. *Seid ihr Männer von Israel solche Narren, dass ihr eine Tochter Israels verdammt, ehe ihr die Sache erforscht und Gewissheit erlangt habt?* (Sus 1,48). Daniel befragt die beiden Lustgreise getrennt nach dem Ort des angeblichen Ehebruchs: Der eine sagt, es war unter einer Linde, der andere will eine Eiche erkannt haben (1,54.58). Der Fall ist geklärt. Die beiden Ältesten sind nicht nur der Falschaussage überführt, sondern auch der versuchten sexuellen Nötigung. Das Volk lobpreist Gott, der den Bedrängten im rechten Augenblick zu Hilfe kommt, und Daniel genießt im Volk höchstes Ansehen.

Zwischen beiden Erzählungen bestehen Unterschiede. Die Susanna-Erzählung ist von barocker Weitschweifigkeit, sie kritisiert etablierte Institutionen der Rechtsprechung, der Einfluss Gottes ist in ihr weitaus stärker zu spüren, obwohl die göttliche Hilfe erst auf die Bitte Susannas hin erfolgt, es geht hier um die Rettung einer unschuldigen Frau vor sexuellem Missbrauch und vor dem Missbrauch einer rechtlichen Institution. Eine

A) *Audienzszene* fehlt in Sus 1. Der Rechtsfall wird nicht an Daniel herangetragen, sondern Daniel drängt sich in den Fall hinein. In 1Kön 3,16–28 wird mit zwei Zeitebenen gearbeitet, mit der Zeit der Audienz und der Rückprojektion auf das vergangene Geschehen. Dagegen wird in Sus 1 schrittweise voranschreitend die Handlung erzählt. Die Gabe der Weisheit ist in Sus 1 Teil der Erzählung, in 1Kön 3 empfängt Salomo sie in der voranstehenden Erzählung 1Kön 3,4–15. Dennoch liegt beiden Erzählungen ein gemeinsames Grundschema zu Grunde.

Die B) *Schilderung des Geschehens* erfolgt, obwohl der Leser den Inhalt der Falschaussage kennt (V. 21), noch einmal innerhalb der Gerichtsszene in V. 37. Die Situation ist mit der in 1Kön 3,16–28 vergleichbar. Es gibt zwei sich widersprechende Aussagen, nämlich die Susannas und die der beiden Ältesten. Auch hier fehlen Dritte, die als Zeugen in Frage kämen. Der Unterschied besteht darin, dass Susannas Aussage gegen die zwei angesehener Männer steht, die zudem noch ihre Richter sind.

Die C) *Zuspitzung* der Situation ergibt sich aus der Susanna drohenden Todesstrafe. Das lebende Kind in 1Kön 3,16–28 ist eigentlich nicht vom Tod bedroht, Susanna ist dagegen einer ernsten Todesgefahr ausgesetzt. Immerhin ist der drohende Tod, der durch eine Lüge verursacht wird, in beiden Erzählungen anzutreffen.

Die D) *faktische Unlösbarkeit* des Falls ist in der Susanna-Erzählung ebenfalls gegeben. Unlösbar ist die Situation hier deshalb, weil Susanna das machtlose Opfer einer Gerichtsintrige ist.

Der E) *Geniestreich* Daniels geschieht zur Rettung der Unschuldigen. Ebenso, wie Salomos Spruch der Mutter des lebenden Kindes zu ihrem Recht verhilft, rettet

Daniel Susannas Ruf und Leben, indem er den Prozess neu aufrollt. Beide Urteile sind in psychologischen Kategorien gehalten. In 1Kön 3,16–28 wird mit den Verhaltensmustern und Seelenzuständen einer trauernden und einer um das Leben ihres Kindes kämpfenden Mutter gearbeitet, in Sus 1 wird eine kriminalistische Detailversessenheit an den Tag gelegt, wobei hier die Psychologie bei der Wahrheitsfindung die entscheidende Rolle spielt. Die Destruktion der Belastungszeugen bringt die Wahrheit ans Licht.

Mit der F) *Gefährdung* Susannas erreicht die Erzählung ihren Höhepunkt. Ebenso, wie sich in 1Kön 3,16–28 die bange Frage stellt, was mit dem Kind in Lebensgefahr geschieht, steht die Erzählung mit dem Todesurteil für Susanna auf dem Höhepunkt. Auch hier ist die Gefahr nur eine scheinbare. Im Horizont der Erzählung ist es gar nicht anders möglich, als dass die überraschende Wende zur Rettung Susannas eintritt.

Die G) *Aufdeckung der Lüge* wird in Sus 1 mehr entfaltet als in 1Kön 3,16–28. Hier funktioniert das Muster: Eine kleine Unglaubwürdigkeit überführt die Zeugen als Lügner.

Die Folge von Daniels und Salomos Prozessführung ist identisch, nämlich H) die *Bewahrung der Unschuldigen*. Die Mutter des lebenden Kindes kommt ebenso zu ihrem Recht wie Susanna ihren Ruf, ihre Unschuld und ihr Leben zurückerhält.

Beide Erzählungen weisen eine identische Funktion im erzählerischen Gesamtkonzept auf: Die I) *Weisheit des Helden wird populär*. In 1Kön 3,16–28 wird Salomos Weisheit erstmalig und grundlegend vorgestellt. Sein Ruf als weiser König Israels wird am Beginn der Darstellung seiner glanzvollen Herrschaft begründet. Sus 1 führt Daniel neu ein (Sus 1,45). Am Ende der Episode wird Daniels Ansehen, das er sich auf Grund seiner

Weisheit und Geistbegabung erworben hat, in Israel gerühmt.

Schließlich erscheint die J) *Weisheit von Gott gestiftet.* In 1Kön 3,4–15 erhält Salomo die Weisheit im literarischen Vorfeld, um so für die Audienz der beiden Frauen gerüstet zu sein, in Sus 1 wird Daniel im richtigen Augenblick mit der notwendigen Weisheit versehen, um der Wahrheit ans Licht zu helfen.

Daniel und Salomo sind die personifizierte Weisheit. Zu diesem Typus gehört die Lösung des an sich unlösbaren Rechtsfalls. Der Vergleich mit anderen entsprechenden Erzählungen zeigt, dass die Lösung des vorgetragenen Rechtsfalls in den fiktiven Rechtsfällen vorkommt. Zu diesen gehören folgende Erzählungen: die Lammparabel Natans in 2Sam 12,1–5, das fingierte Hilfeersuchen der Mutter und Witwe in 2Sam 14,1–22, der Streit der beiden Mütter, die eine Hungersituation zum Kannibalismus trieb in 2Kön 6,24–31.

In 2Sam 12,1–5 erzählt der Prophet Natan dem König David das Gleichnis vom Reichen und vom Armen. Aus Geiz nimmt der Reiche dem Armen das einzige Lamm weg, um es seinem Gast vorzusetzen. David gerät über die Geschichte in Zorn, verhängt über den Reichen das Todesurteil und ist in Natans Falle hineingetappt: Ihm, dem König, gilt das Gleichnis, weil er sich die Frau seines Untertanen Uria genommen hat, obwohl gerade er doch schon so viele Frauen hat.

Ein zweites Mal bekommt David den Spiegel durch einen fingierten Rechtsfall in 2Sam 14,1–22 vorgehalten. Die Episode folgt auf die Ermordung des Davidsohnes Amnon durch seinen Bruder Abschalom und dessen Flucht. Eine weise Frau kommt im Auftrag Joabs im Witwengewand zu David und erzählt ihren Fall: Ihre beiden Söhne sind ohne Zeugen in einen Streit mit tödlichem Ausgang geraten. Die Schuldfrage ist nicht zu klären, dennoch verlangt die Familie des verstorbenen Mannes den Tod des zweiten Sohnes. Soll die Frau dreifach gestraft werden? Soll auf den Tod des Mannes und des ersten Sohnes nun auch noch die Hinrichtung des letzten Sohnes erfolgen? Soll ihre ganze Familie ausgelöscht werden, soll sie selbst mittellos werden? König

David amnestiert den zweiten Sohn und bekommt umgehend den Spiegel vorgehalten: Wie könne er dann zögern, seinen Sohn Abschalom im Exil zu belassen?

Der dritte Rechtsfall in 2Kön 6,24–31 wird im Unterschied zu den beiden genannten als faktisches Ereignis erzählt. Während einer Belagerung der Stadt, die eine schwere Hungersnot ausgelöst hat, appelliert eine Mutter an den König. Ihre Nachbarin habe ihr vorgeschlagen, zuerst ihren Sohn und danach den Sohn der Nachbarin aufzuessen. Sie selbst habe eingewilligt und der Sohn wurde verzehrt. Als dann aber die Reihe an den Sohn der Nachbarin kam, habe die ihn versteckt. Die Unlösbarkeit des Falls liegt auf der Hand. Soll der König die Herausgabe des lebenden Sohnes und einen erneuten Kannibalismus zulassen? Oder soll er beide Mütter mit ihrem furchtbaren Wissen und Schicksal allein lassen? Der König muss hier scheitern. Er kann gar nicht anders, als sich in seiner Verzweiflung und Ratlosigkeit die Kleidung vom Leib zu reißen.

Besonders die letztgenannte Erzählung weist Analogien zum salomonischen Urteil auf. Um eine typische Audienzszene handelt es sich situationsbedingt nicht. Legt man beide Erzählungen nebeneinander, fallen frappierende Analogien und bewusst gestaltete Gegensätze auf. In beiden Episoden wenden sich zwei Mütter an den König. Jede der Frauen lebt offensichtlich ohne Mann, jede hat einen Sohn. Einer der Söhne ist von der Mutter getötet worden. Der Sohn der Prostituierten in 1Kön 3,16–28 stirbt durch Unachtsamkeit, der Sohn in 2Kön 6,26–31 wird vorsätzlich getötet. Die Mutter des toten Sohnes verlangt den Tod des lebenden Sohnes. Die Mutter des lebenden Sohnes versucht, ihr Kind zu retten. Die Mutter in 1Kön 3,16–28 ist bereit, ihren Sohn der Nachbarin zu überlassen, die Mutter in 2Kön 6,26–31 versteckt ihren Sohn vor der anderen Mutter. Zu dieser deutlichen Gegensätzlichkeit kommt die Bewertung des Königs hinzu. 2Kön 6,26–31 ist so angelegt, dass der König scheitern muss. Dagegen läuft 1Kön 3,16–28 darauf hinaus, dass Salomo dank einem Geistesblitz die Sache entscheidet.

In beiden Texten appellieren zwei Mütter an den König, ein Kind ist tot, das andere lebt. Die eine Mutter will das Leben ihres Kindes retten, während die andere dessen Tod fordert. Der König soll es richten. Der weise König Salomo brilliert und kann der rechtmäßigen Mutter, deren Kind er *scheinbar* in Gefahr gebracht hat, zurückgeben. Dagegen scheitert der König in 2Kön 6,26–31. Weder kann er angemessen auf den Kannibalismus reagieren, noch hat er eine Lösung bzw. unternimmt er etwas, um das bedrohte Kind zu retten.

	1Kön 3,16–28	2Kön 6,26–31
Eröffnung	zwei Frauen kommen zum König (V. 16) die Frauen sind Mütter	zwei Frauen rufen zum König (V. 26) die Frauen sind Mütter
Näheres	jede Frau hat ein Kind beide Frauen leben ohne Mann	jede Frau hat ein Kind beide Frauen leben ohne Mann(?)[73]
Rechtsfall	eine Mutter hat ihr Kind versehentlich getötet, sie beansprucht das lebende Kind für sich (V. 22)	beide Mütter haben einen der Söhne getötet und gegessen, die Mutter des toten Kindes fordert das lebende Kind (V. 29)
Zuspitzung I	Wortgefecht der Frauen nach Schilderung des Streitfalls (V. 22)	Forderung der Mutter des toten Kindes wird vor dem König wiederholt (V. 29)
Zuspitzung II	durch das Urteil des Königs wird das lebende Kind *scheinbar* in Lebensgefahr gebracht	durch Appell an den König wird das lebende Kind in Lebensgefahr gebracht[74]

---

73 Zumindest entsteht der Eindruck, dass beide Frauen allein leben. Sie beschließen für sich, ihre Kinder zu verzehren. Am anschließenden Streit ist ein Mann nicht beteiligt.

74 Immerhin stellt sich an dieser Stelle die bange Frage, wie der König reagieren wird.

| Lehre | Kompetenz Salomos als Richter wird in ganz Israel bekannt | Not des Königs wird offensichtlich, Drohung gegen Elisa (V. 31)[75] |

Liegen hier zufällige Analogien vor, die als Gegensätze fungieren?[76] Oder ist 1Kön 3,16–28 aus der älteren Erzählung 2Kön 6,26–31 herausgesponnen? Sind in die so entstandene Geschichte die Züge des weisen Helden, der einen unlösbaren Kriminalfall klärt und der ebenfalls in der Susannaerzählung begegnet, hineingewoben worden?[77] Wenn diese Hypothese stimmen sollte, die freilich nicht stimmen muss,[78] dürfte das Alter der Geschichte vom salomonischen Urteil weitaus jünger

---

75 Erst im Fortgang der Erzählung erfolgt in 2Kön 7,1 ff. die Rettung Israels vor den Aramäern.

76 Anders K. ULRICH, 1. Könige 3,16–28, 128: »Biblische Parallelen (von 1Kön 3,16–28; Anm. Vf.) existieren nicht.«

77 Immerhin handelt es sich bei Daniel und Salomo um typisierte Weise, die in der späteren jüdischen und muslimischen Darstellung gern nebeneinander gestellt worden sind; vgl. B. HELLER, Die Susannaerzählung, 281 ff.

78 P. SÄRKIÖ, Exodus und Salomo, 48, sieht dagegen die Geschichte von der versuchten Auslöschung Israels in Ex 1,15–20 von 1Kön 3,16–28 beeinflusst. Es gehe hier um die Geburt von Söhnen, der König befehle beide Male, die Knaben bzw. das Kind zu töten, was durch die Hebammen bzw. durch eine der beiden Mütter verhindert wird. Meines Erachtens werden bei dieser Sichtweise die Unterschiede zwischen beiden Erzählungen unter den Tisch gekehrt: In Ex 1,15–20 handelt es sich um einen fremden König, den Pharao, und um einen Massenmörder, es geht hier nicht um einen tödlichen Konflikt zwischen zwei Müttern. In Ex 1,15–20 kommt kein Kind zu Schaden, dabei spielt die Zivilcourage der Hebammen die entscheidende Rolle. Schließlich fehlt Ex 1,15–20 die Tragik der Mutter, die ihr Kind aus Versehen bzw. in der Not getötet hat. Die Analogien zwischen 1Kön 3,16–28 und 2Kön 6,26–31 sind deutlich stärker als die zwischen Ex 1,15–20 und 1Kön 3,16–28.

sein als die Ära Salomonis. Das mit Sus 1 gemeinsame Motiv des klugen Kriminalisten und Psychologen spräche zumindest nicht dagegen.

Die hier aufgezeigten Analogien sind formaler Art. Wenn die hier angenommene literarische Beeinflussung tatsächlich zutreffen sollte, hätte sich der Erzähler mehr von der formalen Gestaltung und der szenischen Gliederung seiner Vorbildgeschichte leiten lassen, als dass er den Inhalt direkt übernommen hätte. Bereits *Hugo Greß-mann* hat seinerseits auf Parallelerzählungen verwiesen, die der Geschichte in 2Sam 3,16–28 wesentlich näher zu stehen scheinen. Eine davon ist das in der indischen Märchensammlung Vikramodaya enthaltene Märchen:[79]

Während sich (König) Vikramāditya in Papageiengestalt am Hofe des Königs Gopīcandra aufhielt, geschah folgendes: Ein Mann hatte zwei Frauen, die gleichzeitig zwei einander ähnliche Knaben gebaren. Der Mann begab sich mit seinen Frauen fort zu einem Fest; unterwegs legten sie sich in einem Wald vor Müdigkeit zur Ruhe. Als sie alle schliefen, trug ein Wolf das Kind der jüngeren Frau weg. Sie erwachte früher als die anderen, suchte im Wald nach ihrem Kinde und fand nur seine Reste. Sie vergrub sie und nahm sich selbst das Kind der schlafenden älteren Frau. Als diese erwachte, bemerkte sie den Verlust ihres Kindes und fing an, es zu suchen; da sie es nicht fand, sah sie den Knaben an, den die jüngere Frau auf dem Arm trug, erkannte in ihm ihr eigenes Kind und machte sich daran, es fortzunehmen. Von dem Lärm der Streitenden erwachte der Mann; auch er konnte den Streit nicht entscheiden. Da zogen die Frauen von Stadt zu Stadt, um sich richten zu lassen, aber ohne Erfolg. Endlich kamen sie zum König Gopīcandra, und hier entschied der Papagei die Sache, wie folgt: er befahl, das Kind zu gleichen Teilen zu zerhauen und beiden Frauen je eine Hälfte zu geben. Die ältere Frau verzichtete zugleich und bat nur, man möge dem Kinde das Leben lassen. Der Papagei erkannte sofort in ihr die wahre Mutter des Kindes und zwang die jüngere Frau, alles einzugestehen. Die Weisheit des Papageien wurde allgemein gepriesen.

---

79 Text übernommen von H. GRESSMANN, Das salomonische Urteil, 219.

Die wesentlichen und singulären Gemeinsamkeiten bestehen darin, dass in beiden Erzählungen der versehentliche Tod des Kindes, die Wegnahme des lebenden Kindes durch die Mutter des toten Kindes, die Unlösbarkeit des Falles auf Grund fehlender Zeugen und die Lösung durch den Befehl, das Kind zu töten, um so die wahre und die falsche Mutter zu ermitteln, berichtet werden. Die auf den ersten Blick bestechenden Gemeinsamkeiten zwischen beiden Erzählungen sind allerdings zu relativieren. Die indische Geschichte ist erheblich jünger als die alttestamentliche. Es muss sich also nicht um einen frei umlaufenden Stoff handeln, der sich einmal hier und einmal dort literarisch niedergeschlagen hat.[80]

1.7. Sie aßen, tranken und waren fröhlich (1Kön 4,20)

1Kön 4,1–20 enthält zwei Listen der Beamten Salomos, die sich in eine Liste der Oberbeamten (V. 1–6) und eine Liste der so genannten Vögte (V. 7–19) unterteilen lassen. Das Kapitel läuft auf den bedeutungsschweren Satz 1Kön 4,20 hinaus:

---

80 Vgl. V. Fritz, Das erste Buch der Könige, 46. H. Gunkel, Das Märchen im Alten Testament, 162–164, ist seinerzeit zu einem ganz anderen Urteil gekommen. Gunkel führte eine andere indische Variante an, bei der die Frauen an dem Kind ziehen, bis die richtige Mutter es loslässt, um ihm keine Verletzung zuzufügen, und daran die wahre Mutter erkannt wird. Gunkel hält die Erzählung von den um ein lebendes Kind streitenden Müttern für ein »geistreich ausgeklügeltes Motiv« (ebd., 163), das nicht an zwei verschiedenen Orten unabhängig voneinander entstanden sein kann. Auch wenn die indische Erzählung erheblich jünger sei als die israelitische, sei doch deutlich, dass Erstere die ältere sei. Denn dass sich zwei »Dirnen« um ein für sie wertloses Kind streiten, verrate, dass der Erzähler fremdes Erzählgut übernommen habe, ohne zu merken, dass die Geschichte so nicht richtig einleuchten will.

Juda und Israel wurden zahlreich wie der Sand am Meeresstrand, sie aßen, tranken und waren fröhlich.
(1Kön 4,20)

Die Zahl der Israeliten und Judäer unter der Herrschaft Salomos *gleich der Zahl der Sandkörner am Meer* erinnert an die Verheißung an Abraham Gen 22,17; 32,13, die hier verkürzt zitiert wird. Unter Salomo erfüllt sich somit, was für Abraham noch Verheißung und Zukunftsmusik war. Dabei spielt keine Rolle, dass in der Zeit der Herrschaft Salomos sich die demographischen Verhältnisse schon aus biologischen Gründen nicht ins Uferlose entwickeln konnten. Wichtig ist dem Erzähler, die übergroße Zahl Israels als Zeichen des Friedens und der Prosperität Israels festzuhalten. Der Vorstellung, dass es dem Volk, das groß ist, gut geht, korrespondiert der Folgesatz: Die Angehörigen Israels und Judas sitzen friedlich beieinander, essen und trinken und sind guter Dinge. Das Bild erinnert auffällig an eschatologische Heilsbilder aus nachexilischer Zeit: Der nachexilische Abschnitt des Jesajabuches, der so genannte Tritojesaja Jes 56–66, nimmt eine Ausdifferenzierung vor zwischen den Getreuen Gottes und denen, die verstoßen werden. Kennzeichen der Getreuen sind das Essen, das Trinken und die Freude.

Deshalb, so spricht der Herr JHWH: Meine Knechte sollen *essen*, ihr aber sollt hungern, meine Knechte sollen *trinken*, ihr aber sollt dürsten, meine Knechte sollen sich *freuen*, ihr aber sollt zuschanden werden.
(Jes 65,13)

Lärmende und weinselige Freude genießen die Getreuen JHWHs auch nach der Darstellung des späten neunten Kapitels des Sacharjabuches. Der Verfasser stellt sich einen endzeitlichen Kampf vor, in dem die feindlichen (griechischen) Mächte besiegt werden und die

Getreuen Israels noch während des Kampfes mit dem Mahl beginnen:

JHWH Zebaoth beschützt sie, er hält seinen Schild über sie, sie essen und trampeln auf die Schleudersteine, sie trinken und lärmen vom Wein, voll sind sie, wie die Becken und die Altarecken. (Sach 9,15)

Man könnte den Bogen noch in die zwischentestamentliche Literatur und die Qumranschriften ziehen. Auch hier ist das anhaltende eschatologische Mahl Ausdruck eines universalen Gesamtfriedens, der durch nichts mehr aufgehoben werden kann.[81] Betrachtet man 1Kön 5,20 als Schluss- und Zielsatz von 1Kön 5, dann erweisen sich die im Vorfeld des Verses genannten Verwaltungsstrukturen als Voraussetzung für das allgemeine Wohlergehen Israels. Salomo verfügt über höchste Würdenträger, denen ein klar definiertes Aufgabenfeld zugewiesen ist (1Kön 5,1–6), und er gebietet über ein Provinzialsystem, das streng zentralistisch regiert wird.

Die Liste der Beamten in V. 1–6 weist folgende Amtsinhaber auf: Asarja, der Priester; Elihoref und Ahija, die Schreiber; Jehoschafat, der Sprecher; Benaja, der Befehlshaber der Armee; Zadok und Ebjatar, die Priester; Asarja, der Vorsteher, Zabud, der Freund des Königs; Ahischar, der Hausvorsteher, und Adoniram, der Vorsteher der Fronarbeit. Für die in 1Kön 4,1–6 skizzierte Verwaltungsstruktur ergibt sich folgendes Bild: An der Spitze des Staates steht allein der König. Es gibt keinen Funktionsträger, der ihm beigeordnet ist und der die übrigen Beamten an Bedeutung und Einfluss noch übertrifft. Die listenartige Erfassung der Beamten unterstreicht die unumschränkte und souveräne Alleinherrschaft Salomos. Darin unterscheidet

---

81 Vgl. äthHen 62,12.14; 1Qsa 2,11b–22.

sich die erzählerische Darstellung der Herrschaft Salomos von der Davids. Während David ständig von Menschen umgeben ist, auf deren Rat er angewiesen ist bzw. deren Einfluss er ausgesetzt ist, wird das von Salomo gerade nicht gesagt.

Die Liste in 1Kön 4,1–6 unterscheidet zwischen kultischen, administrativen, militärischen und finanztechnischen Funktionären. Als oberste Kultträger werden drei Personen genannt: Asarja, der Sohn Zadoks (V. 2), sowie Zadok und Ebjatar (V. 4b). Man wird in dieser Zusammenstellung nicht unbedingt verlässliche Angaben über die obersten Kultrepräsentanten der salomonischen Zeit entdecken können. Ebjatar wird zusammen mit Zadok genannt. Ebjatar ist aber der Oberpriester, der in 1Kön 1,7 mit Adonia im Bunde ist und der später von Salomo in die Verbannung geschickt wird. Zadok ist schon als Priester unter David erwähnt (2Sam 8,17). Merkwürdigerweise begegnet in 2Sam 8,17 neben Ebjatar ein gewisser *Ahimelech, der Sohn Ebjatars*, als Priester Davids. Dieser wiederum erscheint in 1Sam 22,20 unter dem Namen *Ebjatar, der Sohn des Ahimelech*. Wenn der Verfasser in 1Kön 4,4b auf die Bezeichnung des Vaters für Ebjatar (und für Zadok) verzichtet, ist das auffällig. Offensichtlich war ihm die Differenz zwischen 1Sam 22,20 und 2Sam 8,17 bewusst. Er konnte sie nicht erklären, weil er von Ebjatar nur auf der Grundlage der literarischen Überlieferung wusste. Offenbar deswegen hat er die widersprüchlichen Filiationsangaben (Ebjatar, der Sohn des NN) weggelassen. Ein Vergleich der Beamtenliste Davids in 2Sam 8,16–18 mit der Salomos in 1Kön 4,1–6 zeigt erhebliche Differenzen. 2Sam 8,16–18 nennt Joab, den Heerführer; Jehoschafat, den Sprecher; Zadok und Ahimelech, die Priester; Sarja, der Schreiber; Benaja, den Befehlshaber der ausländischen Söldner, und die

Söhne Davids, die als Priester fungieren. Es kann davon ausgegangen werden, dass die Reihenfolge der Aufzählung eine gewisse Hierarchie widerspiegelt. Die Funktionäre werden deshalb nacheinander in hierarchischer Abstufung dargestellt.

Die Funktionäre nach 2Sam 8,16–18

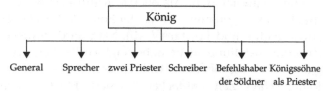

Die Funktionäre Salomos nach 1Kön 4,1–6

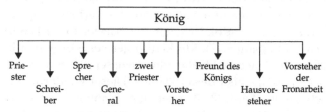

Der Überblick bestätigt die Vermutung, dass 2Sam 8,16–18 der Beamtenliste Salomos 1Kön 4,1–6 als Vorlage gedient hat. An sich ist die Behauptung in 2Sam 8,17, David habe zwei oberste Priester unter sich gehabt, schwierig.[82] 1Kön 4,1 stellt einen Priester an die Spitze der Hierarchie. Auf die zwei Priester wird, wohl wegen des Einflusses von 2Sam 8,16–18 auf 1Kön 4,1–6, nicht verzichtet. Sie erscheinen jedoch in nachgeordneter Position. Ein zweites Personenpaar wird von den beiden königlichen Schreibern gebildet:

Elihoref und Ahia, die Söhne Schischas, waren die Schreiber.

---

82   Vgl. H. J. STOEBE, Das zweite Buch Samuelis, 257.

Dass die Beamtenliste Salomos unter ägyptischem Einfluss steht, wird durch den Namen des Vaters der beiden Schreiber, Schischa, deutlich. Dieser geht eindeutig auf das ägyptische Wort für Schreiber, sš (Schesch), zurück. Ein Wechsel zwischen dem ägyptischen Laut *s* und dem hebräischen *sch* kann denkbar leicht geschehen. Der hebräische Buchstabe *Sin* bzw. *Schin* beinhaltet beide Lautwerte. Es ist also möglich, den Namen Sisa, Sischa, Schisa oder eben Schischa zu lesen. Das auslautende *a* geht entweder auf eine dem Hebräischen besser entsprechende zweisilbige Umformung des Namens zurück oder ist wiederum auf eine ägyptische Titulatur zurückzuführen. Das Ägyptische kennt einen Ausdruck für den Titel Urkundenschreiber des Königs: sš-ᶜ-nsw (Sesch-a-Nesu). Für sich genommen heißt sš-ᶜ (Sesch-a) *großer Schreiber* oder *oberster Schreiber*. Von einem Ahija, dem königlichen Schreiber, hören wir sonst nichts. 2Sam 8,17 nennt einen gewissen Sarja als den Schreiber Davids. Hat der Verfasser möglicherweise den Klang des ägyptischen Wortes für Schreiber im Ohr gehabt und den Vater der beiden Schreiber Elihoref und Ahija mit der Bezeichnung Schreiber versehen?

Ein ägyptischer Einschlag zeigt sich ebenfalls im folgenden Titel in 1Kön 4,3:

Jehoschafat, der Sohn Ahiluds, war der Sprecher.
(1Kön 4,3)

Die Übersetzung *Sprecher* entspricht der Bedeutung des hebräischen Wortes nur bedingt. Der hebräische Ausdruck lautet *Mazkir* und hat zunächst etwas mit *ins Gedächtnis rufen* oder in *Erinnerung rufen* zu tun. Ein entsprechendes Amt ist auch aus der ägyptischen Administration bekannt. Es handelt sich dabei um den *wḥm.w* (Wechemu), den Befehlsverkünder des Königs. Offensichtlich ist dieser für die Bekanntmachung königlicher Befehle zuständig. Auch wenn sich die Rechtssysteme einem direkten Vergleich entziehen, dürfte der Wechemu am ehesten unserem Regierungssprecher entsprechen.

In der Beamtenliste Salomos fehlt der für Ägypten typische Wesir bzw. fehlen die beiden Wesire für Ober- und Unterägypten. Auch darin zeigt sich die Tendenz der Verfasser der Liste, Salomo als allein herrschenden König darzustellen, der zwar über Beamte verfügt, die aber in den Erzähltexten in 1Kön 3–11 keine Rolle spielen. Gegenüber der Beamtenliste Davids in 2Sam 8,16–18 ist eine deutliche Verschiebung bei der Bewertung des Heerführers zu registrieren. In 2Sam 8,16 steht Joab, der Heerführer, an erster Stelle. In 1Kön 4,4 ist der Heerführer dem Priester, dem Sprecher und den Schreibern untergeordnet. Die Kultträger und die administrativen Funktionäre spielen im Wertbewusstsein des Erzählers eine wichtigere Rolle als der militärische Würdenträger. Noch ein zweiter Punkt fällt dabei auf. 1Kön 4,4b nennt Zadok und Ebjatar als die beiden Priester. Zadok war derjenige, der auf der Seite Salomos stand (1Kön 1,8), während Ebjatar der Adoniapartei angehörte (1Kön 1,7). Da Ebjatar von Salomo in die Verbannung geschickt wird (1Kön 2,26 f.), nimmt Zadok dessen Stelle ein:

Der König setzte Benaja, den Sohn Jojadas, an seine (Joabs) Stelle über das Heer und Zadok, den Priester, setzte er an die Stelle Ebjatars.
(1Kön 2,35)

Der Verfasser nennt Zadok und Ebjatar gleichermaßen. Dabei entspricht die Reihenfolge nicht einer chronologischen Anordnung, sondern der Bewertung der beiden Personen. Merkwürdigerweise fehlt Joab in der Liste. Wenn Ebjatar als Anhänger der Adoniapartei genannt wird, hätte das für Joab auch erfolgen können. Offensichtlich ist der Verfasser nicht nur gegenüber den Militärfunktionären zurückhaltend eingestellt, er verweigert Joab sogar ein literarisches Gedächtnis. Ist das gerecht dem Mann gegenüber, dem David so viel zu verdanken hat? Merkwürdigerweise bekommt auch Natan in 1Kön 4,1–6 kein Amt, obwohl Salomo ihm und Batscheba den Thron verdankt. Dafür werden allerdings die Söhne Natans in die höchsten Ämter gehoben: Asarja, der Sohn Natans, wird Vorsteher über die Vögte und Zawud, der Sohn Natans, wird zum *Freund des Königs*. Bei den Vögten handelt es sich um Bauaufseher, die für die Organisation und Überwachung der Baumaßnahmen Salomos zuständig waren (1Kön 5,30; 9,23). Hinter dem *Freund des Königs* wurde weniger eine Amtsfunktion im eigentlichen Sinn als eher eine Ehrenbezeichnung gesehen.[83] Allerdings ist m. E. nicht der Ehrentitel *Bekannter des Königs* (*Martin Noth*) als Vorbild anzunehmen, sondern der tatsächliche Hofrang *Freund des Königs*. Dieser *smr n prnsw* (Semer en Per Nesn) gehört zu den Personen in unmittelbarer Nähe zum König und könnte durchaus als Vertrauter des Königs gesehen werden.[84]

Weiter werden in V. 6 mit Ahischar der Palastverwalter und mit Adoniram der Vorsteher der Fronarbeit genannt. Letztgenannter taucht noch einmal nach Salomos Tod auf. 1Kön 12,18 berichtet, dass ihn die Israeliten, erbost über die Aussendung des Fronvogtes Adoniram nach der Abspaltung der Nordstämme, ermordeten.

---

83 Vgl. M. Noth, Könige, 64 f. Noth sieht den ägyptischen Ehrentitel *rḫ-nsw* durchschimmern, bemerkt aber selbst, dass das Wort *rḫ* in der Grundbedeutung *wissen/kennen* zwar ähnlich wie der hebräische Ausdruck *rᵉeh* klinge, semantisch mit diesem aber nichts zu tun habe.
84 Vgl. R. Hannig, Handwörterbuch, 708.

In der Liste in 1Kön 4,1–6 kommen somit entweder Beamte vor, die dem Leser auf Grund des Kontextes schon bekannt sind bzw. die ihm im Fortgang der Handlung noch näher vorgestellt werden oder die als Handlungsträger keine Rolle mehr spielen. Bei den bekannten Personen handelt es sich um Benaja, Zadok, Ebjatar und Adoniram. Bei den übrigen Personen fällt auf, dass deren Namen sonst nur noch von Königen getragen werden. Das ist der Fall bei Asaria und Joschafat. Asaria wird in 2Kön 14,21; 15,1 ff. als König Judas genannt, unter demselben Titel erscheint Joschafat in 1Kön 15,24; 22,2 ff. Ahija, einer der beiden Schreiber, erinnert auffällig an den gleichnamigen Propheten in 1Kön 11; 14. Ob die Wiederkehr von Personennamen, die sonst im Zusammenhang mit der Königszeit Israels stehen, ein Zufall ist oder nicht, muss dahingestellt bleiben. Auffällig ist zudem, dass der Name Asarja in der Liste zweimal auftaucht: einmal für Asarja, den Sohn Zadoks, der Salomo als Priester diente, einmal für Asarja, den Sohn Natans, der über die Vögte gesetzt war. Man wird also damit rechnen müssen, dass die Liste der Beamten Salomos in 1Kön 4,1–6 im Ganzen eine Fiktion darstellt, die einerseits die Namen der handelnden Personen aus 1Kön 4,1–6 zusammenfasst, die andererseits Anklänge an spätere Könige und Propheten evoziert. Immerhin könnte das geschehen sein, damit Salomos Ruhm noch größer erscheint, wenn seine Großen königliche Namen bzw. den Namen eines bekannten Propheten tragen.

Ganz in diesem Sinn dürfte auch die nachfolgende Auflistung des Provinzialsystems Salomos zu sehen sein.

Salomo hatte zwölf Vorsteher über ganz Israel, diese versorgten den König und sein Haus jeweils für einen Monat im Jahr. (1Kön 4,7)

Bemerkenswerterweise werden die Distrikte Salomos nicht nach dem Territorialprinzip der zwölf Stämme Israels strukturiert und begründet. Die Begründung erfolgt mit dem lunisolaren Kalender. Das Jahr hat zwölf Monate und in jedem Monat ist ein anderer Gau an der Reihe, für die Versorgung des Königshauses aufzukommen. Dafür sind offensichtlich die zwölf anschließend genannten Beamten verantwortlich. Die Territorien und Ortschaften, die in der Liste genannt werden, weisen eine Besonderheit auf: Juda ist in der Liste ausgespart. Der Ausfall Judas ist umso auffälliger, als in V. 20 wieder Juda und Israel zusammen als *terra felix* der *aera Salomonis* genannt werden. Aus diesem Umstand sind weitreichende Schlüsse gezogen worden. So hat seinerzeit *Albrecht Alt* vermutet, dass das Fehlen Judas in der »Duplizität« der Herrschaft Salomos über Israel und Juda begründet liege. Andere haben hinter dem Fehlen Judas in der Liste der abgabenpflichtigen Distrikte eine privilegierte Stellung des Kernlandes von Davids Herrschaft gegenüber dem später hinzugewonnenen Israel gesehen.[85] Warum Juda ausgespart ist, erhellt sich m. E. vor einem ganz anderen Hintergrund. Im Anschluss an die Liste der zwölf Distriktvorsteher steht in 1Kön 4,19 die oben schon zitierte Notiz über das Wohlergehen Israels und Judas unter der Herrschaft Salomos. Während an dieser Stelle die glanzvolle innere Herrschaft geschildert wird, schließt sich mit 1Kön 5,1 die Darstellung der außenpolitischen Größe Salomos an.

Salomo war der Herrscher über alle Königreiche vom Fluss (Euphrat) bis zum Land der Philister an der Grenze zu Ägypten. Sie (die Völker) brachten ihm Geschenke und waren Salomo untertan alle Tage seines Lebens.
(1Kön 5,1)

---

85 Vgl. A. ALT, Israels Gaue unter Salomo, 89.

Dass die Völker Geschenke bringen, ist im Blick auf die voranstehende Liste der Distrikte Israels, die auf ein straffes Abgabensystem hindeutet, verwunderlich. Man kann sich schwer vorstellen, dass Israel mit Ausnahme Judas zur Finanzierung und Versorgung des königlichen Hauses und der Administration des ganzen Landes verantwortlich ist, während die Völker unter der Herrschaft Salomos eben nur Geschenke bringen. Auch wenn diese natürlich sehr großzügig ausfallen können, würde doch eine Schieflage entstehen zwischen der Belastung Israels und der der übrigen beherrschten Völker.

Welches sozioökonomische Bild steht hinter der Darstellung in 1Kön 4,1–5,1? Gezeichnet wird eine Struktur, in deren Zentrum der König steht. Juda nimmt als Kernland offensichtlich eine Sonderstellung ein. Das wird man zumindest aus dem Fehlen einer Abgabenverpflichtung für Juda entnehmen können. Israel ist in einem am Jahreskalender orientierten territorialen Abgabensystem organisiert. Für dieses System verantwortlich sind einzelne Funktionäre, die an der Spitze der zwölf Distrikte stehen. An der Peripherie des sozioökonomischen Systems steht die Gesamtheit der Völker. 1Kön 5,1 sagt ausdrücklich nicht, dass Israel aus der Völkerwelt herausgenommen ist. Die Völkerwelt hat nicht mehr zu tun, als dem König Geschenke zu bringen. Damit entsteht ein folgerichtiges Bild: Die Völker sind Salomo untertan und bringen zum Ausdruck dessen Geschenke. Anders formuliert: Indem die Völker Salomo Geschenke bringen, erkennen sie seine unumschränkte universale Herrschaft an.

Diese Sichtweise des Erzählers weist eine erstaunliche Analogie zum Völkerbild und zum Abgabensystem des Perserreiches auf. Zur Rekonstruktion der persischen Sichtweise auf das Verhältnis von Zentral-

macht, territorialem inneren Kern und den Völkern an
der Peripherie können zwei Quellen herangezogen
werden. Zunächst geben die ikonographischen und
epigraphischen Hinterlassenschaften der Perser selbst
Auskunft. Daneben erweist sich die Geschichtsschrei-
bung Herodots als ein probates Hilfsmittel zum besseren Verständnis der historischen Zusammenhänge.

Die Darstellungen an den Palastwänden in der persischen Hauptstadt Perseopolis zeigen einen Zug der
Völker, die in einem Prozessionszug zum König kommen und ihm Geschenke offerieren. 23 Völker sind aufgeführt, die charakteristische Produkte ihrer Heimat
bringen. Jede der Gesandtschaften wird von einem
persischen Beamten, ausstaffiert mit einem Stab als
Würdezeichen, angeführt.

Zu den Besonderheiten der Darstellung in Perseopolis gehört weiter, dass die Perser unter den aufgezählten abgabenpflichtigen Völkern nicht vorkommen.

Abb. 3: Perseopolis, »Tributzugfries«
von der Apadana-Osttreppe

149

Ebenso werden sie in den Inschriften im Zusammenhang mit dem den Völkern geltenden Gesetz nicht angeführt.[86] Dafür, dass die Perser aus dem Abgabensystem ausgeklammert blieben, spricht nicht nur ihr Fehlen in der Liste der abgabenpflichtigen Völker. Auch Herodot notiert, nachdem er die einzelnen 20 persischen Satrapien mit ihren Abgabenverpflichtungen aufgeführt hat, dass die Perser selbst steuerfrei blieben:

Unter den steuerpflichtigen Völkern habe ich nur Persien nicht angeführt; denn dort werden keine Steuern gezahlt.
(Herodot 3,97)

Natürlich kann man nicht davon ausgehen, dass die persische Bevölkerung tatsächlich keine Abgaben zu entrichten hatte. Dagegen sprechen schon die archäologischen Funde. So dokumentieren in Perseopolis gefundene Tontäfelchen, dass auch die Perser Steuern in Form von Naturalabgaben abzuliefern hatten.[87] Möglicherweise handelt es sich um ideologisch bedingte Darstellungen, in denen das Kernland als abgabenfrei dargestellt wird. Allerdings muss hier zwischen einem Steuer- bzw. Abgabensystem und Tributzahlungen unterschieden werden. Herodots Behauptung, dass die Perser im Gegensatz zu den unterworfenen Völkern keine Steuern zahlen mussten, gibt die Meinung und das Wissen eines Nichtpersers aus einer Außenperspektive wieder. Es ist immerhin denkbar, dass im Ausland, also an der Peripherie, überzogene Vorstellungen von den sozialen und ökonomischen Gegebenheiten im Zentrum des Reiches existierten. Entscheidend für unseren Zusammenhang ist, dass in 1Kön 5,1 nicht von Steuern,

---

86 Vgl. P. FREI/K. KOCH, Reichsidee und Reichsorganisation, 161–164.
87 H. KOCH, Persien zur Zeit des Dareios. Das Achämenidenreich, 20 f.

sondern von Geschenken der unterworfenen Völker die Rede ist. Daran, dass die Völker in ein straffes zentralistisch organisiertes Steuersystem eingebunden sind, zeigt der Erzähler kein Interesse. In diesem Zusammenhang ist von Bedeutung, dass die Darstellung der gabenbringenden Völker das zentrale Darstellungsmotiv in Perseopolis bildet. Die Iranistin *Heidemarie Koch* beschreibt den abgebildeten Vorgang folgendermaßen: »Was ist nun der Anlass, dass der König so feierlich auf seinem Thron sitzt? Er empfängt die Abgeordneten aller Länder seines Großreichs, die herbeigekommen sind, um ihrem Herrscher die besten Gaben ihrer Länder zu überbringen.«[88] Natürlich können nicht alle unterworfenen Völker auf der Reliefwand verewigt werden. Dafür reichte der Platz nicht. Juda fehlt selbstverständlich. Für eine Aufnahme in den Reigen der zu würdigenden Völker war es aus persischer Perspektive viel zu unbedeutend. Die Völkerdelegationen kommen jeweils mit Gaben, die für ihr Herkunftsland repräsentativ sind. Die Meder gelten als Meister der Goldschmiedekunst, folglich bringen sie Gefäße und Schmuck aus Edelmetall, die Syrer bringen Schalen, einen Tierbalg und einen Widder usw.[89] Sowohl die persische Darstellung als auch die Schilderung in 1Kön 5,1 verzichten auf eine Auflistung von Tributen. Statt dessen bringen die Völker Geschenke. Damit wird ein »freiwilliges Zusammenwirken zu allgemeinem Nutzen, gleichgültig, in welchem Maße dies eine propagandistische Fiktion gewesen sein mag«[90] Die Perser wussten sehr wohl zu unterscheiden zwischen Geschenken und Abgaben.[91]

---

88 H. Koch, Es kündet Dareios der König, 97.
89 Vgl. H. Koch, Es kündet Dareios der König, 97 ff.
90 B. Jacobs, Ein Großreich stellt sich vor, 31.
91 Vgl. M. A. Dandamaev, Persien unter den ersten Achämeniden, 135.

Die Vorstellungswelten bei der Darstellung der Herrschaftsstruktur in Israel unter Salomo und die der Perser liegen nahe beieinander: An der Spitze und im Zentrum des Reiches steht der König. Ihm gelten die Geschenke der unterworfenen Völker. Das Darbringen der Geschenke drückt die Akzeptanz der universalen Herrschaft des Königs durch die Völker aus. Das Kernland des Reiches, Juda bzw. Persien, bleibt zumindest in der offiziellen Darstellung aus dem Abgabensystem ausgespart. Ähnlich wie in den Inschriften und Darstellungen in Perseopolis die Perser unter den abgabenpflichtigen Völkern nicht vorkommen, wird Juda in 1Kön 4,7–19 nicht unter die abgabenpflichtigen Distrikte gerechnet.

Der in 1Kön 5,1 figurierte Zustand erinnert eher an einen universalen Völkerfrieden als an die Vorstellung von einem auf Expansion orientierten Herrschaftssystem. In 1Kön 5,4 wird der Gedanke noch einmal aufgenommen.

Er (Salomo) herrschte über das ganze Gebiet jenseits des Flusses (Euphrat) von Tifsach bis Gaza über alle Könige jenseits des Flusses (Euphrat) und er hatte Frieden von allen seinen Seiten ringsum.
(1Kön 5,4)

Bemerkenswerterweise wird hier gegenüber 2Sam 7,1 auf einen bestimmten Ausdruck verzichtet. In 2Sam 7,1 ist davon die Rede, dass David von seinen *Feinden* ringsum Ruhe hatte. Bei der *Ruhe vor den Feinden ringsum* handelt es sich um eine klassische Formulierung, die erstens einen allgemeinen Frieden für Israel ausdrückt und die zweitens die Völkerwelt als Feinde bezeichnet. Man wird diesen Befund so verstehen müssen, dass 1Kön 4,1–5,1 in seiner Beschreibung des salomonischen Großreiches nicht auf die Historie Israels im 10. Jh. v. Chr. zurückgeht, sondern dass diese unter dem Eindruck und Einfluss des persischen Großreiches und seiner Ideologie steht.

Oben wurde bereits angedacht, dass das Bild vom friedlich essenden, trinkenden und sich freuenden Israel (1Kön 4,20) dem nachexilischen theologischen Denken entspringen könnte. Ganz in diesem Sinne lässt sich auch die Vorstellung vom universal herrschenden Friedenskönig, die in 1Kön 5,1 begegnet, in der nachexilischen Literatur verorten. Der oben schon zitierte Passus

Salomo war der Herrscher über alle Königreiche vom Fluss (Euphrat) bis zum Land der Philister an der Grenze zu Ägypten (1Kön 5,1)

erinnert an die Herrschaft des endzeitlichen Friedenskönigs in Sach 9,10:

Er (der König) spricht Frieden zu den Völkern, seine Herrschaft reicht vom Meer zum Meer, vom Fluss (Euphrat) bis zu den Grenzen der Erde.
(Sach 9,10)

Um einen Anachronismus würde es sich handeln, wenn die nachfolgende Angabe über das Territorium Salomos tatsächlich aus dem 10. Jh. stammen würde, nach der Salomo das Territorium zwischen dem Gebiet jenseits des Euphrat bis zur ägyptischen Grenze beherrscht haben soll (1Kön 5,4). Bei der Bezeichnung jenseits des Flusses handelt es sich um einen Terminus, der in den assyrischen Inschriften erst im Zusammenhang mit der Westexpansion Assurs 200 Jahre nach Salomo auftaucht und der in der Hebräischen Bibel erst in der nachexilischen Literatur auftaucht. *Martin Noth* versucht das sich daraus ergebende historische Problem zu lösen, indem er 1Kön 5,4 für einen übertreibenden nachexilischen Eintrag hält. Geographisch liegt zwischen den Angaben in 1Kön 5,1 und 5,4 kein Unterschied. Gemeint ist jeweils ein Herrschaftsgebiet Salomos zwischen dem Euphrat und der Grenze zu Ägypten. Wenn es sich dabei um Rückprojektionen der Nachexilszeit handelt, bleibt an historisch greifbarem Material über die territorialen Dimensionen des salomonischen Großreiches nicht mehr viel übrig. Schließlich wird in 1Kön 5,5 noch einmal die Sicherheit Israels unter Salomo in einen endzeitlichen Rahmen eingespannt.

Juda und Israel wohnten in Sicherheit, ein jeder unter seinem Weinstock und seinem Feigenbaum von Dan bis Beerscheba während der gesamten Lebenszeit Salomos.
(1Kön 5,5)

Auch an dieser Stelle wird mit Begrifflichkeiten und Vorstellungen gearbeitet, die dem theologischen Profil der exilisch-nachexilischen Zeit entsprechen. In der berühmten Friedensvision im Michabuch taucht die Vorstellung vom friedlichen Sitzen unter Weinstock und Feigenbaum ebenfalls auf:

Viele Völker werden gehen und sagen:
Kommt, lasst uns gehen und hinaufziehen zum Berg JHWHs, zum Haus des Gottes Jakobs.
Er wird uns weisen auf seinen Wegen und wir werden auf seinen Pfaden gehen.
Denn vom Zion geht Weisung aus und das Wort JHWHs aus Jerusalem.
Er wird vielen Völkern Recht sprechen und sehr entfernte Völker richten, dass sie ihre Schwerter zu Pflugscharen schmieden und ihre Lanzen zu Sicheln.
Kein Volk wird gegen ein anderes das Schwert erheben und sie werden den Krieg nicht mehr erlernen.
Ein Mann wird unter seinem Weinstock wohnen und unter seinem Feigenbaum und niemand wird mehr Schrecken verbreiten, denn JHWH Zebaoth hat es geredet.
(Mi 4,2–4)

Die Zusammenschau von Israel und den Völkern unter einer gänzlich friedlichen Zukunftsperspektive, die universale Pazifisierung, das allgemeine Sitzen unter

Weinstock und Feigenbaum als Friedenssymbol und die Einbindung der Völker in ein Herrschaftssystem mit Jerusalem als Zentrum stellen sich als analoge Vorstellungswelten in 1Kön 4,1 ff. und Mi 4,1 ff. dar. Der Unterschied besteht darin, dass es im Michatext Gott ist, der den universalen Friedenszustand herbeiführt, während in 1Kön 4,1 ff. der König Salomo an Gottes Stelle getreten ist. Dennoch wird man davon ausgehen können, dass das pazifistische und universale Idealbild beider Texte ideengeschichtlich nicht allzu weit auseinander liegt.

Vor diesem Hintergrund sind die Angaben über die üppige Hofhaltung Salomos und seine Rüstungspolitik zu sehen. So wie Israel und Juda ihre Zeit essend, trinkend und sich freuend verbringen (1Kön 4,20), so verspeist der königliche Hof täglich unter anderem 30 Rinder und 100 Schafe, 12 000 Liter Grieß und 24 000 Liter Mehl (1Kön 5,2 f.). Darüber zu spekulieren, dass die Angaben viel zu hoch sind und dass die Angaben deswegen ein späterer Nachtrag seien,[92] verkennt deren Funktion im Textganzen: Je üppiger der Erzähler die Hofhaltung Salomos ausfallen lässt, desto plausibler wirkt seine Projektion eines universalen Friedens und eines allgemeinen Wohlergehens unter der Herrschaft Salomos.

Auf Grund des täglichen Bedarfs an Abgaben für Salomos Hofhaltung hat man immer wieder Versuche angestellt, die zum Hof gehörige Personenzahl zu ermitteln. Allein für den Brotkonsum haben sich dabei Zahlen zwischen 14 000 und 32 000 Menschen ergeben. Dabei sind die Mengenangaben über den Fleischverzehr noch nicht mitberücksichtigt. In diesen Dimensionen speisten sonst nur die Könige des assy-

---

92 Vgl. M. NOTH, Könige, 76.

rischen oder des persischen Großreiches.[93] Aber auch in diesen Fällen ist von einer Tendenz in den Königsinschriften auszugehen, die Zahlen zur Ausschmückung der Macht und des Reichtums der Könige in die Höhe zu treiben. Nach allem, was sich aus archäologischer Sicht über die Dimensionen Jerusalems im 10. Jh. v. Chr. sagen lässt, hätten die vom Erzähler in 1Kön 5 angelegten Maßstäbe die Stadt buchstäblich zum Platzen gebracht.

Die Angaben über die militärische Stärke Salomos in 1Kön 5,6 dienen ebenso wie die über den üppigen Speiseplan zur Untermalung der allgemeinen ökonomischen Wohlfahrt und der politischen Sicherheit. Die Erzähler von 1Kön 3–11 zeigen kein Interesse daran, Salomo expansive Gelüste unterzuschieben. Schon deswegen illustriert die in 1Kön 5,6 benannte gigantische Militärmacht das allgemeine Bild vom sicheren Wohnen Israels unter der Herrschaft Salomos.

1.8. Der salomonische Staat

1Kön 1 f. erzählt von den Anfängen Salomos, 1Kön 3–11 von seiner Machtentfaltung und Ausübung. Das staatliche Gefüge, der Einfluss einzelner Funktionäre, die Ausübung königlicher Macht und die notwendige Rücksichtnahme auf die Interessen einzelner Gruppen werden in 1Kön 1 f. wesentlich differenzierter dargestellt als in 1Kön 3–11. 1Kön 1 f. geht von der Möglichkeit aus, dass der König – hier wegen seines Alters – schwach sein kann. Am Hof können sich Parteien bilden, die gegeneinander opponieren. Die Parteienbildung betrifft sowohl die Funktionäre als auch die Mitglieder der königlichen Familie. Die zwischen den

---

93 Vgl. M. NOTH, Könige, 76.

Parteien strittige Frage ist hier, wer von den Königssöhnen als Thronfolger eingesetzt werden soll.

Einerseits ist es der Königssohn Adonia, der seinen legitimen Thronanspruch abzusichern versucht, indem er Teile des Hofes und der königlichen Familie an sich bindet. Die Parteigänger Adonias sind der Heerführer Joab und der Priester Ebjatar. Dagegen stehen der Priester Zadok, der Prophet Natan und Teile der militärischen Elite hinter Salomo und seiner Mutter Batscheba.[94] Die Protagonisten der Salomo-Partei sind nicht der künftige König, sondern der Hofprophet Natan und – von ihm motiviert – die künftige Königsmutter Batscheba.

In 1Kön 1 f. wird Politik betrieben, indem die Vertreter der Führungselite versuchen, den König in ihrem Sinne zu beeinflussen.[95] Die Untertanen des Königs und seine Funktionäre bleiben in bestimmten Handlungen und Entscheidungen gegenüber dem König autonom.[96] Demgegenüber hat der Erzähler von 1Kön

---

94 Vgl. 1Kön 1,7 f.

95 Der Konflikt zwischen dem König und seinen Funktionären zieht sich geradezu als Leitmotiv durch die Daviderzählungen. Den rebellischen Funktionär repräsentiert der Heerführer Joab. Er führt den Befehl, Uria im Krieg heimtückisch zu ermorden, nur bedingt aus; vgl. 2Sam 11,15.16 f. Joab tötet den Aufrührer und Hochverräter Abschalom gegen den ausdrücklichen Befehl des Königs und schaltet so einen gefährlichen Feind Davids aus; vgl. 2Sam 18. 5. 10–14. Er ermordet die beiden Heerführer Abner und Amasa und stellt sich so gegen den Willen seines Königs, vgl. 2Sam 3,23–27; und er widersetzt sich anfangs – zu Recht – dem Befehl Davids, eine Volkszählung durchzuführen.

96 David kann in 2Sam 11,8–11 zwar anweisen, dass Uria in sein Haus gehen soll. Als dieser dem nicht Folge leistet, kann David nichts anderes tun, als eine finstere Intrige gegen seinen Untertanen zu inszenieren. Gegenüber einzelnen Militärfunktionären ist der König auch dann machtlos, wenn sie in seinen Augen zu Unrecht handeln; vgl. 2Sam 3,39.

3–11 kein Interesse, eine Situation zu schildern, in der das Ausbalancieren der Interessen einzelner Personen und Parteien zum Mittelpunkt der höfischen Politik zählt. Die Funktionäre, die 1Kön 3–11 nennt, fungieren nur als Statisten. Es gibt keine Entscheidung Salomos, die von irgendeiner Person kritisch hinterfragt wird. Die einzige, allerdings entscheidende Ausnahme, stellt die Erzählung von der Rebellion Jerobeams in 1Kön 11,27 ff. dar. Die Gestalt Jerobeams wird insgesamt zweimal herangezogen, um den Untergang des Salomonischen Großreiches zu begründen. Es sind jeweils Handlungsweisen Salomos, die das Ende des Großreiches herbeigeführt haben. Die eine betrifft Salomos Vorliebe für Frauen, die andere seine aufwendige Bautätigkeit und Hofhaltung.

A) *Salomo, der Frauenliebhaber*
1Kön 11,1–13 legt eine detaillierte Begründung dafür vor, warum Salomos Reich nach seinem Tod in zwei Teile zerbrechen wird. Die ausländischen Frauen haben Salomos Herz von JHWH abspenstig gemacht und ihn dazu verleitet, die Kulte seiner fremdländischen Geliebten zu dulden. Die Strafe folgt der Tat auf dem Fuß. Gegen Salomo treten die Widersacher Hadad und Rezon auf. Der Schaden, den Rezon angerichtet habe, sei noch größer als der Schaden Hadads gewesen (1Kön 11,25). Näheres erfährt der Leser nicht. Das ändert sich mit der Gestalt Jerobeams in 1Kön 11,27.

Jerobeam soll sich auf Grund seiner Leistungen vom einfachen Arbeiter zum Aufseher über die Fronarbeit des Hauses Josef hochgedient haben. Unverhofft begegnet ihm unterwegs der Prophet Ahija von Schilo in seinem neuen Mantel. Der Prophet zerreißt den Mantel in zwölf Teile und übergibt zehn Teile an Jerobeam: Diese Zeichenhandlung repräsentiere die Übernahme der Macht über die zehn Nordstämme durch Jerobeam. Über diese könne Jerobeam nach Belieben herrschen, sofern er auf den Wegen JHWHs wandele. Daraufhin versucht Salomo, Jerobeam zu töten. Dem gelingt jedoch die Flucht nach Ägypten, wo er bis zum Tod Salomos ausharrt.[97]

Es ist offensichtlich, dass hier bewusst eine Parallele zu den Anfängen der Davidbiographie konstruiert wird. Mit David und Jerobeam begegnet jeweils ein jugendlicher Held, der durch seine eigene Leistung am Hof des Königs aufsteigt. David besiegt Goliat und erweist sich als tüchtiger Heerführer (1Sam 17,1–18,7), Jerobeams Arbeitsleistung fällt dem König auf, so dass er ihn umgehend befördert. Mit der Beförderung und dem Erfolg des Helden beginnen die feindseligen Nachstellungen durch den König. Kaum hat das Volk begonnen, Davids Siege über die Philister zu besingen, trachtet Saul nach Davids Leben (1Sam 18,8 ff.). Nicht anders ergeht es Jerobeam. Auch ihn versucht der König zu töten. Allerdings wird in 1Kön 11,40 nicht gesagt, wie Salomo überhaupt erfährt, dass Jerobeam sein Widersacher geworden ist. Die Salbung durch den Propheten Ahia ist – anders als die wachsenden Erfolge Davids – den Augen der Öffentlichkeit verborgen geblieben. Insbesondere diese Informationslücke zeigt das Bestreben des Erzählers auf, die Anfänge Jerobeams dem Geschick des jungen David nachzugestalten.

Die Designierung des künftigen Königs durch den Propheten erfolgt an der Peripherie. In 1Sam 16,5–13 wird David in Bethlehem vor seinem Vater und seinen Brüdern gesalbt. Jerobeams Designation erfolgt in 1Kön 11,29 außerhalb Jerusalems auf dem Feld und ohne Zeugen. David und Jerobeam erhalten die Zusage,

---

97   Vgl. 1Kön 11,28–40.

dass sie zu Begründern einer beständigen Königsdynastie werden. David erhält die Zusage einer ewigen Königsherrschaft für sich und seine Nachkommen.

Dein Haus soll beständig sein, deine Königsherrschaft soll vor
mir[98] ewig bestehen und dein Thron soll in Ewigkeit Bestand haben.
(2Sam 7,16)

Bei seiner Designierung wird Jerobeam ausdrücklich
darauf verwiesen, dass sein Haus ewigen Bestand haben werde, wenn er sich so redlich wie David verhält.

Wenn du auf alles hörst, was ich dir befohlen habe, und du auf
meinen Wegen gehst und das Rechte in meinen Augen tun wirst,
indem du meine Rechtsnormen und Satzungen befolgst, so wie
es David, mein Knecht, getan hat, dann werde ich mit dir sein
und ich werde dir ein *beständiges Haus* bauen, so wie ich es für
David gebaut habe, und ich gebe dir Israel.
(1Kön 11,38)

Die entsprechende hebräische Formulierung *beständiges Haus* taucht neben 1Sam 25,28 in dieser Form nur
noch in 2Sam 7,16 und 1Kön 11,38 auf.

Die Feindschaft des Königs zwingt David und Jerobeam zur Flucht ins Ausland. David flieht vor den
Nachstellungen Sauls zum Philisterkönig Achisch von
Gat (1Sam 21,11), Jerobeam bringt sich vor Salomo
beim Ägypterkönig Scheschok in Sicherheit (1Kön
11,40). Beiden Helden fällt zudem die Gunst des fremden Königs zu. Die Einsetzung Jerobeams als künftiger
König Israels in 1Kön 11,29–39 ist eine sekundär eingefügte Episode.[99] Sie lässt den Propheten auftreten, um
aus der Frauenliebhaberei Salomos den Fallstrick des
Großreiches zu stricken. Der Einschub soll offensicht-

---

98 Der masoretische Text liest *vor dir*. Die Änderung *vor mir*
    mit JHWH als Bezugsperson wird durch zahlreiche alte
    Handschriften und Übersetzungen abgesichert.
99 Vgl. M. Noth, Könige, 258.

lich eine Korrektur vornehmen. 1Kön 12,1 ff. liefert eine ganz andere Begründung dafür, warum nach dem Tod Salomos das Reich in zwei Hälften zerbrochen ist.

B) *Salomo, der Steuereintreiber*

1Kön 12,1–16 erzählt von der Hypothek, die Salomos Sohn und Nachfolger Rehabeams übernommen hat. Das Volk erscheint vor dem König und beschwert sich über die Härte des Dienstes, den es dem König Salomo leisten musste. Der König stehe jetzt vor der Entscheidung: Entweder er erleichtere die Belastung des Volkes, dann könne er weiter König bleiben, oder aber er setze die harte Politik seines Vaters fort. In diesem Fall würde er nicht länger der König Israels bleiben. Unter den Ratgebern des Königs kommt es zum Richtungsstreit. Die älteren Ratgeber, die schon unter Salomo gedient haben, raten zur Mäßigung. Jerobeam hört jedoch auf den Rat der jüngeren Heißsporne und verspricht dem Volk, die Belastung noch zu vergrößern. Es kommt, wie es kommen musste. Israel wendet sich von Jerobeam ab und verwirft ihn als König. Lediglich das in den Städten Judas lebende Volk verbleibt unter der Herrschaft Rehabeams.

Der Staat zerbricht nicht aus theologischen, sondern aus ökonomischen Gründen.[100] Gegenüber dem König ist das Volk völlig autonom. Es kann die Herrschaft eines Königs nach eigenem Ermessen beenden und sich einen neuen König wählen. Der König empfängt seine Königsherrschaft aus der Hand des Volkes. 1Kön 12,20 zeigt das Volk als das handelnde Subjekt und den Kö-

---

100 1Kön 12,15 stellt einen redaktionellen Nachtrag dar, der den Zerfall des Staates rückweisend mit der entsprechenden Weissagung Ahia von Schilos in 1Kön 11,29–39 verbindet. Wahrscheinlich stammt 1Kön 12,15 von derselben Hand, die die Ahia-Episode 1Kön 11,29–39 eingefügt hat.

nig als passives Objekt. Jerobeam wird König durch des Volkes Gnade.[101]

Sowohl die verfehlte Außenpolitik Salomos, die ihren Ausdruck in seinen zahlreichen ausländischen Frauen findet, als auch seine verfehlte Steuerpolitik werden als Gründe für den Zerfall des Großreiches angeführt. In den Salomogeschichten in 1Kön 1–11 selbst erfolgt keine *direkte* Kritik an den kostspieligen Projekten Salomos. Zwischen den Zeilen kann der Leser aber dennoch erkennen, dass Glanz und Prunk Salomos nicht dem Wohle Israels dienlich waren. Demgegenüber ist die Bewertung der »Frauengeschichten« Salomos weniger zurückhaltend. Es sind die fremdländischen Frauen, die den Untergang des Reiches Salomos besiegeln.[102]

Mit 1Kön 11,1–13 und 1Kön 12,1–17 liegen zwei Bewertungen des Salomonischen Staates, seiner Politik und seiner Hofhaltung vor. Die Bewertungen sind negativ und fallen verschieden aus. Die Ergebnisse, wegen welcher Fehler Salomos Reich zerbrochen ist, lauten: zu promiskuitiv und die Belastung des Volkes zu kosten- und arbeitsintensiv.

1.9. Salomo, der Weltenherrscher (1Kön 5,1–14)

Die im vorigen Kapitel skizzierte Idealisierung der Herrschaft Salomos als Zeit des Friedens und des

---

101 Die Einsetzung eines Königs durch das Volk, wie sie in 1Kön 12,20 begegnet, stellt eines der sozialen Modelle zum Verhältnis von Funktionären und Instanzen zum König dar. Neben der theologisierten Legitimierung und Einsetzung eines Königs, wie sie in 1Sam 9,15–10,1 und 1Sam 16,1–13 begegnet, treten die Ältesten (2Sam 5,3) und der Heerführer (2Sam 2,8 f.) als Königsmacher auf; vgl. A. KUNZ, »Soll das Schwert denn ewig fressen?«, 54 ff.

102 Vgl. 1Kön 11,1 ff.

Wohlergehens Israels wird vom Erzähler mit dem Ergehen der Völkerwelt in Verbindung gesetzt. 1Kön 5,1–14 differenziert zwischen einem inneren – Israel betreffenden – Kern des Herrschaftsgebietes Salomos und seiner Peripherie, der unterworfenen Völkerwelt. 1Kön 5,1 legt das Herrschaftsgebiet Salomos zwischen das Land der Philister, Ägypten und den Euphratstrom. Die geographischen Angaben selbst sind in sich nicht einheitlich.[103] Während 1Kön 5,1 Israel unter Salomo zwischen dem Euphrat und der ägyptischen Grenze ansiedelt, bestimmt 1Kön 5,4 das Herrschaftsgebiet Salomos als zwischen Tifsach und Gaza gelegen.[104] Gegenüber 1Kön 5,1 stellt 1Kön 5,4 eine Präzisierung dar. Während V. 1 das Herrschaftsgebiet Salomos ethnographisch abgrenzt, liefert V. 4 mit den beiden Städten Tifsach und Gaza die beiden lokalen Fixpunkte im äußersten Norden und im äußersten Süden.

> Er (Salomo) herrschte über das ganze (Gebiet) jenseits des Euphrat von Tifsach bis Gaza, über alle Königreiche jenseits des Euphrat und er hatte Frieden von allen Seiten ringsum.
> (1Kön 5,4)

---

103 Der Wortlaut von 1Kön 5,1 ist verdorben. Wörtlich steht, dass die Grenzen zwischen dem *Fluss des Landes der Philister* und der Grenze zu Ägypten verliefen. Das wäre völlig unlogisch, da so der nördliche Bezugspunkt fehlen würde. Offensichtlich ist zwischen *Fluss* und *Land der Philister* der Ausdruck für *bis* (*ad*) ausgefallen.

104 Bei Tifsach handelt es sich um einen am Euphrat gelegenen Ort, der in griechisch-römischer Zeit unter der Bezeichnung Thapsacus belegt ist; vgl. I. BENZINGER, Die Bücher der Könige, 22. Dass die biblischen Autoren über die Topographie nicht immer bestens Bescheid wussten, belegt 2Kön 15,16. Hier wird Tifsach in die Nähe der Stadt Tirza verlagert: Benzinger notiert dazu: »Ein Tiphsach in Palästina giebt (sic!) es nicht.«; ebd., 157.

Die Formulierung *jenseits des Euphrat* ist hier unpassend. Gemeint sein kann nur das Gebiet diesseits des Euphrat, also das Gebiet westlich und südwestlich des Euphrat. Die Bezeichnung jenseits des Euphrat (*eber hanahar*) kann zur Bezeichnung des Gebietes östlich oder westlich des Euphrat dienen. Entscheidend ist die Perspektive des Erzählers. *Jenseits des Euphrat* meint immer das Gebiet auf der gegenüberliegenden Flussseite, in 1Kön 5,4 bezeichnet es dagegen das gesamte Land westlich des Euphrat aus der Perspektive Israels.[105] Gegenüber 2Sam 10,16–19 stellt 1Kön 5,4 wenigstens eine Präzisierung, wahrscheinlich sogar eine Reduzierung dar. 2Sam 10,16–19 berichtet, dass die Aramäerkönige unter Hadadezer nach einer ersten Niederlage erneut gegen David in den Krieg ziehen. David schlägt sie vernichtend. Diese Aramäer von *jenseits des Euphrat* schließen mit Israel Frieden und unterwerfen sich ihm. Demnach würde der Herrschaftsbereich Davids insofern auch die osteuphratenischen Gebiete umfassen, als sich die dort ansässigen Aramäer als Vasallen in die Abhängigkeit von David bege-

---

105 Das westliche Euphratgebiet ist an den Stellen in den Blick genommen, an denen die Perspektive vom Zweistromland in Richtung Syrien bzw. Israel verläuft. Aus der Sicht der Angehörigen des persischen Hofes bezeichnet *jenseits des Euphrat* die westeuphratenischen Gebiete; vgl. Esr 8,36; Neh 2,7.9; 3,7. Dagegen bezeichnet Jos 24,2 mit *jenseits des Euphrat* das osteuphratenische Gebiet. Im ersten Fall ist der Standort des Sprechers das Zweistromland. Mit *jenseits des Euphrat* wird das Gebiet westlich des Flusses, also Syrien und Israel, bezeichnet. Im zweiten Fall befindet sich der Sprecher im Land Israel. *Jenseits des Euphrat* bezieht sich hierbei auf das Zweistromland. In 1Kön 5,4 liegt mit dem Ausdruck *jenseits des Euphrat* (*eber hanahar*) ein Terminus technicus der Perserzeit zur Bezeichnung der westlich des Euphrat gelegenen Gebiete vor; M. NOTH, Könige, 76, und S. WÄLCHLI, König Salomo, 86.

ben hätten. Demgegenüber rechnet 1Kön 5,4 alle Königreiche *diesseits des Euphrat* zum Herrschaftsbereich Salomos.

In 1Kön 5,1.4 f. wird das zur Wirklichkeit, was in anderen Texten der Hebräischen Bibel Israel versprochen worden ist: die Herrschaft vom Euphrat bis zur ägyptischen Grenze. Die geographischen Beschreibungen der Grenzen des Herrschaftsbereichs Salomos sind dabei in sich nicht einheitlich. Hier werden verschiedene Konzepte nebeneinander gelegt:[106]

Deinen Nachkommen gebe ich dieses Land vom Bach Ägyptens bis zum großen Strom, dem Euphrat.
(Gen 15,18)

Wendet euch und zieht, dass ihr zu den Bergen der Amoriter kommt und zu allen ihren Nachbarn im Gebirge und in der Ebene, im Süden und am Ufer des Meers, in das Land Kanaan und in den Libanon und bis zum großen Strom, dem Strom Euphrat.
(Dtn 1,7)

Jeder Ort, auf den ihr euren Fuß setzt, soll euer sein, von der Wüste und dem Libanon bis zum Strom, dem Euphrat, bis ans äußerste Meer, das soll euer Gebiet sein.
(Dtn 11,24)

Jeden Ort, auf den ihr euren Fuß setzen werdet, will ich euch geben, wie ich es Mose gesagt habe: von der Wüste und diesem Libanon bis zum großen Strom, dem Strom Euphrat, das ganze Land der Hetiter bis zum großen Meer in Richtung Sonnenaufgang, das soll euer Gebiet sein.
(Jos 1,3 f.)

Dtn 1,7; 11,24 und Jos 1,3 f. rechnen den Libanon dem künftigen Herrschaftsgebiet Israels zu, Gen 15,18 dagegen nicht. Gen 15,18 und 1Kön 5,1.4 f. sind einzig an der Nord-Südachse des Herrschaftsgebietes Israels interessiert, während Dtn 1,7; 11,24 und Jos 1,3 f. die Ost-

---

106   Anders I. Benzinger, Die Bücher der Könige, 22, der V. 4 f. als Dublette zu V. 1 betrachtet.

West-Ausdehnung des nördlichen Teils des Territoriums Israels in den Blick nehmen.

1.10. Holzimporte (1Kön 5,15–32; 9,10–14)

1Kön 5,15–26 berichtet von einem Agreement unter Gentlemen zwischen Salomo und Hiram: Der König von Jerusalem plant, seinem Gott einen Tempel zu bauen. Dafür braucht er bestes Zedernholz. Geliefert bekommt er das von dem Tyrerkönig Hiram.[107] Salomo schlägt zunächst vor, dass er seine Arbeitstrupps in den Libanon schickt, die dort die Zedern schlagen sollen. Für die Spezialarbeiten sollen die Phönizier selbst Sorge tragen.

So befiehl nun, dass man für mich Zedern vom Libanon fälle. Meine Leute sollen mit deinen Leuten sein. Den Lohn für deine Leute werde ich dir geben entsprechend allem, was du sagen wirst. Denn du weißt, dass kein Mann es so wie die Sidonier vermag, Bäume zu fällen.
(1Kön 5,20)

Hiram reagiert erfreut. Allerdings möchte er die Sache dann doch an einer entscheidenden Stelle modifiziert wissen: Nicht Salomo, sondern er selbst wird die Arbeiter schicken. Dafür verlangt er eine ordentliche Entlohnung.

Meine Leute werden die Hölzer vom Libanon zum Meer hinab transportieren. *Ich* werde sie auf dem Meer zu Flößen zusammenlegen lassen und zu dem Ort, den du mir mitteilen wirst, (bringen). Dort will *ich* sie wieder auseinander nehmen und du

---

107   G. DALMAN, Arbeit und Sitte in Palästina. Bd. 1, 80–82, notiert, dass sich aus seiner Sicht der Reisende im Ostjordanland von den »Waldlandschaften« und den »Schatten ihrer Eichen« (ebd., 80) an Thüringen erinnert fühlte. Andererseits waren seinerzeit die Zedernbestände des Libanon bereits auf kleine Reste zusammengeschrumpft.

kannst sie abtransportieren. *Du* aber sollst meinen Wunsch erfüllen und Speise für mein Haus geben.
(1Kön 5,23)

Salomo bekommt von Hiram das Holz geliefert. Im Gegensatz dazu liefert er an Hiram 20 000 Kor Weizen und 20 Kor allerbestes Olivenöl (1Kön 5,25).[108] Wie viel die gelieferte Menge an Wert ausmacht, lässt sich nur annähernd annehmen. Einen Hinweis auf die Getreideerträge in Israel lässt sich nur auf der Grundlage rabbinischer Angaben und ihrer mittelalterlichen Kommentierung erheben. *Raschi* gibt eine Saatmenge von ca. 240 Litern für ca. 1000 qm an,[109] die nach einer anderen Quelle einen Ertrag von ca. 1200 Litern, das entspricht ca. 9,6 Dezitonnen, Korn erbrachte.[110] Für die jährliche Gesamtmenge von 20 000 Kor Weizen[111] wäre nach talmudischen Verhältnissen eine Fläche von ca. 6500 Hektar Anbaufläche notwendig gewesen. Das mag für das antike Israel zu leisten gewesen sein, allerdings wäre ein erheblicher Anteil der Ernte im Gegen-

---

108 Bei diesem Produkt handelt es sich um Olivenöl, das nicht aus gemahlenen, sondern aus zerstoßenen vollreifen Oliven gewonnen wird. Das aus der gewonnenen Subtanz von selbst austretende Öl weist die höchste Qualität auf. Öl einer zweiten Qualität entsteht, wenn anschließend weiteres Öl mittels mechanischem Druck aus der Substanz herausgepresst wird; vgl. G. DALMAN, Arbeit und Sitte in Palästina. Bd. IV, 235 ff.

109 Vgl. RASCHI, Kommentar zu Baba Meziah 105b.

110 Vgl. H. STRACK/P. BILLERBECK, Das Evangelium nach Matthäus, 657. Zum Vergleich: Die Erträge pro Hektar liegen in Sachsen im Durchschnitt bei ca. 60 Dezitonnen.

111 Legt man einen Mittelwert von 400 Liter pro Kor zu Grunde, hätten sich die jährlichen Exporte nach Tyrus auf acht Millionen Liter Weizen und 8000 Liter Olivenöl belaufen; vgl. C. A. DREHER, Das tributäre Königtum in Israel unter Salomo, EvTh 51 (1991), 49–60, 54.

zug für das Zedernholz des Tempels jährlich nach Tyrus abzuführen gewesen.[112]

Während 2Kön 5,16 ff. nach dem Prinzip verfährt, dass gute Ware ihren Preis hat, und über Hiram nichts Nachteiliges zu berichten weiß, lässt die Wiederkehr des Tyrers in 1Kön 9,11 f., die wiederum dem dichotomen Kompositionsprinzip geschuldet ist, ihn in einem ganz anderen Licht erscheinen. 1Kön 9,10 notiert, dass der Bau des Tempels nach genau 20 Jahren abgeschlossen war. Unmittelbar auf diese Feststellung folgt die Nachricht, dass Salomo für all die Zedern, Zypressen und das Gold 20 Städte aus dem Land des Galil an Hiram abgetreten habe. Hier ist nicht mehr die Rede von den üppigen Lebensmittellieferungen, die Salomo als Gegenleistung für das Holz nach Tyrus geschickt haben soll. 20 Städte sind ein recht königliches Geschenk. Damit geht ein Teil des Landes an eine fremde Macht über. Das ist keine Entscheidung, die Salomo sonderlich schmeichelt. Ganz und gar befremdlich ist die Reaktion des Tyrerkönigs selbst.

Hiram zog von Tyrus aus, um die Städte zu besehen, die Salomo ihm gegeben hatte. Sie missfielen ihm. Er sprach: Was sind das für Städte, die du mir gegeben hast, mein Bruder? Man nennt sie Land Kabul bis auf den heutigen Tag.
(1Kön 9,12 f.)

Die Bezeichnung der abgetretenen Gebiete als *Land Kabul* verweist zunächst auf die in Jos 19,37 genannte Grenzstadt des Stammes Ascher. In der Städteliste Salomos in 1Kön 4,7–19 findet Kabul jedoch keine Erwähnung. *H. Donner*[113] erklärt das Fehlen Kabuls damit, dass das betreffende Territorium zu einem relativ frü-

---

112 Hinzu kommt bei dieser Spekulation noch die Frage, wie die ca. 6000 Tonnen Getreide nach Tyrus hätten transportiert werden können.
113 Vgl. H. DONNER, The Interdependence, 205–214, 208.

hen Zeitpunkt der Herrschaftszeit Salomos an die Phönizier abgetreten worden ist. Allerdings kann eine
Landschaft, in der 20 Städte angesiedelt sind, nicht einfach in Vergessenheit geraten sein. Zudem setzt 1Kön
9,13 voraus, dass das Gebiet erst seit der Abtretung
Land Kabul genannt wird. Es handelt sich somit um
kein festgefügtes und historisches Toponym. Meines
Erachtens kann *Kabul* mit Byblos in Beziehung gebracht werden. Die gemeinsemitische Bezeichnung von
Byblos als *Gebal* (vgl. Ez 27,9; Ps 83,8) führt hier zunächst
nicht weiter. Allerdings kommt die ägyptische Bezeichnung der Stadt mit kbn der Benennung Kabul recht nahe. Die noch zu erörternden Analogien zur ägyptischen
Wenamunerzählung[114] können die Vermutung unter-
mauern, dass mit Land Kabul auf Byblos angespielt
ist.[115] Der Ausdruck dürfte sich nicht allein auf die Stadt
beziehen, sondern ist als Synonym für Phönizien zu verstehen. Unter dieser Voraussetzung erfolgt in 1Kön 9,13
eine Umbenennung des von Salomo an Hiram abgetretenen Landes in *Land Byblos* bzw. *Land Phöniziens*.

Deutet die Notiz in 1Kön 9,12 f. an, dass das Tempelbauprojekt Salomo über den Kopf gewachsen ist? Ist er
dem geschäftstüchtigen Tyrer auf Gedeih und Verderb
ausgeliefert? Mischt der Erzähler den bitteren Bei-
geschmack unter, dass Salomos glanzvolle Bautätigkeit
doch nicht so segensreich gewesen ist, wie es zunächst
scheinen könnte?[116] Der Tempelbaubericht selbst ist

---

114 Vgl. bes. S. 180.

115 Byblos stellt sich in ägyptischer Perspektive als Synonym
für die Herkunft des Zedernholzes des Libanon dar; vgl.
A. Nibbi, Ancient Byblos Reconsidered, 60 f.

116 H. Donner, The Interdependence, 205–214, betrachtet
1Kön 9,11b–13 unter einem rein historischen Blickwinkel.
Das Erzählte verweise auf eine strukturelle Abhängigkeit
Israels unter Salomo von Tyrus. Damit habe sich unter Sa-

mit einer zweiten Besonderheit versehen. Hiram begegnet nicht nur als Holzlieferant und Geschäftsmann. Unter dem selben Namen taucht noch ein weiterer Hiram auf, nämlich Hiram der Handwerker.

Salomo schickte aus und ließ Hiram von Tyrus holen. (1Kön 7,13)

Eben dieser Tyrer Hiram fertigt für Salomo die berühmten Säulen Jachin und Boaz, ebenso das eherne Meer samt den zwölf kostbaren Metallrindern als Füße und das weitere Tempelutensil. Handelt es sich um eine zufällige Namensdoppelung? Das wird man kaum annehmen können, zumal beide Hirams mit dem Tempelbauprojekt in einem unmittelbaren Zusammenhang stehen. Der eine liefert das Zedern- und das Zypressenholz, der andere steuert dem Vorhaben seine handwerklichen und metallurgischen Kenntnisse bei. Der Verdacht drängt sich auf, dass es sich beim besagten Hiram um eine Stereotype handelt, nach der Tyrer bevorzugt als Hiram bezeichnet werden.

Bemerkenswert ist, dass die Verschränkung der Themen Ausländer, Bautätigkeit Salomos und sein kultisches Verhalten nicht nur auf die Gestalt des Tyrers Hiram beschränkt bleibt. Solch eine Verschränkung der Themen *auswärtige Beziehungen, Bautätigkeit* und *kultische Frage* liegt auch in der Darstellung der ägyptischen Königstochter und Gemahlin Salomos vor. Wiederum werden Glanz und Elend der Ära Salomos an einer Person deutlich. Sie ist die nächste Person in

---

lomo das Verhältnis Israels zu den Phöniziern erheblich verschlechtert. Resümierend unterstreicht Donner, ebd., 214, die Differenzen zwischen der Zeit Davids und der Zeit Salomos: »David and the Phoenician coast? A peaceful, independent coexistence. Solomon and the Phoenician coast? Relations, trade, and dependence.«

der Runde derer, die dichotom um das Tempelweihgebet platziert werden. Die erste Erwähnung der Pharaonentochter erfolgt positiv und zum Ruhme Salomos.

Salomo verschwägerte sich mit dem Pharao, dem König von
Ägypten. Er nahm die Tochter des Pharaos (zur Frau), brachte
sie in die Stadt Davids bis er gebaut hatte sein Haus, das Haus
JHWHs und die Jerusalemer Umfassungsmauer.
(1Kön 3,1)

Es ist an sich schon bemerkenswert, dass der erste Satz
der Geschichte von Salomos Herrschaft mit einer Notiz
über seine Heiratspolitik beginnt. Ohne Zweifel handelt es sich um eine Notiz, die erstens positiv über Salomos außenpolitische Erfolge und die zweitens positiv über Ägypten als mächtiges – aber unter Salomo
nunmehr ebenbürtiges – Nachbarland redet. Am Ende
der Salomogeschichten taucht die Pharaonentochter
wieder auf, diesmal allerdings in einer unrühmlichen
Funktion.

Der König Salomo liebte viele fremde Frauen, insbesondere die
Tochter des Pharaos sowie moabitische, ammonitische, edomi-
tische, sidonitische und hetitische (Frauen).
...
Er hatte siebenhundert Hauptfrauen und dreihundert Nebenfrauen und sie verleiteten sein Herz. Denn es war zur Zeit, als
er alt geworden war, da verleiteten seine Frauen sein Herz zu
den anderen Göttern und sein Herz war nicht mehr völlig mit
JHWH, seinem Gott, wie es das Herz Davids, seines Vaters war.
(1Kön 11,1–4).

Die Pharaonentochter führt nicht nur den Reigen der
fremden Frauen in V. 1 an, sie ist auch die einzige Ver-
treterin einer fremden Nation, die im Singular erscheint. Insofern kommt ihr eine zugleich herausragen-
de und repräsentative Funktion darin zu, das Herz des
alten Salomo seinem Gott JHWH abspenstig gemacht
zu haben. Mit der Pharaonentochter legt sich eine

Klammer um die gesamte Darstellung der Herrschaft Salomos. Sie begegnet am Anfang – allein zum Ruhm des Königs Israels. Ein zweites Mal begegnet sie am Ende. Diesmal ist wieder ein Wermutstropfen beigemischt, wie er auch schon beim zweiten Auftauchen des tyrischen Königs Hiram zu finden war: Was am Anfang von der außenpolitischen Macht Salomos zeugen sollte, ist am Ende zu seinem religiösen Stolperstein geworden.

Damit ist die Erzählstrategie, die mit der Funktionalisierung der Pharaonentochter verbunden ist, noch nicht völlig aufgedeckt. Bereits 1Kön 3,1 hat mit der Baunotiz die Weichen in eine zunächst merkwürdige Richtung gestellt. Salomo bringt die Pharaonentochter in die Davidsstadt, solange er seine Bauprojekte noch nicht vollendet hat. Verfolgt man den Erzählfaden weiter, wird deutlich, welche Funktion die Baunotiz an dieser Stelle hat. Die Pharaonentochter begegnet – ebenso wie Hiram – auf dem Höhepunkt und dem Ziel der Bautätigkeit Salomos. Abgesehen vom Palastbau notiert 1Kön 7,8, dass Salomo der Pharaonentochter ein Haus baute. Vor dem Hintergrund der Notiz in 1Kön 3,1, nach der die Pharaonentochter vorerst in der Davidsstadt einquartiert wird, bis Salomo seine Bauprojekte abgeschlossen hat, erscheint der Bau für die Ägypterin als eine überfällige Maßnahme. Der Einzug der Pharaonentochter in ihr neues Domizil wird in einem Atemzug mit der Vollendung des Tempelbauprojekts genannt.

Doch die Tochter des Pharaos zog herauf von der Stadt Davids in ihr Haus, das er ihr gebaut hatte. Damals baute er auch den Millo. Salomo opferte dreimal im Jahr Brandopfer und Dankopfer auf dem Altar, den er JHWH gebaut hatte. Auf ihm räucherte er vor JHWH, so wurde das Haus vollendet.
(1Kön 9,24 f.)

Hier scheint der Erzähler kein Blatt vor den Mund genommen zu haben. In der Formulierung *Aber die Tochter des Pharaos zog herauf von der Stadt Davids* macht er mit der Verwendung der Partikel *aber (ach)* seinem Ärger über den Vorgang Luft. Innerhalb der Salomogeschichten begegnet die Partikel *aber (ach)* nur noch zweimal in einer jeweils ausgesprochen restriktiven Funktion.[117] Abgesehen davon, dass mit dem zweifachen Gebrauch des Verbs *heraufziehen (alah)*, das sich einmal auf den Einzug der Pharaonentochter in ihr neues Zuhause und einmal auf die Opferhandlungen Salomos bezieht, wodurch eine auffällige Parallelisierung beider Vorgänge inszeniert wird, ist es erstaunlich, dass das Haus für die Ägypterin von Salomo noch vor dem Bau des Tempels beendet wird.

An welchem Strang ziehen die drei Ausländer Hiram von Tyrus, die Ägypterin und die Königin von Saba? Zuallererst und vordergründig unterstreichen sie den Glanz, den Reichtum und die Weisheit Salomos. Auf den zweiten Blick sollten sich dem Leser aber wohl skeptische Gedanken aufdrängen.[118] Die unselige Ver-

---

117 Die Partikel *ach* steht in 1Kön 11,12.39 im Zusammenhang mit der Ankündigung, JHWH werde den Daviden die Herrschaft über ganz Israel wegnehmen. An beiden Stellen schränkt *ach* die Gerichtsankündigung insofern ein, als sie erst den Sohn Salomos treffen wird bzw. dass die Daviden nicht auf ewig unter der Strafe zu leiden haben.

118 Es hat nicht an Versuchen gefehlt, das Verhältnis Salomos zu Hiram als Vasallenschaftsverhältnis (dabei Salomo als Vasallen Hirams) zu interpretieren. So deutet J. K. KUAN, Third Kingdoms 5.1, 34, in der Weise, dass Salomo von Hiram zum König gesalbt worden ist. Dazu muss Kuan den Text von 1Kön 5,15 ändern. An Stelle der masoretischen Lesung, nach der Hiram zu Salomo schickt, *nachdem* er von dessen Salbung gehört hat, avanciert in dem von KUAN korrigierte Text Hiram zum Königsmacher Salomos. *Hiram, der König von Tyrus sandte seine Knechte, um Salomo (zum König) zu salben.*

quickung von Glanz und Reichtum Salomos mit seinen ausländischen Beziehungen und Kontakten führt am Ende in die religiöse und somit in die politische Katastrophe. Dass der Erzähler dabei nicht nur auf das Mittel der Komposition setzt, lässt sich an seinem Portrait des Tyrers Hiram zeigen. Zudem sei daran erinnert, dass das Stichwort *fremde Frau*, das sich bei der Königin von Saba und bei der Pharaonentochter beim Leser zwangsläufig hat einstellen müssen, in einigen Teilen der Hebräischen Bibel negativ konnotiert ist.

Was *könnte* der historische Leser assoziiert haben, als ihm erstmalig die Gestalt Hirams begegnet ist? Zunächst sei auf die Eckdaten der Beziehung zwischen Salomo und Hiram verwiesen. Das Handlungsgerüst der Episode lässt sich folgendermaßen skizzieren: Salomo entsendet Boten zu Hiram mit der Bitte, ihm Zedernholz für sein Tempelbauprojekt zu liefern. Salomo werde Hilfsarbeiter entsenden und für den Lohn der phönizischen Holzfäller aufkommen. Hiram freut sich über die Nachricht aus Jerusalem. Allerdings modifiziert er die Vertragsbedingungen auf einschneidende Weise. Mit emphatischer Voranstellung der Subjekte stellt er klar: *Meine Leute* und *ich* werden die Bäume fällen und transportieren und *du* – wiederum mit Emphase des Subjekts – du wirst meinen Wusch erfüllen und Brot für mein Haus geben. Salomo geht auf den Handel ein – mit Folgen, die wir noch sehen werden. Er liefert Hiram 8000 Hektoliter Getreide. Die Bäume werden von Hirams Leuten gefällt, von den Höhenzügen ans Meer transportiert, dort zu Flößen gebunden, über das Meer transportiert und an einem vereinbarten Punkt an Salomo übergeben. Für ein nicht allzu großes Bauwerk, das aus Stein gebaut wird, wobei das Zedernholz zur Verkleidung der Wände und für die Dachkonstruktion gebraucht wird, sind 8000 Hektoliter Getreide ein mehr als stolzer Preis. Eine gewisse Dissonanz zwischen Salomo und Hiram deutet sich an. Salomo will recht wenig zahlen – nämlich nur die Arbeitskosten. Hiram nennt ihn weise, nachdem er das Angebot gehört hat – und kassiert kräftig bei ihm ab.

1Kön 5,15–25 wird gern als eine Erzählung gesehen, die in eine fiktive Form gegossen ist, der aber das Faktum einer Handelsbeziehung bzw. deren aktenmäßige Protokollierung zu Grunde liegt. Nun lässt sich ein solches Phänomen auch in Ägypten beobachten. Um der Frage nachzugehen, welche Form von Literatur wir hier vor uns haben, soll der Reisebericht des Wenamun mit 1Kön 5,15–25; 9,11 f. verglichen werden. Die Erzählung des Wenamun spielt in der 21. Dynastie unter dem Priesterkönig Herihor, datiert aber paläographisch in die 22. oder in die 21. Dynastie.[119] Sie spielt somit in der Zeit kurz vor oder während Salomo, aufgeschrieben wurde sie ca. 200 Jahre später. An dieser Stelle können nur die Passagen der Wenamunerzählung berücksichtigt werden, die Analogien zur Darstellung in 1Kön 5,15–25; 9,11–13 aufweisen.

Wenamun, der Held der Erzählung, wird nach Byblos geschickt, um Zedernholz für den Bau der Barke des Gottes Amun zu kaufen. Unterwegs wird er bestohlen und gedemütigt. Ohne Empfehlungsschreiben und Geld erreicht er Byblos und wird vom dortigen Fürsten mit Namen Tjekkerbaal nach einigem Hin und Her schließlich empfangen.

Darüber ungehalten, dass Wenamun mittellos bei ihm wegen des Holzes vorspricht, erklärt der Fürst, dass seine Väter sehr wohl mit Wenamuns Vätern ge-

---

119 Als Datierungsvorschlag in die 22. Dynastie vgl. W. Helck, Art. Wenamun, 1216. Für die 21. Dynastie hat sich dagegen G. Moers, Fingierte Welten, 263, ausgesprochen.

handelt haben, nur haben diese ordentlich gezahlt. Auch Wenamuns Argument, er würde doch Amun einen Gefallen tun, wenn er das Holz für Gotteslohn ausliefern würde, fruchtet nicht: Tjekkerbaal besteht auf Bezahlung. Notgedrungen lässt Wenamun nach Ägypten melden, dass er ohne Zahlungsmittel nichts bekommen werde. Wenamun versucht es auf zwei Wegen: Sein erster Vorschlag, Tjekkerbaal solle das Holz umsonst liefern, wird abgewiesen. Dagegen wird der spätere Vorschlag, Tjekkerbaal solle die Arbeits- und Transportkosten übernehmen bzw. den Schiffstransport des Holzes verantworten, offensichtlich akzeptiert. Irgendwann kommen die Zahlungsmittel an, ein Umstand, über den sich der Fürst verständlicherweise freut. Beide Seiten geben sich beharrlich dem Feilschen hin.[120]

Tjekkerbaal beordert 300 Arbeiter in den Libanon. Sie fällen die Bäume und transportieren sie zum Strand. Am Strand werden die Bäume Wenamun übergeben, der sie entweder als Flöße oder als Schiffsladung nach Ägypten bringen soll. Allerdings lässt sich Tjekkerbaal erst dann zum Holzschlagen bewegen, nachdem er auf einer Bezahlung bestanden hat und nachdem die auch tatsächlich eingetroffen ist. Am Ende zeigt sich der Fürst über das, was er bekommen hat, unzufrieden. Trotz der nicht geringen Menge an Edelmetallen und Naturalien, die inzwischen aus Ägypten eingetroffen ist, hält er das Entgelt für sein Holz für zu gering.

Die ironische Behandlung des hilflos wirkenden Wenamun, der für seinen Gott betteln muss und nichts

---

120 Die in der Wenamunerzählung geschilderte Situation vergleicht H. GOEDICKE, The Report of Wenamun, 80 mit »a realistic, businesslike fashion«.

fordern kann, zieht sich als roter Faden durch die Reden Tjekkerbaals. Bei aller geschäftlichen Umtriebigkeit und selbstgefälligen Überheblichkeit gibt sich der Fürst dennoch mit Wenamun solidarisch und artikuliert ihm gegenüber positive Gefühle. Die folgende Übersicht fasst die Passagen zusammen, die für den Vergleich mit der Erzählung über Salomos Holzhandel relevant sind:

Der Inhalt der Wenamunerzählung (Auszug)
A. Wenamun wird nach Phönizien entsandt, um Zedern für die Barke des Amun zu holen (1,1 f.)
B. Wenamun kommt zu Tjekkerbaal, dem Fürsten von Byblos:
– »Ich bin gekommen wegen des Holzes für die große und edle Barke des Amun.« (2,3 f.)
C. Vorschläge Wenamuns:
– erster Vorschlag: Tjekkerbaal liefert die Zedern umsonst. »Begehre nicht das Eigentum Amuns« (2,33 f.).
– zweiter Vorschlag: Tjekkerbaal übernimmt die Arbeits- und Transportkosten. (2,55–57)
D. Freude Tjekkerbaals:
– (Nach Eingang der Bezahlung): Der Fürst freute sich. (2,42)
E. Abweisung des ersten Vorschlags:
– Bisher haben die Ägypter immer gezahlt. »Meine Leute haben das Geschäft erst gemacht, nachdem der Pharao, er lebe, sei heil und gesund, sechs Schiffe mit ägyptischer Ware geschickt hatte. Diese wurde in die Magazine gebracht.« (2,6 f.)
– Tjekkerbaal betont, dass er kein Vasall Ägyptens sei. »Ich bin nicht dein Diener und nicht der Diener deines Auftraggebers.« (2,12 f.)
F. Tjekkerbaal allein verfügt über das Holz des Libanon:
– »Ich schreie zum Libanon, der Himmel geht auf und schon liegt das Holz am Strand.« (2,14)[121]

---

121 S. M. MORSCHAUSER, »Crying to the Lebanon«, 317–330, deutet das Schreien zum Libanon als eine Anrufung der lokalen Götter als Vertragszeugen. Tatsächlich ist Tjekkerbaal nicht bereit, die politische Oberhoheit des ägyptischen Staates oder die Dominanz des ägyptischen Gottes Amun anzuerkennen. Im Gegensatz dazu lässt der Erzäh-

G. Durchführung der Arbeiten:
- Aufstellung von 300 Arbeitern
- Einsetzen von Aufsehern
- Fällen der Bäume und Transport zum Meer
- Zusammenbinden der Flöße
- Übergabe am Strand

H. Detaillierte Auflistung der Bezahlung:
- Gold, Silber und Lebensmittel

I. Unzufriedenheit Tjekkerbaals über den erzielten Gewinn:
- »Du hast mir nicht das gegeben, was deine Väter mir gegeben haben.« (2,48)

J. Ironie (mehrfach in der Rede des Fürsten an Wenamun):
- In Opposition dazu steht die Anteilnahme des Fürsten am Schicksal Wenamuns und seine großzügige Hilfe.

Zwischen der Wenamunerzählung und 1Kön 5,15–25; 9,11b–13 bestehen Unterschiede. Dennoch zeigt die fol-

---

ler Hiram in 1Kön 5,21 eine Doxologie auf JHWH anstimmen, der David einen so weisen Sohn und Nachfolger geschenkt habe. Bei näherer Betrachtung erweisen sich V. 21b und die nochmalige Erwähnung Hirams in V. 22 allerdings als sekundär. Hiram wird in V. 22 noch einmal explizit als Subjekt eingeführt. Nach der Erwähnung Hirams in V. 21 wirkt die zweite Erwähnung überladen. Zudem passt das Lob JHWHs und der Weisheit Salomos nicht so recht in den Mund Hirams, der sich alsbald als hartnäckiger und profitorientierter Holzhändler erweisen wird. S. WÄLCHLI, Der weise König Salomo, 76, weist V. 21 ebenso wie V. 17–19 einer Überarbeitung durch den so genannten deuteronomistischen Historiker zu. Ohne V. 17–19 erfährt der Leser ebenso wenig wie Hiram, wofür Salomo das Libanonholz braucht. Auch wenn V. 17–19 etwas langatmig wirkt, enthält der Passus doch die unverzichtbare Information, dass Salomo den Bau des Tempels in Angriff genommen hat. Zudem spricht nichts für einen sekundären Charakter von 1Kön 5,21a. Die Freude Hirams gilt dem zu erwartenden guten Geschäft, erst die Einschaltung von V. 21b macht daraus eine Freude über die Weisheit Salomos. Als ursprünglicher Wortlaut dürfte daher anzunehmen sein: »Als Hiram die Worte Salomos hörte, freute er sich sehr, sandte zu Salomo und ließ ihm sagen: ...«.

gende Übersicht, dass der Holzhandel Salomos und Wenamuns einen analogen Motivgebrauch aufweist.

Der Inhalt von 1Kön 5,15–25; 9,11 f.

A. Entsenden von Boten:
– Salomo schickte zu Hiram.
B. Bitte um die Lieferung von Zedernholz:
– »Und nun befiehl, dass man für mich Zedern fälle.«
C. Vorschlag Salomos, nur die Arbeitskosten zu bezahlen:
– »Meine Leute seien mit deinen Leuten.«
D. Freude Hirams:
– »Er freute sich sehr.«
E. Abweisung des Vorschlags durch Hiram:
– »Meine Leute bringen die Hölzer hinab«.
– »Ich binde sie auf dem Meer zu Flößen.«
F. Durchführung der Arbeiten:
– Aufstellung von 30 000 Arbeitern und Einsetzung von Aufsehern, Fällen der Bäume, Transport zum Meer, Zusammenbau von Flößen, Übergabe am Strand
G. Forderung: Bezahlung in Form von Naturalien:
– »Du handelst nach meinem Wunsch und gibst Brot für mein Haus.«
H. Bezahlung:
– Acht Millionen Liter Weizen und 8000 Liter bestes Öl (1Kön 5,25); Abtretung von 20 galiläischen Städten (9,11).
   I. Unzufriedenheit Hirams:
– »Sie (die Städte) gefielen ihm nicht.«
J. Ironie Hirams:
– Abfällige Bemerkung über die erhaltenen Städte; in Opposition zur Profitorientierung steht die positive Darstellung des Verhältnisses zwischen Salomo und Hiram.

Die Synopse der in der Wenamunerzählung und in 1Kön 5,15–25; 9,11b–13 gebrauchten Motive und der Erzählfolge zeigt die Analogien zwischen beiden Texten.

1Kön 5,15–25; 9,11b–13	Wenamum (Pap. Moskau 130)
Form: fingierter Bericht über einen Verwaltungsakt	Form: fingierter Bericht über einen Verwaltungsakt
Tempelbauvorhaben	Bau der Amunbarke

Entsendung von Boten zu Hiram nach Tyrus	Entsendung Wenamuns nach Byblos
»Befiehl, dass man für mich fälle die Zedern vom Libanon.« (5,20)	»Ich bin gekommen wegen des Holzes für die große und edle Barke des Amun.« (2,3 f.)
Vorschlag: Bezahlung der Arbeiter durch Salomo	*erster Vorschlag*: keine Bezahlung (»Gotteslohn«)
Abweisung: Forderung nach Bezahlung des Holzes	*Abweisung*: Forderung nach Bezahlung des Holzes
Gegenvorschlag: Hiram übernimmt die Arbeits- und Transportkosten	*zweiter Vorschlag*: Tjekkerbaal übernimmt Arbeits- und Transportkosten
Zustimmung Salomos	*Zustimmung* Tjekkerbaals
Lieferung von Naturalien	Lieferung von Gold, Silber und Naturalien
Freude Hirams	Freude Tjekkerbaals
Bestellung von Arbeitern und Aufsehern	Bestellung von Arbeitern und Aufsehern
Benennung der Zahl der Arbeiter (30 000)	Benennung der Zahl der Arbeiter (300)
Fällen der Bäume Übergabe am Strand	Fällen der Bäume Übergabe am Strand
abschließende Unzufriedenheit Hirams (Habgier)	abschließende Unzufriedenheit Tjekkerbaals (Habgier)
Hiram trägt positive Züge; Solidarisierung mit Salomo: »mein Bruder«	Tjekkerbaal trägt positive Züge; Mitleid mit Wenamun; Großzügigkeit

Beide Erzählungen geben sich so, als wären sie die Niederschrift eines realen administrativen Vorgangs. Das sind sie in Wirklichkeit nicht. Hinter der Maske des Verwaltungsdokuments verbirgt sich eine Erzählung, in der ein fingiertes Handelsabkommen den Rahmen um das Thema der Fremde und um die Beziehung zu ihr spannt.

Der Anlass für die Reise bzw. die Kontaktaufnahme ist der Bedarf an Zedernholz für einen geplanten Kultbau. Die Herrscher Israels und Ägyptens entsenden Boten zum phönizischen Potentaten. Letzterer verfügt uneingeschränkt über das im Libanongebirge zu findende Zedernholz, weswegen die Boten beim Phönizier vorsprechen. Salomo schickt mit der Bitte »Fälle mir Zedern vom Libanon« zu Hiram, Wenamun erklärt den Grund seiner Reise mit dem ägyptischen Bedarf an Zedernholz.

Sowohl Salomo als auch Wenamun versuchen, den Preis kräftig zu drücken. Salomo will nur die Arbeitskosten bezahlen, Wenamun kann nicht einmal das. Der Phönizier zeigt sich in beiden Fällen hartnäckig und lehnt den Vorschlag dankend ab. Weder unentgeltlich noch gegen eine Entschädigung für seine Arbeitskosten werde er das Holz herausrücken. Er verlangt einen stolzen Preis für sein Holz.[122] Allerdings übernehmen Tjekkerbaal und Hiram dann doch die Verantwortung für das Fällen und den Transport des Holzes. Damit geht der Phönizier in beiden Erzählungen schließlich doch auf den Vorschlag der Holzkäufer ein. Das schmälert seinen Gewinn nur wenig, macht ihn aber auch sympathisch. Beide Erzählungen entfalten die Aura eines munteren Basartreibens. Jeder gibt ein bisschen nach und alle sind zufrieden. Bezahlt wird entweder in Naturalien oder in Naturalien und Edelmetallen.

---

122 Im Unterschied zur Wenamunerzählung bleibt der Phönizier in 1Kön 5,15–25; 9,11b–13 freundlich. Tjekkerbaal verfällt gegenüber Wenamun in einen aggressiven Tonfall; vgl. M. Green, Wenamun's Demand for Compensation, 116–120, 118.

In diesen Zusammenhang gehört die Freude des Phöniziers, die wohl dem zu erwartenden Gewinn und weniger der guten Nachbarschaft geschuldet ist. Tjekkerbaal bestellt 300 Arbeiter, in 1Kön 5,27 werden 30 000 Mann in den Wald geschickt. In beiden Geschichten wird die Vorgehensweise für erzählenswert gehalten: Die Bäume werden gefällt, ans Meer transportiert, geflößt und am Strand dem neuen Besitzer übergeben, der sie dann weitertransportieren muss.

Das Bild des phönizischen Herrschers und Holzauktionators ist in beiden Erzählungen ambivalent. Einerseits können Tjekkerbaal und Hiram nicht genug bekommen. Der eine steht, als der Handel perfekt ist, vor seinem Holzstapel und klagt nun doch, dass die Gegenleistung viel zu gering ausfällt. Der andere kassiert Weizen in einer Menge, dass sich jährlich gut 20 000 Menschen davon ernähren lassen. Und doch bleibt beiden phönizischen Herrschern Menschlichkeit erhalten. Hirams Beziehung zu Salomo ist freundschaftlich. Er mäkelt zwar an den 20 Städten herum und nennt Salomo dennoch seinen Bruder. Tjekkerbaal empfindet für Wenamun ehrliches Mitgefühl und zeigt sich ihm persönlich gegenüber großzügig und hilfsbereit. Er weint, als Wenamun am Ende in Gefahr gerät, er spendiert ihm großzügig Essen und eine ägyptische Sängerin zum Seelentrost.

Die Topographie beider Erzählungen ist vergleichbar. Ägypten und Israel sind Ausgangspunkt der Handlung, Phönizien ist ihr Ziel. Sie ringen beide auf der einen Seite um das Verhältnis von politischer Macht und Stärke und auf der anderen Seite um Einsicht in die Autonomie und Gleichrangigkeit der Fremde. Salomo kann sehr wohl sagen, dass JHWH ihm rundum alle Feinde unter seine Füße gelegt hat. Hiram bleibt zwar von den Feinden ausgenommen, dennoch ist er Salomo überlegen, weil er das Holzmonopol in seiner Hand hat. Während für den Erzähler von 1Kön 5,15–25 JHWH die universale politische Macht für den König bereitgestellt hat, verzichtet Wenamun auf jegliches politische Großmachtdenken.[123] Die Fremde ist nicht mehr der Ort unter der Herrschaft des ägyptischen Königs, die Fremde ist der Ort, den der Gott Amun zu besitzen glaubt. Die Fremde ist aber auch der Ort, an dem Amun zum Erweis seiner Immanenz Wunder wirkt.

Den Geschichten von den Holzeinkäufern Salomo und Wenamun liegt ein analoges Handlungsmuster zu Grunde. In beiden begegnet der phönizische Holzauktionator mit seiner Krämerseele, in beiden erscheint die Fremde als autonome Größe, zu der man sich nur auf der Ebene der Bilateralität ins Verhältnis setzen kann. Trotz seiner ökonomischen und politischen Stärke weiß der Repräsentant der Fremde von den Göttern JHWH und Amun. Der Gedanke einer Verehrung dieses Gottes durch den Fremden stellt sich nicht. Dennoch wird die Existenz und Relevanz des jeweiligen Gottes akzeptiert. Am Verhalten des ausländischen Mächtigen muss Wenamun erfahren, dass die Fremde eine selbstbewusste politische und ökonomische Größe darstellt, an die der Ägypter als schwa-

---

123 Wenamuns und Tjekkerbaals Meinung gehen in der Frage auseinander, wer der Besitzer des Libanon und seiner Bäume ist. Während Wenamun Amun bzw. Amun-Weser-Hat als Eigentümer deklariert, nimmt Tjekkerbaal für sich diesen Status in Anspruch. Wenamun bleibt während der Diskussion mit dem Phönizier zurückhaltend und höflich. Während seine Situation keine andere als eine unterwürfige Kommunikationsform zulässt, sieht sich Tjekkerbaal in der Lage, »anmaßend, berechnend und hinterlistig« zu antworten. Vgl. A. Loprieno, Topos und Mimesis, 66–71, Zitat 67.

cher Fremder allenfalls appellieren kann. Salomo empfindet sich dagegen einerseits auf dem Höhepunkt seiner Macht, andererseits erweist sich diese Macht vor der phönizischen Handelsmacht als erheblich eingeschränkt.

Der Ägyptologe *Erik Hornung* hat darauf aufmerksam gemacht, dass die Wenamunerzählung eine entscheidende Wende markiert. Ägyptens Herrschaft über Syrien und Palästina ist vorbei. Das Freiwerden von der ägyptischen Hegemonie habe die Nachbarvölker dazu angehalten, »ägyptische Formen und Ideen zu übernehmen«.[124] Die Haltung Tjekkerbaals gegenüber dem Repräsentanten Ägyptens markiert einen Paradigmenwechsel in der ägyptischen Literatur. Der ausländische Herrscher ist im Unterschied zu dem des klassischen Literaturwerks, der Sinuheerzählung, nicht mehr der gönnerhafte Freund des ägyptischen Reisenden, der allen Gefahren im Ausland trotzt.

Die Fremde begegnet in 1Kön 5,15–25; 9,11 f. in der Gestalt des tyrischen Königs Hiram. Einerseits besteht der Wunsch, die nie mehr wiedergewonnene Größe Israels in den allerschönsten Farben zu malen. Andererseits kann der weise König Salomo sich noch so anstrengen: Die Profitlust seines fremden Königskollegen kann er nicht befriedigen.

Der Erzähler von 1Kön 5,15–25; 9,11 f. hat wie alle Erzähler ein Erzählerbewusstsein. Allerdings handelt es sich dabei nicht um eine Erzählstrategie, die erklären will, wie es gewesen ist. Er ruft literarische Topoi ab: den unzufriedenen phönizischen Fürsten und Holzverkäufer, den zu allen Aufwendungen bereiten

---

124 E. HORNUNG, Sinuhe und Wenamun – zwei ägyptische Wanderer, in: DERS./F. GRAF (Hg.), Wanderungen, 55–65, 64.

Käufer, der Edelholz braucht, um seinem Gott zu dienen, und die Ironie im Munde des mächtigen Händlers, dem es bei aller Geschäftstüchtigkeit an menschlicher Solidarität nicht fehlt.[125]

Dennoch sind sich die Erzähler der Wenamunerzählung und der Salomogeschichten in einer Frage einig: Auf gerissene Händler kann der altorientalische Handelsreisende allerorten treffen. Der Fingerzeig der Erzählungen weist nach Phönizien: Dort sitzen die beflissenen Gierhälse und warten auf den, der für seinen Gott ein paar Edelhölzer kaufen möchte.[126]

---

125 C. J. EYRE, Irony in the Story of Wenamun, 251 f., hat darauf verwiesen, dass unabhängig von der (strittigen) Historizität Wenamuns die Erzählung politische Verhältnisse widerspiegelt, in deren Rahmen sich die Episode ereignet hätte, wäre sie historisch. Insofern sei die Erzählung politischer und historischer Natur, da sie die außenpolitischen Gegebenheiten Ägyptens während der 21. Dynastie reflektiere. Für das in 1Kön 5,15–25 und 9,11–13 Erzählte gilt dieses Urteil ebenso. In der Perspektive des Erzählers würden die außenpolitischen und ökonomischen Bedingungen Israels nur einen für Israel nachteiligen Handel zulassen.

126 Offen bleiben muss die Frage, ob im Fall der beiden Erzählungen von einem Transfer des Erzählstoffs von einer Kultur in die andere auszugehen ist. Anhaltspunkte für eine Rezeption der ägyptischen Literatur im syrisch-palästinischen Bereich lassen sich durchaus finden; vgl. W. HELCK, Die Beziehungen Ägyptens, 577. Anzumerken ist noch, dass Pollenfunde im südlichen Palästina auf größere Kiefern- und Eichenbestände und im Bereich der Sahara auf Zedernbestände hinweisen. Daraus hat A. NIBBI, Wenamun and Alashiya Reconsidered, 14 f. geschlossen, dass Wenamun sein Holz auch einfacher hätte bekommen können. Zumindest wäre die Handelsreise in den Libanon nicht notwendig gewesen.

1.11. Salomo, der Baumeister (1Kön 6 f.)

Die Bauprojekte begründen neben seiner Weisheit und seinem Reichtum den Ruhm Salomos. Der Bau des Jerusalemer Tempels und der des Königspalastes markieren architektonisch das Nebeneinander von Palast und Tempel, von Religion und Politik, das für etwas weniger als vier Jahrhunderte Bestand haben wird. Die Zerstörung des Tempels und des Königspalastes im Jahr 587 v. Chr. durch die Babylonier besiegelt das Ende des Jerusalemer Königtums und der staatlichen Unabhängigkeit Judas.[127] Über die Gestaltung der Bauten Salomos sind viele Überlegungen angestellt worden. Aus den nicht sehr zahlreichen Angaben zur architektonischen und statischen Gestaltung des Tempels sind eindrückliche Rekonstruktionen der Bauten Salomos herausgearbeitet worden.

1Kön 6 f. ist kein Baubericht im eigentlichen Sinn. Auch dieser Abschnitt verfolgt eine Tendenz. Nicht zufällig wird hier der Bau von Tempel und Palast parallel geschildert, nicht zufällig spielt die ägyptische Prinzessin auch bei den Baumaßnahmen Salomos eine Rolle. Es sind zwei Großbauprojekte, die dem König Salomo zugeschrieben werden. Der Bau des Tempels und die königlichen Palastbauten. Letztere umfassen das Libanonwaldhaus, die Säulenhalle, die Thronhalle, die Wohngebäude und den Palast für die ägyptische Prin-

---

127 Die Angaben über das Ausmaß der Zerstörung sind nicht eindeutig. Jer 39,9 notiert, dass die Babylonier den Königspalast und die Häuser des Volkes verbrannten. Vom Tempel wird hier nichts gesagt. Demgegenüber werden in 1Kön 25,9 der Tempel, der Königspalast und die Häuser der Jerusalemer angeführt. Das Esrabuch lässt keinen Zweifel daran, dass der Tempel zerstört wurde und durch die Heimkehrer wieder aufgebaut worden ist.

Abb. 4: Der Tempel Salomos nach der Rekonstruktion
von *A. Th. Busink*

zessin.[128] Nach einer insgesamt fast elfjährigen Bautätigkeit wird der Tempel fertiggestellt (1Kön 6,37 f.).
Vier Jahre haben die Fundamentierungsarbeiten gedauert, sieben Jahre der eigentliche Bau des Tempels.
Der Bau des Königspalastes dauerte dagegen 13 Jahre
(2Kön 7,1).

Eine ganz andere Rechnung macht 1Kön 9,10 auf:
Insgesamt 20 Jahre lang will Salomo an Palast und
Tempel gebaut haben. Nach dieser Rechnung hat Salomo gleich zu Beginn seiner Regierung mit den Baumaßnahmen begonnen und genau die Hälfte seiner Regierungszeit mit ihnen zugebracht. Möglicherweise
liegt hier eine Addition der sieben und der 13 Jahre
aus 1Kön 6,38; 7,1 vor. In diesem Fall sollten die Zeit-
angaben von 1Kön 6,37 f.; 7,1 korrigiert werden. Einerseits würden so die drei Jahre der Fundamentierungs-

---

128   Vgl. V. Fritz, Das erste Buch der Könige, 75.

arbeiten ignoriert, andererseits kann 1Kön 7,1 nicht so verstanden werden, dass Salomo erst nach dem Abschluss des Tempelbauprojekts mit den Arbeiten für den Palast begonnen habe.

1Kön 9,10 nimmt gegenüber 1Kön 6,37 f.; 7,1 eine Korrektur vor. Indem die Gesamtbauzeit Salomos mit 20 Jahren beziffert wird, werden die unterschiedlichen Bauzeiten für Tempel und Palast nivelliert. Einerseits könnte dahinter der Versuch stehen, die 40 Herrschaftsjahre Salomos in eine gute erste Hälfte und in eine negative zweite Hälfte zu teilen.[129] Wahrscheinlicher ist jedoch, dass dem Redaktor, der 1Kön 9,10.11a an dieser Stelle eingefügt hat, die längere Bauzeit für den Palast und der damit verbundene, gegenüber dem Tempelbau größere Aufwand ein Dorn im Auge waren. Zwar ließe sich sagen, dass Salomo zu allererst den Tempel fertiggestellt habe. Dennoch ist nicht zu übersehen, dass der Bau des Palastes länger gedauert hat als der Bau des Tempels und dementsprechend auch intensiver gewesen ist. Der längeren Bauzeit für den Palast korrespondieren die Gebäudedimensionen. Die Maße des Tempels betragen 60 Ellen Länge, 20 Ellen Breite und 30 Ellen Höhe (1Kön 6,2). Demgegenüber fällt das Libanonwaldhaus Salomos größer aus. Seine Länge beträgt 100 Ellen, seine Breite 50 Ellen und seine Höhe 30 Ellen.

Im Vergleich zum Zweiten Tempel fallen die Maße des Salomonischen Tempels geringer aus. Im Edikt des Kyros zur Wiedererrichtung des Jerusalemer Tempels werden die Maße wie folgt angegeben: 60 Ellen Höhe und 60 Ellen Breite. Eine Angabe über die Länge des Gebäudes fehlt. Ebenso wie der Tempel Salomos soll der Zweite Tempel aus drei Schichten behauenem

---

129   Vgl. M. NOTH, Könige (1), 209.

Abb. 5: Das Libanonwaldhaus Salomos
nach der Rekonstruktion von *Th. A. Busink*

Stein und einer Schicht Holz gebaut werden (Esr 6,3).
Ein 30 Meter hohes Gebäude, wie es an dieser Stelle vorausgesetzt ist, dürfte bautechnisch schwierig zu realisieren gewesen sein.[130] Die Maße lassen erkennen, dass der Zweite Tempel doppelt so hoch und dreimal so breit wie der in 1Kön 6 beschriebene Tempel Salomos dimensioniert gewesen sein soll.

Die Auskleidung von Palast und Tempel erfolgt jeweils mit Zedernholz bzw. im Tempel mit Zedern- und Zypressenholz. Einzig und allein bei der Verwendung von Gold wird der Tempel gegenüber dem Palastbau bevorzugt: Salomo habe den Altar (1Kön 6,20), die Innenwände (1Kön 6,21), die Cherubim (6,28) und den Fußboden mit Gold überzogen.

---

130 I. WILLI-PLEIN, Warum mußte der Zweite Tempel gebaut werden?, 61, vermutet, dass sich die 60 Ellen auf die Gesamthöhe beziehen, d.h., dass die Fundamenttiefe in die Angabe mit einbezogen ist. Allerdings, so vermutet Willi-Plein, lassen drei Steinlagen und eine Holzlage eher darauf schließen, dass die Dimensionen des Zweiten Tempels bescheidener ausgefallen sind.

In einem weiteren Punkt gleichen sich die Berichte vom Bau des Tempels und vom Bau der Palastanlagen. Nirgendwo werden Notizen über die Art und Weise der Fundamentierungsarbeiten und über die Errichtung des Rohbaus gemacht.[131] Die Arbeiten, die am Tempel und am Palast durchgeführt werden, betreffen im Grunde die schon fertigen Gebäude, die mit äußeren Bauten umgeben werden und deren Innendekoration fertiggestellt wird. Salomo baut Fenster in den Tempel ein und versieht sie mit Stäben (1Kön 6,4). Bautechnisch kann nur gemeint sein, dass in die beim Bau offen gelassenen Fenster Stäbe eingesetzt werden. Das Gebäude wird mit einer an den Außenwänden verlaufenden Schicht (einem Umgang?) umgeben (1Kön 6,5), das Dach wird mit Zedernbalken abgedeckt (1Kön 6,9), die Innenwände werden vertäfelt (1Kön 6,15), eine Trennwand zur Abgrenzung des Allerheiligsten wird eingezogen (1Kön 6,16), der Altar aus Zedernholz wird aufgestellt und ebenso wie die Innenwände mit Gold überzogen (1Kön 6,20.22). Die Innenwände des Allerheiligsten werden mit Darstellungen von Cherubinen und Pflanzenornamenten versehen. Die Bauweise der Türen wird genau beschrieben (1Kön 6,33–35). Die Gestaltung des inneren Vorhofs mit drei Lagen zugeschnittener Steine und einer Lage Zedernholz wird weitaus detaillierter beschrieben als der Bau des Tempelbauwerks an sich (1Kön 6,36). Von diesem wird lediglich gesagt, dass die Steine für das Gebäude im Bereich des Tempelplatzes nicht zugeschnitten worden sind und deswegen auf dem Bauplatz selbst kein Arbeitslärm zu hören war.

Ähnlich wird mit den Palastbauten Salomos verfahren. Der Leser erfährt die Anzahl der aus Zedernstäm-

---

131   Vgl. K. RUPPRECHT, Der Tempel von Jerusalem, 21 f.

men gefertigten Säulen (1Kön 7,3), dass sich die vier-
eckigen Fenster jeweils gegenüber lagen,[132] dass der
Fußboden der Thronhalle mit Dielen aus Zedernholz
ausgelegt war und dass der große umlaufende Hof –
ebenso wie der Tempelvorhof – von einer Mauer mit
drei Lagen zugeschnittener Steine und einer Lage Zedernholz umgeben war (1Kön 7,12).

Dass der Tempel Salomos mit Fenstern versehen
worden sein soll, überrascht angesichts der sonstigen
Tempelbeschreibungen.[133] In der Beschreibung des
Herodianischen Tempels bei Josephus fehlt jeder Hinweis auf Fensteröffnungen.[134] Zudem wiesen altmeso-

---

132 Zwischen den Fensteröffnungen des Tempels und denen
des Palastes wird differenziert. Der Ausdruck für die
Fenster in 1Kön 6,4 begegnet sonst zur Bezeichnung grö-
ßerer Fensteröffnungen, durch die ein Mann hindurch-
passt; vgl. Jos 2,15; 1Sam 19,12. Der in 1Kön 7,4.5 ge-
brauchte Ausdruck ist schwer zu deuten. Da er neben den
Begriffen Öffnungen und Türpfosten erscheint, liegt seine
Deutung mit Fenster nahe. Die Funktion der Fenster im
Tempel lässt 1Kön 7,4 offen. Zunächst ließe sich an einen
ganz praktikablen Grund denken, die Erhellung des Rau-
mes. Diese Deutung reibt sich aber mit 1Kön 8,12 f. In seinem Gebet verweist Salomo auf den Befehl bzw. den
Wunsch JHWHs, im Wolkendunkel wohnen zu wollen.
Um diesem Ausspruch JHWHs Folge zu leisten, habe Salomo den Tempel gebaut. Die Fensteröffnungen in altorientalischen Tempeln fungierten u. a. als so genannte Er-
scheinungsfenster des Gottes bzw. der Göttin oder sie
wiesen eine apotropäische Funktion auf. Für die zweite
Möglichkeit ist anzunehmen, dass in den Fenstern Götter-
bildnisse aufgestellt wurden; vgl. J. BRETSCHNEIDER, Architekturmodelle, 48. Diese Deutemöglichkeiten kommen
für den Tempel Salomos nicht in Betracht.

133 Von einer Ausstattung des Tempels mit Gitterfenstern
geht W. ZWICKEL, Der salomonische Tempel, 66, aus. Sie
hatten die Funktion, den Tempel zu beleuchten und zu be-
lüften.

134 Vgl. A. TH. BUSINK, Der Tempel von Jerusalem, 196.

potamische und griechische Tempel keine Fenster auf, d. h. die Zella des Tempels war in ein »mystisches Halbdunkel«[135] gehüllt. Entweder lässt der Erzähler den Tempel Salomos in helles Tageslicht tauchen oder er verweist auf die Fenster, um eine weitere Analogie zwischen Palast und Tempel zu konstruieren.

In Anbetracht dieser – Tempel und Palast synchronisierenden – Darstellungsweise scheint es sinnvoll, an Stelle von Salomo als dem Baumeister von Salomo als dem Palast- und Tempelausstatter zu sprechen. Auch wenn 1Kön 6 f. keinen Zweifel daran lässt, dass Salomo den Tempel und seine Palastbauten vom Fundament bis zum Dach gebaut habe,[136] so ist doch der Fokus auf die Feinheiten der Innenausstattung gerichtet.

Die Darstellungsweisen von Tempelbau und Palastbau sind auffallend stereotyp. Sie umfassen folgende Aspekte: chronologische Angabe zum Baubeginn,[137] Angaben der Außenmaße, Maße der Vorhalle,[138] Ein-

---

135 A. Th. Busink, Der Tempel von Jerusalem, 197.

136 K. Rupprecht, Der Tempel von Jerusalem, 25 ff. will Salomo nicht als Erbauer des Jerusalemer Tempels gelten lassen. Vielmehr habe er sich als Restaurator und Umgestalter eines schon bestehenden jebusitischen Heiligtums betätigt. Den Schlüssel für die Deutung liefere 1Kön 6,7: Die Stelle besage, dass Salomo den Tempel nicht *gebaut* habe, sondern dass er von ihm »*baulich erweitert* wurde« (ebd., 26).

137 Vgl. 1Kön 6,1: 480 Jahre nach dem Auszug aus Ägypten habe Salomo im vierten Jahr seiner Herrschaft mit dem Bau des Tempels begonnen. Demgegenüber wird in 1Kön 7,1 nicht der Beginn der Bauarbeiten am Palast angeführt, sondern die Länge der Bautätigkeit mit 13 Jahren angegeben.

138 Die Maße des Tempelgebäudes betragen nach Länge, Breite und Höhe 60, 20 und 30 Ellen. Die Multiplikation der Maße des Tempels ergibt die Zahl 36 000 Kubikellen. Die Zahl ist mit Sicherheit kein Zufall. Als Dreifaches von 12 000 erinnert sie auffallend an die 480 Jahre zwischen

bau von Fenstern,[139] Hinweise über das Zuschneiden der Steine,[140] das Abdecken des Dachs mit Zedern-

---

dem Auszug aus Ägypten und dem Beginn des Tempelbaus, die das Vierfache von 120 beträgt. Die Breite des Palastes beträgt mit 50 Ellen die Hälfte seiner Länge von 100 Ellen. Möglicherweise handelt es sich dabei um ein ideales Maß. Die Höhe von 30 Ellen ist an der Höhe des Tempels nach 1Kön 6,2 orientiert. Tempel und Palast weisen verschiedene Grundflächen und eine identische Höhe auf.

139 Vgl. 1Kön 6,4; 7,4 f.

140 Der entsprechende hebräische Ausdruck für die beim Bau des Tempels verwendeten Steine ist schwer zu deuten. Meist wird in der Formulierung der Hinweis gesehen, dass die Steine unbehauen verbaut worden sind; vgl. M. NOTH, Könige (1), 115 f. Der analoge Ausdruck *vollständige Steine* in Jos 8,31 wird an dieser Stelle noch dahingehend präzisiert, dass die Steine des Altars nicht mit Eisenwerkzeugen behauen worden sind. Allerdings begegnet die Verbindung *vollständiger Stein* in Spr 11,1 in einem ganz anderen Zusammenhang. Sie bezeichnet hier die nicht gefälschten Wiegesteine, also Steine, die ihr volles Gewicht haben und von denen nichts zum Zwecke des Betrugs abgeschnitten wurde. In 1Kön 6,7 folgt auf die Verbindung *vollständiger Stein* noch ein Wort, das sich mit *Transport* wiedergeben lässt. Daher könnte auch gemeint sein, dass die Steine so verbaut wurden, wie sie antransportiert worden sind. Es ist fraglich, ob sich ein Gebäude von der Größe des Jerusalemer Tempels überhaupt ausschließlich mit Bruchsteinen errichten lässt. Hinzu kommt, dass nach 1Kön 6,6 die Wände des Gebäudes Vorsprünge aufwiesen, die zur Auflage von Balken dienten. Für die Statik einer solchen Konstruktion sind Bruchsteine nur schwer vorstellbar. Wahrscheinlich bleibt der Erzähler an dieser Stelle absichtlich unpräzise. Möglicherweise folgt er der archaischen Ansicht, dass Altäre aus unbehauenen Steinen errichtet werden (vgl. Ex 20,25; Dtn 27,6; Jos 8,31). Im Unterschied zu 1Kön 6,7 behauptet 1Kön 7,9, dass die Kanten und Flächen der beim Bau des Königspalastes verwendeten Steine rechtwinklig zugeschnitten wurden. Da es sich hierbei um das ganze Gebäude handelt, wird die Altarvorschrift Ex 20,25 übererfüllt.

balken und die Vertäfelung der Wände mit Zedernholz.

Die Art und Weise, wie die Gebäude bedacht wurden, zeigt noch einmal die verschiedenen Dimensionen auf. Während der Tempel mit Balken aus Zedernstämmen abgedeckt werden konnte, ohne dass dafür
entsprechende Hilfskonstruktionen nötig waren, mussten zur Bedachung des Palastes Säulen eingesetzt werden. Die 20 Ellen Breite des Tempels, das sind ca. zehn
Meter, ließen eine Bedachung mit Zedernstämmen zu.
Die Breite des Palastes mit 50 Ellen, das sind ca. 25 Meter, erlaubte es nicht, das Dach mit aufliegenden Balken ohne Stützkonstruktionen zu bedecken. 1Kön 7,3
nennt drei Säulenreihen zu je 15 Säulen. Die Höhe des
Gebäudes, die mit 30 Ellen, also ca. 15 Metern, angegeben wird, verweist zugleich auf die Höhe der
45 Zedernholzsäulen. Die Entfernung der Säulen un-
tereinander und zu den Seitenwänden betrug bei glei-
chem Abstand etwas mehr als acht Meter. In Längs-
richtung standen die je 15 Säulen in einem Abstand
von etwas mehr als drei Metern.

Tempel und Palast wurden uniform gebaut. Das galt
schon für das äußere Erscheinungsbild. Ebenso wie der
Tempelhof wurde der Palast von einer Mauer umgeben, die aus drei Lagen Steinen und einer Lage Balken
aus Zedernholz bestanden (1Kön 7,12). Ebenso baute
Salomo das Haus für die ägyptische Prinzessin »wie
diese Säulenhalle« (1Kön 7,8). Soll damit gesagt sein,
dass die Ägypterin ein Domizil bewohnte, das der in
1Kön 7,6 genannten Säulenhalle entsprach? Einzelne
Aspekte der Hofhaltung Salomos werden in der Darstellung des Palastbaus nicht berücksichtigt. Zwar erfährt der Leser, dass Salomo der ägyptischen Prinzessin einen angemessenen Teil seines eigenen Palastes
zur Verfügung gestellt habe. Nach dieser architekto-

nischen Konzeption würden Salomo und die Ägypterin monogam den Palast bewohnen. Wo Salomo seine 700 Hauptfrauen und 300 Nebenfrauen (1Kön 11,3) untergebracht haben will, darüber macht sich der Erzähler von 1Kön 7 keine Gedanken. Nur in einem Punkt überschneidet sich die Darstellung des Palastbaus mit den übrigen Salomogeschichten. 1Kön 7,7 notiert, dass Salomo in seiner Thronhalle Gericht hält.

Die Thronhalle, in der er dort Gericht hielt, die Gerichtshalle, machte er und er täfelte sie mit Zedern von Fußboden zu Fußboden.[141]
(1Kön 7,7)

Die Bemerkungen zur Funktionalisierung der Thronhalle als Gerichtshalle wirken sehr gekünstelt.[142] Es handelt sich um nachträglich eingefügte Passagen, die das Ziel verfolgen, der in 1Kön 3,16 ff. erzählten Geschichte vom salomonischen Urteil einen Ort zu geben. Von dieser – einem Überarbeiter zuzuschreibenden – Ausnahme abgesehen, steht die Darstellung des Palastbaus mit den Salomoerzählungen nirgendwo in Verbindung.

Der Erzähler hat den Tempel und den Palast in ihrer fertigen Gestalt, insbesondere mit ihren prunkvollen Ausstattungen vor Augen. Sein Interesse gilt der Vollendung des Tempels und des Palasts, nicht aber den vorangehenden grundlegenden Arbeiten. Die Verrichtungen, die in Ägypten im Zusammenhang mit einer Tempelgründung vom König auszuführen waren, machen deutlich, welche Arbeiten und Handlungen, die hätten ausgeführt werden müssen, von Salomo nicht

---

141 Die Formulierung ist nicht leicht zu interpretieren. Wahrscheinlich reicht die Vertäfelung vom Boden bis zur Decke.
142 Vgl. M. Noth, Könige (1), 137.

genannt werden: die Auswahl des Terrains,[143] die Ausrichtung der Tempelachse in Nord-Südrichtung, das Streichen der Ziegel, das Ausheben der Fundamentgrube sowie das Auffüllen von Sand zur Fundamentierung, das Setzen von Ecksteinen und das Aufmauern von Ziegeln.[144]

An diesen typischen Tätigkeiten des königlichen Tempelbauers zeigt der Erzähler von 1Kön 6 f. kein Interesse. Ebenso, wie Salomo als Erbauer des Tempels in den Hintergrund tritt, bleibt auch die eigentliche kultische Funktion des Tempels nahezu ungenannt. Nur marginale Sätze fallen darüber, dass im Bereich des Tempels Kulthandlungen in Form von Opfern vollzogen werden. Während der feierlichen Überführung der Bundeslade in den Tempel werden im großen Stil Schafe und Rinder geopfert (1Kön 8,5). 1Kön 8,62 f. präzisiert die Angaben, indem die Zahl von 22 000 Rindern und 120 000 Schafen genannt wird. Sonst schweigt sich der Erzähler über die Praxis des Kultbetriebes und seine baulichen Voraussetzungen aus. Kein Wort fällt darüber, wo Salomo die gigantische Menge an Tieren geopfert haben will. Nirgendwo wird gesagt, dass mit dem Tag der Tempelweihe der Opferbetrieb in Gang gesetzt wurde. Nirgendwo erfährt der Leser, dass Salomo mit dem Bau eines Opferaltars die Voraussetzungen für den Opferbetrieb geschaffen hat. Die Notizen über die gigantische Menge an Opfertieren in 1Kön 8,5.62 f. wirken wie ein übereifriges Nachholen dessen, was in 1Kön 6–8 sonst völlig ausgeblendet

---

143 Ein Rückbezug von 1Kön 6 auf 2Sam 24,16.18.21.24 ist nicht zu erkennen. 1Kön 6 lässt Salomo »einfach so« mit dem Bau beginnen. Dieses Defizit wird in 2Chr 3,1 getilgt. Hier ist die Tenne Araunas zugleich der Ort, an dem der Tempel gebaut wird.

144 Vgl. W. Helck, Art. Tempelgründung, 385.

bleibt: der Tempel in seiner Funktion als kultische Opferstätte. Das kultische Schweigen von 1Kön 6–8 kann nicht damit erklärt werden, dass der »Opferkult als eine selbstverständliche Weise des Gottesdienstes«[145] stillschweigend vorausgesetzt ist.

1Kön 6–8 weist dem Altar im Unterschied zu den kultischen Anweisungen der Hebräischen Bibel eine ganz andere Bedeutung zu. Während sonst der Altar in seinen genauen Maßen und Funktionsteilen beschrieben wird[146] und seine Funktion als Opferaltar betont wird,[147] dient der Altar des Salomonischen Tempels einzig und allein zur Orientierung der Gebetsrichtung. Die einzige Ausnahme bildet dabei 1Kön 8,64. Hier ist der kupferne Altar im Tempelvorhof erwähnt, der für die Menge der von Salomo geopferten Tiere zu klein war. Im gesamten Baubericht Salomos in 1Kön 6 f. ist der Altar nur an drei Stellen erwähnt: Es handelt sich dabei durchweg um den Altar, den Salomo im Tempel unmittelbar vor dem Allerheiligsten habe aufstellen lassen und den er reichlich mit Gold verziert habe. Um einen Opferaltar kann es sich schon deswegen nicht handeln, weil er vor dem Tempelgebäude seinen Platz hat. Die Einweihung des Tempels macht deutlich, welche Funktion der Altar innehat: Salomo tritt vor den Altar, hebt die Hände und beginnt zu beten (1Kön 8,22). Salomo fungiert hier nicht als Hohepriester, er hat vielmehr die Rolle des ersten Beters im Staat eingenommen. Die Funktion des Altars als Stätte des Gebets und der Gottesnähe wird in 1Kön 8,31 weiter ausgebaut. Jemand, der gegenüber seinem Nächsten gefrevelt hat und dem ein Fluch auferlegt

---

145 M. Noth, Könige (1), 191.
146 Vgl. Ex 27,1 ff.
147 Vgl. Ex 24,6; Lev 1,5 ff.

worden ist, kann sich nur vor dem Altar mit einem reu-
mütigen Bekenntnis die Vergebung Gottes verdienen.

Die Kultvergessenheit des Bauberichtes Salomos
und des Tempelweihberichts in 1Kön 6–8 lässt sich
auch an der gebrauchten – bzw. nicht gebrauchten –
Terminologie kenntlich machen. Die Stichworte Blut,
sprengen,[148] Feuer,[149] Wasser,[150] Räuchern[151] und andere, die sonst zahlreich in kultischen Zusammenhängen begegnen, fehlen in 1Kön 6–8. All diese Beobach-
tungen deuten darauf hin, dass der Tempelbauer
Salomo sein Vorhaben möglicherweise ohne kultisches
Interesse betrieben hat. Anders gesagt: Dem Erzähler
von 1Kön 6–8 ist sehr daran gelegen, Salomo als großen
Baumeister, insbesondere als großzügigen Ausstatter
des Jerusalemer Tempels, zu beschreiben.

Die Erzählungen vom Bau des Tempels in 1Kön 6
und von der Einweihung des Tempels in 1Kön 8 weisen wegen ihrer Orientierung auf das Gebet und ihrem
gleichzeitigen Desinteresse am Opferkult die Perspektive der Exils- und Nachexilszeit auf. Es ist nicht entscheidend, dass die Gebete am Tempel vorgebracht
werden, sondern dass sie – ganz gleich von welchem

---

148 Der hebräische Terminus für das Sprengen von Blut über
dem Opferaltar bzw. dem Volk begegnet sonst zahlreich
in kultischen Zusammenhängen; vgl. Ex 24,6.8; Lev 1,5;
3,2 u. ö. Selbst in der nachexilischen Tempelkonzeption
des Ezechielbuches begegnet das Besprengen des Altars
mit Blut; vgl. Ez 43,18.
149 Das Stichwort Feuer begegnet in den Salomoerzählungen
im kultischen Zusammenhang gar nicht. Sonst ist häufig
vom Altarfeuer die Rede; Lev 1,7; 3,5; 6,2 ff. u. ö.
150 Zum Vorkommen von Wasser in kultischen Anweisungen
vgl. Ex 40,7 u. ö. In 1Kön 1–11 fehlt der Terminus ganz.
151 Vom Räucheropfer ist in 1Kön 6–8 nirgendwo die Rede.
Einzig und allein in 1Kön 9,25 wird festgehalten, dass Salomo dreimal jährlich ein Räucheropfer dargebracht habe.

Ort aus – zum Tempel gerichtet werden. 1Kön 8,44 geht von der Möglichkeit aus, dass das Gebet von den Kriegern Israels, die sich außerhalb des Landes befinden, in Richtung Jerusalem gesprochen werden soll. Ganz in diesem Sinn konstruiert 1Kön 8,47 f. den Fall, dass sich die Beter im Exil befinden und von dort ihre Gebete in Richtung Jerusalem sprechen.[152]

Zur Einweihung des Tempels werden einmalig im großen Stil Tiere geopfert. Von einer Einteilung von Priestern für den Tempeldienst, vom täglichen Opferaufkommen und von Wallfahrten zum Tempel erfährt der Leser nichts. Er kann sich darüber informieren, wie viel Fleisch und Getreide die Hofleute Salomos täglich verspeist haben, von den täglichen Aufwendungen für den Tempel erfährt er nichts. 30 Kor Feinmehl, 60 Kor gewöhnliches Mehl, zehn Mastrinder, 20 Weiderinder, 100 Schafe werden neben anderem Wildgetier täglich am Hof Salomos benötigt (1Kön 5,3). Warum hüllt sich der Erzähler angesichts seiner Schilderung der üppigen profanen Hofhaltung Salomos in Schweigen über die Aufwendungen für den Tempelbetrieb? Die in der Hebräischen Bibel sonst begegnenden Hinweise über die Einrichtung von Kultstätten verweisen explizit auf die damit verbundene Einsetzung eines Opferkultes.

Einen irdenen Altar sollst du mir machen, damit du auf ihm opferst deine Brandopfer, deine Dankopfer, deine Schafe und deine Rinder an jedem Ort, an dem ich dir meinen Namen ins Ge-

---

152 Eine entsprechende Gebetskonzeption weist auch das Jonabuch auf. Jona spricht sein Gebet im Bauch des Fisches. Der Ort des Betens ist die Tiefe des Meeres, sein Ziel ist der Tempel in Jerusalem (Jon 2,8). »Er (Jona; Anm. V f.) selbst ist noch nicht am Ort seiner Hoffnung, aber sein Gebet kam dorthin, und damit war ihm geholfen.«; R. Lux, Jona, 178 f.

dächtnis rufe, an dem ich zu dir kommen werde, um dich zu segnen.
(Ex 20,24)[153]

Die Opferkonzeption der Priesterschrift sieht vor, dass u. a. täglich zwei einjährige Schafe, Mehl, Oliven und Wein dargebracht werden.[154] 1Kön 6–8 sagt über das tägliche Ritual kein einziges Wort. Zudem kommt die Gruppe der Priester und Leviten, die für das tägliche Opferritual verantwortlich sind, in der Konzeption von 1Kön 6–8 kaum vor. Die Leviten tragen die Bundeslade in das Allerheiligste des Tempels (1Kön 8,3 ff.). Kaum ist die Bundeslade im Tempel abgestellt und kaum haben die Priester das Heiligtum verlassen, wird ihnen die Rückkehr verwehrt:

Nachdem die Priester aus dem Heiligtum hinausgegangen waren, erfüllte die Wolke das Haus JHWHs, sodass die Priester nicht hinzutreten konnten zum Dienst wegen der Wolke, denn die Herrlichkeit JHWHs erfüllte das Haus JHWHs.
(1Kön 8,10 f.)

1Kön 8,10 f. zitiert Ex 40,34.35. Hier ist es Mose, der wegen der Wolke und der Herrlichkeit JHWHs die Stiftshütte nicht betreten kann. Die priesterschriftliche Tempelkonzeption lässt Mose nur vorübergehend das Heiligtum nicht betreten. In Lev 9,23 betritt Mose zusammen mit Aaron das Zeltheiligtum. Zudem lässt die Gesamtkonzeption der Priesterschrift keinen Zweifel daran aufkommen, dass Aaron und seine Söhne die Stiftshütte täglich betreten.[155] Für die Priester Aaron und seine Söhne wird keine vorübergehende Hinderung am Betreten der Stiftshütte notiert. Diese Vorzeichen werden in 1Kön 8,10 f. umgekehrt. Hier sind

---

153   Vgl. Ex 40,29; Lev 1,9; 7,2; 8,21; 9,7; 12,27.
154   Vgl. Ex 29,38.40.
155   Vgl. Ex 27,21; 28,43; 40,31 f.

es gerade die Priester, denen der Zugang zum Heiligtum verweigert wird. Im Unterschied zur Konzeption der Priesterschrift wird nirgendwo festgehalten, dass dieser Zustand nur vorübergehend ist. Über Salomo wird in diesem Zusammenhang nichts gesagt. Offensichtlich ist er derjenige, der im Unterschied zu den Priestern uneingeschränkten Zugang zum Heiligtum hat.

Die Privilegierung des Königs in seinen Zugangsrechten zum Heiligtum, die ihm eine größere Bedeutung als den Priestern einräumt, erinnert an die Tempelkonzeption des Ezechielbuches. Hier ist es der Fürst, der als Einziger das Allerheiligste betritt. In seiner Vision sieht Ezechiel das verschlossene Tor des Heiligtums, das für jedermann verschlossen bleiben soll (Ez 44,1 f.). Nur der Fürst darf die Vorhalle des Tempels betreten und dort das »Brot vor JHWH« essen.[156] Der Fürst fungiert als Herrscher, dessen Funktion einzig eine kultische ist. Er darf dem Allerheiligsten näher kommen als die Priester und das Volk.

Die Unterschiede in der Darstellung Salomos in 1Kön 6–8 und der des Fürsten in Ez 40–48 sind beträchtlich. Gegenüber der vorexilischen Königsideologie, die »dem Herrscher eine überragende Rolle im Kult zugestand«,[157] bleiben die kultischen Funktionen Salomos weitgehend ausgeblendet. Anders als die Tempelvision Ezechiels in Ez 40–48, die ein dezidiertes Interesse an Opferhandlungen zeigt, tritt dieses Interesse in 1Kön 6–8 zurück. Salomos Aufgabe als Kult-

---

156 Ez 44,1–3 ist ebenso wie 45,21–25; 46,1–10.12 von H. Gese, Verfassungsentwurf, 110, dem so genannten *nāśî stratum* zugewiesen worden. Diese Ansicht hat vielfache Zustimmung gefunden; vgl. I. M. Duguid, Ezechiel and the Leaders of Israel, 28.

157 M. Konkel, Architektonik des Heiligen, 273.

funktionär ist auf seine Rolle als erster Beter Israels reduziert.

Im Einklang mit Ez 40–48 befindet sich die Konstellation Herrscher, Priester und Volk. Salomo baut den Tempel nicht für den von den Leviten und Priestern verantworteten Kult. Er baut den Tempel ebenso wie den Palast für sich in seiner Funktion als König und als oberster Beter Israels. Das geringe Interesse des Erzählers von 1Kön 6–8 am Kult zeigt sich auch im Gebrauch der Ausdrücke Priester bzw. Leviten. Das Stichwort Leviten kommt in 1Kön 6–8 insgesamt nur ein einziges Mal vor,[158] die Priester begegnen insgesamt nicht mehr als fünfmal.[159]

Die Chronik korrigiert das priesterliche Defizit von 1Kön 6–8. Zunächst hält 2Chr 5,14; 7,2 im Gefolge von 1Kön 8,10 f. fest, dass die Priester wegen der Herrlichkeit JHWHs im Tempel ihren Dienst (zunächst) nicht antreten konnten. Im Gegensatz zu 1Kön 8, wo ungesagt bleibt, ob und wann die Priester ihren täglichen Dienst antreten konnten, unterstreicht 2Chr 8,14 ausdrücklich, dass Salomo die Priester und Leviten für den täglichen Dienst im Heiligtum einsetzte.

Er (Salomo) stellte auf nach der Ordnung Davids, seines Vaters, die Abteilungen der Priester zu ihrem Dienst und die Leviten nach ihren Aufgaben, damit sie lobsangen und ihren Dienst versahen vor den Priestern für jedes Tages Angelegenheit an ihrem Tag, die Torwächter nach ihren Abteilungen, Tor für Tor, denn so war das Gebot Davids, seines Vaters.
(2Chr 8,14)

Der Chronist schien das Defizit empfunden zu haben, das 1Kön 6–8 hinterlassen hat. An der Stelle, wo 1Kön

---

158 Vgl. 1Kön 8,4.
159 Vgl. 1Kön 8,3.4.6.10.11. Die einzige Funktion, die den Priestern zugewiesen wird, ist das Hineintragen der Lade in den Tempel.

6–8 abbricht, nimmt der Chronist den Faden auf: Salomo habe nach der Tempelweihe und nach der Weihe des Tempels als Gebetsstätte den Kultbetrieb des Tempels in Gang gesetzt und mit der Einsetzung der Priester und Leviten für dessen Kontinuität gesorgt.

Noch an einer zweiten Stelle hat der Chronist die Darstellungsweise von 1Kön 6–8 modifiziert, um Salomo als Kultträger hervorzuheben und seine anderen Funktionen und Eigenschaften auszublenden. 1Kön 6 f. betont die Parallelität von Palast und Tempel: In gleicher Weise, wie Salomo sich als Tempelbauer betätigt habe, habe er sich auch als Palastbauer hervorgetan. Den Bau des Palastes verschweigt die Chronik. Das Nebeneinander von Palast und Tempel, der Mehraufwand für den Palast mit seiner längeren Bauzeit und seinen den Tempel übertreffenden Dimensionen scheinen dem Chronisten doch anstößig genug gewesen zu sein, um die Sache besser zu verschweigen.

Die Erzählungen von den Bauprojekten Salomos bilden das Zentrum der Komposition 1Kön 3–11. Mit den Baumaßnahmen verbunden sind zwei Ausländer: die ägyptische Prinzessin und Hiram, der Handwerker. 2Kön 7,13 ff. schildert akribisch genau, welche metallurgischen Arbeiten für die Ausstattung des Tempels von Hiram im Auftrag Salomos durchgeführt wurden. Gegenüber der Darstellung des Baus von Tempel und Palast erfolgen an dieser Stelle sehr detaillierte Beschreibungen. Die Chronik übernimmt die präzisen Darstellungen über das Gießen der Säulen und der Tempelgerätschaften. In einem Punkt allerdings scheint ihr die Darstellung in 1Kön 7,13 ff. verbesserungsbedürftig. Die Namensgleichheit zwischen Hiram, dem König von Tyrus, und Hiram, dem Handwerker, wird abgeschwächt, indem Hiram in Huram umbenannt wird (2Chr 2,12). Der Status des Ausländers scheint dem Chronisten ebenfalls ein Dorn im Auge gewesen zu sein. Kurzerhand wird erklärt, dass dieser Handwerker zwar der Sohn eines Tyrers sei, dass seine Mutter aber dem Stamm Dan angehöre (2Chr 2,13). Mütterlicherseits fließt somit israelitisches Blut in den Adern des Metallurgen Hiram.

Hat die Chronik hier einen Schwachpunkt bei Salomo aufgespürt? Ergibt sich dieser Schwachpunkt erst aus der späteren Perspektive der Chronik oder ist hier vom Erzähler bewusst etwas eingestreut worden, das bei allem Glanz Salomos auch Anlass zur Kritik gegeben hat? Während diese Frage unbeantwortet bleiben muss, blitzt mit Salomos Bauprojekt für die ägyptische Prinzessin schon das leidige Thema Salomo und die fremden Frauen auf. Dass der Bau des Tempels, des Königspalastes und des Palastes für die ägyptische Prinzessin in einem Atemzug genannt werden, wird vom Erzähler weder zufällig noch wertungsfrei angeführt worden sein. Auf die großzügige Hofhaltung Salomos wird in 1Kön 6 f. nicht eingegangen. Wo Salomo mit seinen Hofleuten zehn Mastrinder, 20 Weiderinder und 100 Schafe täglich verspeist haben soll (1Kön 5,3), bleibt ebenso ungesagt wie der Hinweis darauf, wo er seine 700 Frauen und 300 Nebenfrauen untergebracht haben könnte. 1Kön 7 erweckt den Eindruck, dass Salomo nur für eine Frau zu sorgen hat. Seinerzeit hat schon *I. Benzinger* bemerkt, dass die Schilderung der Baumaßnahmen Salomos den Eindruck erwecken, der Erzähler habe die Bauten nie von innen zu Gesicht bekommen.[160] Unter diesem Aspekt stellt sich die Frage umso dringender, warum das Domizil der Ägypterin eigens angeführt wird.

---

160 Vgl. I. BENZINGER, Die Bücher der Könige, 42.

Abb. 6: Die schöne Frau und das Bauwerk: Frau im Fenster,
Syrien, Arslan Tasch, 845–805 v. Chr.

Seinen Palast, in dem er wohnte, (baute) er dort in einem anderen
Hof, einwärts von der Säulenhalle, wie diesen Bau.[161] Das Haus
für die Tochter des Pharaos, die Salomo zur Frau genommen hatte, machte er wie die Säulenhalle.
(1Kön 7,8)

Über eine Säulenvorhalle verfügen der Tempel (1Kön
6,3) und das Libanonwaldhaus (1Kön 7,6), Salomos
Thronsaal (7,7), sein Wohnhaus und das Haus der
Ägypterin. Die Architektur versinnbildlicht die politische Konstellation: Der König und der Tempel gehören ebenso zusammen wie der König und die Ägypterin. Damit gehen der Tempel und die Ägypterin eine
Symbiose ein.

---

161   Der Vergleich bezieht sich auf die in V. 7 genannte Thron-
      halle.

1.12. Sie kam, um ihn mit Rätseln zu erproben – Der Besuch der Königin von Saba (1Kön 10,1–14)

Der Besuch der Königin von Saba bildet den letzten Höhepunkt der Glanzzeit Salomos. Nach dem Bau und der Einweihung des Tempels erscheint die Königin von Saba in Jerusalem. Im fernen Saba, mit dem wahrscheinlich ein Gebiet im Süden der arabischen Halbinsel gemeint ist, hat sie von Salomos Reichtum und Weisheit gehört. Von der Frage umgetrieben, ob der König in Jerusalem wirklich so reich und so weise ist, wie die Kunde über ihn sagt, macht sie sich auf die beschwerliche Reise, um seine Weisheit in Augenschein zu nehmen. Beide Majestäten begegnen sich standesgemäß in einem prunkvollen höfischen Rahmen. Üppige Geschenke werden ausgetauscht. Der eigentliche Höhepunkt der Reise (und der Erzählung) ist bereits in V. 1 markiert worden: Die Königin von Saba kommt, um Salomos Weisheit mit Rätselfragen zu prüfen. Die Antworten Salomos bestätigen nicht nur das Gerücht von der außerordentlichen Weisheit dieses Königs, nein, sie übertreffen es sogar. Von der Klugheit Salomos regelrecht entzückt, tritt sie die Heimreise an.

Das zentrale Thema der Erzählung 1Kön 10,1–14 ist die Weisheit des Königs Salomo, die vor einer fremden Frau offenbart wird. Die fremde Königin ihrerseits stellt das Medium dar, das die Kunde von der Weisheit Salomos in alle Welt trägt. Inhaltlich ist 1Kön 10,1–14 an 1Kön 3,16–28 ausgerichtet. In beiden Erzählungen begegnet jeweils das Motiv *Offenbarung der Weisheit des Königs vor einer bzw. vor zwei Frauen*. Das salomonische Urteil ergeht, damit Salomos Weisheit in ganz Israel bekannt wird. Die Königin von Saba kommt, damit die Weisheit Salomos in aller Welt bekannt wird.

Im Unterschied zu 1Kön 3,16–28 verzichtet der Erzähler darauf, ein Fallbeispiel der Weisheit Salomos zu liefern. Welche Rätselfragen die Königin von Saba stellt und wie die Antworten Salomos lauten, all das erfährt der Leser nicht. Im Unterschied dazu kann sich der Leser in 1Kön 3,16–28 ein Bild davon machen, wie er sich die Weisheit Salomos konkret vorzustellen hat. Die Erzählung vom Besuch der sabäischen Königin will den Leser weniger informieren als seine Phantasie anstoßen. Die Heimat der fremden Königin liegt im sagenhaft fernen Saba, die Rätselinhalte bleiben ebenso unausgesprochen, wie sich der Leser das Verhältnis zwischen Salomo und der Königin von Saba im Einzelnen vorzustellen hat. Demgegenüber weist die Königin von Saba Gemeinsamkeiten mit Hiram von Tyrus (bes. in 1Kön 5,15–26; 9,10–14) auf. Mit Hiram und der sabäischen Königin begegnen zwei Herrschergestalten, die zu Salomo in Beziehung treten. Beide sprechen ein Lob auf den Gott Israels und seinen König aus. Hiram lobt JHWH, weil er mit Salomo einen weisen König über Israel gesetzt hat:

Gepriesen (*baruch*) sei JHWH heute, weil (*ascher*) er David einen weisen Sohn über dieses große Volk gegeben (*natan*) hat. (1Kön 5,21)

Ebenso lobt die sabäische Königin JHWHs Entscheidung, Salomo auf den Thron Israels zu setzen:

JHWH, dein Gott, sei gepriesen (*baruch*), weil (*ascher*) er Gefallen daran gefunden hat, dich auf den Thron Israels zu gegeben hat (*natan*), da er Israel ewig liebt und er dich eingesetzt hat, um Recht und Gerechtigkeit zu schaffen. (1Kön 10,9)

Die Geschichte vom Besuch der sabäischen Königin bei Salomo hat wie keine andere Erzählung der Hebräischen Bibel Autoren angestachelt, einen Blick hinter die Kulissen des Erzählten zu riskieren. Dabei stand immer eine Frage im Mittelpunkt: Wie platonisch bzw. erotisch darf man sich das vorstellen, was von der Begegnung zwischen Salomo und der sabäischen Königin nicht erzählt worden ist? Die überwiegende Mehr-

Abb. 7: Piero della Francesca, Salomo und
die Königin von Saba

heit der interpretierenden Nacherzählungen dichtet dem Besuch eine unterschwellige bis plumpe Erotik an.[162]

Ganz andere Gedanken hat sich Heinrich Heine über den Besuch der fremden Königin gemacht. In *Prinzessin Sabbath* erklärt der Dichter Folgendes: Nicht in sinnliche Wallung habe die Besucherin den König Salomo versetzt, nein, sie habe ihm mit ihren Versuchen, als besonders weise zu erscheinen, gelangweilt.

...

Lecho Daudi likras Kalle –
Komm, Geliebter, deiner harret
Schon die Braut, die dir entschleiert
Ihr verschämtes Angesicht!

Dieses hübsche Hochzeitkarmen
Ist gedichtet von dem großen,
Hochberühmten Minnesinger
Don Jehuda ben Halevy.

In dem Liede wird gefeiert
Die Vermählung Israels
Mit der Frau Prinzessin Sabbath,
Die man nennt die stille Fürstin.

Perl und Blume aller Schönheit
Ist die Fürstin. Schöner war
Nicht die Königin von Saba,
Salomonis Busenfreundin,

Die, ein Blaustrumpf Äthiopiens,
Durch Esprit brillieren wollte,
Und mit ihren klugen Rätseln
Auf die Länge fatigant ward.[163]

---

162   Vgl. dazu S. 277 ff.
163   H. HEINE, Sämtliche Werke (6/1), 126 f.

Heine kennt eine noch ganz andere Wirkung, die von der Königin von Saba ausgehen konnte. Als Gesprächspartnerin mag er sie für nicht sonderlich unterhaltsam gehalten haben, ganz anders sieht das jedoch aus, wenn sich ein Mann die verführerische Schönheit der fremden Königin vorstellen sollte. In *Aus den Memoiren des Herrn von Schnabelewopski* lässt Heine seinen Helden in der Stadt Leuven bei einem sonderbaren Paar Quartier nehmen.

Mein Hauswirt war etwa fünfzig Jahr alt und ein Mann von sehr dünnen Beinen, abgezehrt, bleichem Antlitz und ganz kleinen grünen Äuglein, womit er beständig blinzelte, wie eine Schildwache, welcher die Sonne ins Gesicht scheint. Er war seines Gewerbes ein Bruchbandmacher und seiner Religion nach ein Wiedertäufer. Er las sehr fleißig in der Bibel. Diese Lektüre schlich sich in seine nächtlichen Träume und mit blinzelnden Äuglein erzählte er seiner Frau des Morgens beim Kaffee: wie er wieder hochbegnadigt worden, wie die heiligsten Personen ihn ihres Gespräches gewürdigt, wie er sogar mit der allerhöchst heiligen Majestät Jehovas verkehrt, und wie alle Frauen des Alten Testamentes ihn mit der freundlichsten und zärtlichsten Aufmerksamkeit behandelt. Letzterer Umstand war meiner Hauswirtin gar nicht lieb, und nicht selten bezeugte sie die eifersüchtigste Mißlaune über ihres Mannes nächtlichen Umgang mit den Weibern des Alten Testamentes. »Wäre es noch«, sagte sie, »die keusche Mutter Maria, oder die alte Marthe, oder auch meinethalb die Magdalene, die sich ja gebessert hat – aber ein nächtliches Verhältnis mit den Sauftöchtern des alten Lot, mit der sauberen Madame Judith, mit der verlaufenen Königin von Saba und dergleichen zweideutigen Weibsbildern, darf nicht geduldet werden.« Nichts glich aber ihrer Wut, als eines Morgens ihr Mann, im Übergeschwätze seiner Seligkeit, eine begeisterte Schilderung der schönen Esther entwarf, welche ihn gebeten, ihr bei ihrer Toilette behilflich zu sein, indem sie, durch die Macht ihrer Reize, den König Ahasverus für die gute Sache gewinnen wollte. Vergebens beteuerte der arme Mann, daß Herr Mardochai selber ihn bei seiner schönen Pflegetochter eingeführt, daß diese schon halb bekleidet war, daß er ihr nur die langen schwarzen Haare ausgekämmt – vergebens! Die erboste Frau schlug den armen Mann mit seinen eignen Bruchbändern, goß ihm den heißen Kaffee ins Gesicht, und sie hätte ihn gewiß umgebracht, wenn er nicht aufs heiligste ver-

sprach, allen Umgang mit den alttestamentalischen Weibern auf-
zugeben, und künftig nur mit Erzvätern und männlichen Propheten zu verkehren. Die Folge dieser Mißhandlung war, daß Myn
Heer von nun an sein nächtliches Glück gar ängstlich verschwieg;
er wurde jetzt erst ganz ein heiliger Roué; wie er mir gestand, hatte er den Mut sogar der nackten Susanna die unsittlichsten Anträ-
ge zu machen; ja, er war am Ende frech genug, sich in den Harem
des König Salomon hineinzuträumen und mit dessen tausend
Weibern Tee zu trinken.[164]

Die Wirkung, die die sabäische Königin auf den braven
Hauswirt hatte, war nicht die vom Erzähler der Geschichte beabsichtigte. Weder fällt über das Alter der
Königin ein Wort noch über ihre Schönheit. Auch ver-
misst man in der Erzählung ein Wort darüber, wie weise man sich die Königin vorzustellen habe und inwie-
weit es sich bei den Fragen, die sie dem König Salomo
stellte, tatsächlich um äußerst anspruchsvolle Rätsel
handelt, bleibt ungesagt.

Mit der sabäischen Königin verbinden sich vier
Stichworte: Reichtum, Weisheit, Ausland und (fremde)
Frau. Die fremde Königin erinnert an den mächtigen
Holzhändler Hiram, an die Weisheit Salomos, die sich
schon einmal im Angesicht zweier Frauen bewährt hat,
und an die anderen Frauen aus dem Ausland, insbesondere die ägyptische Pharaonentochter. In 1Kön
10,1–13 fließen alle diese Momente zusammen. Insofern dürfte auch das Nebeneinander der reichen Gaben
der Königin von Saba und der Geschenke Hirams von
Tyrus an Salomo nicht zufällig sein.

Sie gab dem König Salomo 120 Talente (ca. 4800 Kilogramm
Gold), sehr viel Balsam und Edelstein. Es kam nicht noch einmal
soviel Balsam, wie der, den die Königin von Saba gegeben hatte,
zum König Salomo. Auch brachte das Schiff Hirams, das Gold
aus Ofir brachte, sehr viel Sandelholz und Edelstein.
(1Kön 10,10 f.)

---

164   H. Heine, Sämtliche Schriften (1), 543 f.

Abb. 8: Hans Holbein d. Ä.: König Salomo empfängt
die Königin von Saba, um 1535, Windsor, Königliche Sammlung

Nachdem in V. 12 noch die Notiz eingeflochten wird,
dass Salomo das geschenkte Sandelholz für den Tempelbau und für die Musikinstrumente zur musika-
lischen Untermalung des Tempelkultes benutzt, lässt
der Erzähler die fremde Besucherin in V. 13 wieder in
ihre Heimat ziehen. Die folgenden Verse wecken zu-

nächst den Eindruck, als würde der ganze Reichtum nur zum Ruhme des Königs Salomo in Jerusalem angehäuft werden. 666 Talente (ca. 26 Tonnen!) Gold brachte Salomo jährlich in Jerusalem zusammen (1Kön 10,14). Mit dem Gold verzierte Salomo sein Libanonwaldhaus, seinen Thron aus Elfenbein überzog er gleichfalls mit Gold (1Kön 10,18), die Trinkgefäße des Königs waren ebenfalls aus Gold gefertigt (1Kön 10,21). Somit war Salomo zum reichsten König auf Erden geworden, den alle Welt zu sehen und zu hören wünschte, weil ihm Gott auch noch Weisheit ins Herz gegeben hatte (1Kön 10,23 f.).

Bis zu dieser Stelle könnte man glauben, das hier die Mär vom unendlich reichen und weisen König Salomo erzählt werde, unter dessen Ägide Israel nicht nur glücklich, sondern auch reich gewesen sei. Der geschulte Bibelleser wird an dieser Stelle allerdings etwas ganz anderes assoziieren müssen. 1Kön 10,24 f. notiert zunächst, dass alle Welt Salomo Geschenke brachte. Wiederum werden Luxusartikel wie goldene und silberne Gerätschaften, Kleider, Maultiere, Waffen und Pferde nach Jerusalem gebracht. Der Sinn des Verses ist es nicht, Salomo auch noch als Sammler luxuriöser Waffen darzustellen. Die Stelle leitet zu dem Thema der Rüstungspolitik Salomos über.

Salomo brachte Streitwagen und Reiter zusammen. Er hatte 1400 Streitwagen und 12000 Reiter. Er brachte sie in die Wagenstädte und zum König nach Jerusalem. Salomo machte das Silber in Jerusalem so zahlreich wie die Steine und er brachte so viel Zedern, wie es Maulbeerfeigen in der Schefela gab. Man brachte die Pferde für Salomo aus Ägypten und aus Kue heraus. Die Händler des Königs holten sie aus Kue zu ihrem Preis. Es kam herauf und wurde herausgebracht ein Wagen aus Ägypten für 600 Silberschekel und ein Pferd für 150 Silberschekel. So wurden sie ausgeführt durch die Vermittlung aller Könige der Hetiter und der Könige Arams.
(1Kön 10,26–29)

Auf den ersten Blick liest sich der Abschnitt so, als würde hier nochmals der Glanz der Ära Salomos entfaltet: Salomo habe nicht nur von den Nachbarvölkern zahllose Geschenke erhalten und so Frieden und Wohlstand gesichert, sondern seinem Befehl unterstand eine gewaltige Streitmacht, die Israels Sicherheit garantierte. Und schließlich habe sich der König Salomo noch darauf verstanden, als Waffenhändel Profit zu machen.

Die Vorstellung des Deuteronomiums darüber, was der König Israels tun sollte und was nicht, sind von Salomos Aktivitäten weit entfernt: Der König soll die Zahl seiner Streitrösser gering halten, er soll die Menge seines Goldes und seines Silbers gering halten und ebenso soll er die Zahl seiner Frauen klein halten. Zudem erfährt der Ausländer eine Ausgrenzung: »Er ist nicht dein Bruder« (Dtn 17,14–17). Dem Besuch der Königin von Saba und der Darstellung des Reichtums in 1Kön 10 folgt in 1Kön 11,1–8 das Thema *fremde Frauen* und *Abfall Salomos*. Zudem wird mit der ägyptischen Königstochter wieder das Thema der ägyptischen Beziehungen ins Spiel gebracht. Die thematischen Verschränkungen zwischen Dtn 17,14–17 und 1Kön 10,1–11,8 umfassen somit die Rüstungsgüter am Beispiel der Pferde, königlicher Reichtum, die fremden Frauen und das Verhältnis zu Ägypten. Keine andere biblische Geschichte ist in ihrer Rezeption einer derart starken Erotisierung und Sexualisierung unterzogen worden, wie das für 1Kön 10,1–14 der Fall ist. Vom äthiopischen Nationalepos Kebra Nagast bis zur Traumfabrik Hollywood steht fest: Salomo und die Königin von Saba hatten mehr miteinander zu schaffen als das Lösen von Rätseln und das Austauschen diplomatischer Artigkeiten.[165] Eine ganz andere Frage hat die Ausleger beschäftigt: Was an dem Erzähl-

---

165 Vgl. S. 270 ff.

ten ist historisch und was nicht? Häufig wird hinter
1Kön 10,1–14 eine volkstümliche Überlieferung gesehen, die auf einen tatsächlichen Besuch einer arabischen
Königin in Jerusalem zurückgeht.[166] Gegen einen wie
auch immer gearteten Kern der Erzählung sprechen die
Anonymität der fremden Königin, die nebulöse Geogra-
phie und das Fehlen von konkreten Angaben über die
Einnahmen und Ausgaben Salomos anlässlich des hohen Staatsbesuchs.

Volkstümliche Überlieferungen über den Besuch der
Königin von Saba gibt es in großer Zahl.[167] Sie alle haben eines gemeinsam: Die Königin ist nicht namenlos.
Die Namenlosigkeit der Königin in 1Kön 10,1–14
spricht gegen einen volkstümlichen Charakter der Erzählung. Mit dem Herkunftsland Saba wird die Heimat der fremden Besucherin an die Grenzen der Welt
verschoben. Mit dieser *Utopie* wird die Herkunft der
sabäischen Königin an einen Ort verlagert, der auch
für den historischen Hörer nicht mehr verifizierbar gewesen sein dürfte. Gerade weil die Königin aus einem
unbekannten – sagenhaften – fernen Reich kommt, ent-
behrt sie nicht einer gewissen Exotik.

Schließlich wird in 1Kön 3–11 sehr viel Mühe darauf
verwendet, genaue Angaben über Salomos Einnahmen
und seine Bauprojekte zu machen. Das ist insbesondere
der Fall bei der Darstellung der Geschäftsbeziehung mit
Hiram in 1Kön 5,15–25; 9,10–13. Abgesehen von den 120
Talenten Gold in 1Kön 10,10 wird mehrfach gesagt, dass
die Königin sehr viel brachte und sehr viel wieder mit-
nahm – doch wie viel genau bleibt ungesagt.

---

166 Vgl. S. WÄLCHLI, Der weise König Salomo, 91–102 (mit Li-
     teraturangaben).
167 Vgl. die gründliche Aufarbeitung der volkstümlichen und
     literarischen Stoffe bei R. BEYER, Die Königin von Saba.

2. Einzelfragen

2.1. Salomo und der deuteronomische Königsspiegel

So glanzvoll wie Salomo hat nach dem Ausweis der Hebräischen Bibel kein weiterer König Israels bzw. Judas regieren können. Salomo ist der unumschränkte Herrscher (mošel) über ein Riesenreich zwischen dem Euphrat und der ägyptischen Grenze (1Kön 5,1). Salomo nennt die gewaltige Zahl von 4000 Pferdegespannen und 12 000 Pferde sein Eigen (1Kön 5,6). Aus ganz Israel rekrutiert er 30 000 Fronarbeiter (1Kön 5,27), er beschäftigt 70 000 Lastträger und 80 000 Steinhauer (1Kön 5,29). Wie selbstverständlich wird vorausgesetzt, dass Salomo über ein schier unerschöpfliches finanzielles Reservoir verfügt, das ihm eine pompöse Bautätigkeit erlaubt. Wie nebenbei erfährt der Leser, dass Hiram von Tyrus ihm 120 Talente Gold schickt (1Kön 9,14), eine Expedition nach Ofir bringt ihm sage und schreibe 420 Talente Gold ein (1Kön 9,28), die Königin von Saba ist bei ihrem Besuch in Jerusalem alles andere als knauserig und schenkt ihm neben Edelsteinen noch einmal 120 Talente Gold (1Kön 10,2.10). Das königliche Säckel füllt sich jährlich um weitere 666 Talente Gold (1Kön 10,14). Salomo verfügt über Speicher- und über Garnisonsstädte für seine Streitwagen (1Kön 9,19). Geradezu monoton führt der Erzähler Salomos Reichtum und seine Quellen auf. So mag das Resümee in 1Kön 10,23 nicht wundern: *Und Salomo war größer an Reichtum und Weisheit als alle Könige der Erde* (1Kön 10,23). Und so konnte Salomo seinem erwähnten Militärpotential noch einiges hinzufügen: 1Kön 10,26 nennt die Zahl von 1400 Kriegswagen und 12 000 Gespannen, die Salomo in seinen Wagenstädten und in Jerusalem stationiert. Für sie kauft der König Pferde aus Ägypten

(1Kön 10,28). Ebenso betätigt Salomo sich als Zwischenhändler. In Ägypten kauft er für gutes Geld Streitwagen und Pferde und verkauft sie an die hethitischen und aramäischen Könige weiter. Wie luxuriös es der König Salomo hatte, illustriert nicht zuletzt die Zahl von 700 Haupt- und 300 Nebenfrauen, die Salomo sein Eigen nannte (1Kön 11,3). Auf die Frage, woher der ganze Reichtum eigentlich kommt, gibt 1Kön 12,4 eine Antwort: aus Fronarbeit und aus den Einnahmen an Steuern und Abgaben.

Übergeht man diese Äußerung, die die Finanzpolitik Davids und Salomos kritisch reflektiert, bleiben als Eckdaten für die Darstellung der Salomonischen Herrschaft die Angaben in 1Kön 3–11 stehen. Salomos Macht wird illustriert durch seinen grenzenlosen Reichtum, die immense Zahl seiner Frauen, die zugleich Ausdruck seiner außenpolitischen Stärke ist, seine einzigartige Stellung als unumstrittener Herrscher Israels und seine kostenintensive Rüstungspolitik, die mit den Waffeneinkäufen in Ägypten im Zusammenhang steht. Das Gesamtbild von der Herrschaft Salomos, das 1Kön 3–11 bietet, ist durchweg idyllisch. Zu den Nachbarvölkern besteht – sofern sie thematisiert werden – ein stabiles Verhältnis. *Frieden war von allen umliegenden (Gebieten) ringsum* (1Kön 5,4). Ringsum ist die Welt befriedet. Und in ihrer Mitte thront der König Salomo mit seiner gewaltigen Streitmacht. Man fühlt sich an das Gedicht von *Wilhelm Busch* vom wehrhaft-stachligem Igel erinnert:

Und trotzt getrost der ganzen Welt
Bewaffnet doch als Friedensheld[168]

Dem einigermaßen informierten Bibelleser könnte an dieser Stelle ein ganz anderer Text in den Sinn kom-

---

168 W. Busch, Bewaffneter Friede, in: Ders.: Zweifach sind die Phantasien, 164.

men: Im Rahmen der deuteronomischen Ämtergesetze in Dtn 16,18–18,22 findet sich der so genannte Königsspiegel (Dtn 17,14–20). Er nennt die Dinge, derer sich der König zu enthalten hat:

Wenn du in das Land kommst, das dir JHWH, dein Gott, gibt, damit du es in Besitz nimmst und du darin wohnst, und wenn du dann sprichst: Ich will einen König setzen über mich wie all die Völker ringsum, dann sollst du unbedingt einen König über dich setzen, den JHWH, dein Gott, erwählt hat.
Aus der Mitte deiner Brüder sollst du ihn als König einsetzen.
Du darfst keinen Ausländer, der nicht dein Bruder ist, einsetzen.
Nur darf er Pferde sich nicht zahlreich halten, damit er das Volk wegen der Menge seiner Pferde nicht nach Ägypten zurückführe.
JHWH spricht zu euch: Ihr sollt nicht fortfahren, weiter auf diesem Weg zu gehen.
Frauen soll er nicht zahlreich haben, damit sie sein Herz nicht weichen lassen, Gold und Silber soll er nicht sehr zahlreich haben.
(Dtn 17,14–17).

Es fällt auf, dass die Darstellung des Salomonischen Königtums in 1Kön 3–11 und das deuteronomische Idealbild des Königs Gegensätze bilden. Dass Salomo als König *primus inter pares* ist, lässt sich ganz gewiss nicht sagen. Der Erzähler von 1Kön 3–11 überschlägt sich geradezu, die Zahl der Frauen und der Kriegspferde Salomos zu rühmen. Ebenso singt er ein Loblied auf den großen Reichtum. Dass eine kostenintensive Rüstungspolitik in eine Abhängigkeit von Ägypten führen könnte, war dem Verfasser des Königsspiegels bewusst. Dagegen berichtet der Erzähler in 1Kön 10,29 unvoreingenommen, dass Salomo einen guten Teil seines Reichtums für Waffenkäufe in Ägypten aufgewendet habe. Die Warnung in Dtn 17,17, das Herz des Königs könne wegen der vielen Frauen abgewendet werden, bestätigt sich in 1Kön 11,3: Die 1000 Frauen Salomos schaffen es, dass sein Herz sich ihnen zuneigt und zugleich von JHWH abwendet.

Die diametrale Bewertung der Finanz-, Militär- und Außenpolitik, die sich hinter der Chiffre der vielen Frauen verbirgt, legen den Schluss nahe, dass zwischen Dtn 17,15–20 und 1Kön 3–11 ein literarisches Verhältnis besteht.[169] Dabei ist es mehr als unwahrscheinlich, dass beide Texte auf ein und denselben Verfasser zurückgehen. Trotz der frappierenden inhaltlichen Analogien gebrauchen beide Texte stellenweise unterschiedliche sprachliche Wendungen.[170] In welchem Verhältnis stehen beide Texte zueinander? Ist es so, dass der deuteronomische Königsspiegel in Dtn 17,15–21 die theologische und »staatsrechtliche« Vorlage für die narrative Explikation eines negativen Königsbildes am Beispiel Salomos geliefert hat? Oder hat der Verfasser von Dtn 17,15–21 aus den ihm bekannten Erzählstoffen in 1Kön 3–11 ein abwertendes Fazit gezogen und dem ihm vorgegebenen prunkvollen Bild des Königs Salomos den königskritischen Spiegel vorgehalten? Oder liegen die Dinge literarisch noch komplizierter, dass nämlich die deutlichen Gegensätzlichkeiten literarische Nachträge innerhalb von 1Kön 3–11 darstellen, die ein negatives Gegenbild zu Dtn 17,15–21 aufbauen wollen? An einer Stelle lässt sich zeigen, dass zwischen beiden Texten ein Bezug nehmendes Verhält-

---

169 F. CRÜSEMANN, Tora, 274–277, schlägt mit überzeugender Argumentation eine Datierung des Grundbestandes des Königsspiegels in die spätvorexilische Zeit vor.

170 Dass Frauen das Herz des Königs negativ beeinflussen können, behaupten Dtn 17,17 und 1Kön 11,3 gleichermaßen. Beide Stellen verwenden allerdings unterschiedliche hebräische Verben. In Dtn 17,17 steht das Verb *sur* mit der Grundbedeutung *abweichen*, in 1Kön 11,3 steht dagegen *natah* mit der Grundbedeutung *neigen*.

nis besteht. Dtn 17,17 warnt davor, dass viele Frauen *das Herz des Königs abweichen* lassen würden. Worauf sich das Abweichen bezieht, macht V. 20 deutlich: *Das Herz* des Königs soll sich über seine Brüder nicht erheben und er soll von dem Gebot, gemeint ist *dieses Gesetz, nicht abweichen*. Damit ist durch den Kontext von Dtn 17,17 abgesichert, worauf sich das Abweichen bezieht. 1Kön 11,3 konstatiert, dass sich *das Herz* Salomos seinen Frauen *zugeneigt* habe. V. 2 stellt die Behauptung voran, dass der Kontakt mit den fremden Völkern dazu führen würde, dass Israels *Herzen* den fremden Göttern *anhängen* würden. V. 3b gibt eine Erklärung dafür ab, wie der Kontakt zu den Fremden den Abfall von JHWH bewirken könne: durch die Liebe. Exemplifiziert wird das durch die Bemerkung, dass Salomo in Liebe zu seinen fremden Frauen entbrannt war. Literaturgeschichtlich dürften die Dinge so liegen, dass die *unbegründete* Warnung vor der Polygamie des Königs in 1Kön 11,1–3 aufgegriffen und durch ein konkretes Fallbeispiel, Salomos Neigung, viele Frauen zu lieben, *begründet* wird. Nicht das Faktum der königlichen Polygamie an sich ist in 1Kön 11,1–3 im Unterschied zu Dtn 17,17 thematisiert, sondern die konkreten Folgen, nämlich die emotionale Bindung an die fremden Frauen und die so entstehende Anfälligkeit für deren religiöse Gepflogenheiten.

Als ein zweites Beispiel dafür, dass die Salomogeschichten in 1Kön 1–11 auf den deuteronomischen Königsspiegel rekurrieren, kann die Thematisierung Ägyptens angeführt werden. Dtn 17,16 warnt davor, dass eine intensive Rüstungspolitik des Königs das Volk wieder nach Ägypten führen würde. Gemeint ist wohl, dass die Militärausgaben zu einer Intensivierung der Abgabenlasten und zu einer Bedrückung des Volkes führen würden. Eine übermäßige fiskalische Bela-

stung würde zu einer erneuten – metaphorisch ge-
meinten – ägyptischen Knechtschaft, diesmal unter
der Hand des Königs von Israel führen. Es dürfte kein
Zufall sein, dass in 1Kön 10,28 ausgerechnet im Zusammenhang mit der Rüstungspolitik Salomos und
der Einfuhr von Pferden, vor deren übermäßiger An-
schaffung Dtn 17,16 ausdrücklich warnt, Ägypten als
Lieferant angeführt wird.

Nur darf er Pferde sich nicht zahlreich halten, damit er das Volk
wegen der Menge seiner Pferde nicht nach Ägypten zurückführe.
(Dtn 17,16)

Und man brachte Pferde für Salomo aus Ägypten und aus Koë
und die Händler des Königs kauften sie zu ihrem Preis.
(1Kön 10,28)

Eine Kritik an Salomo ist hier nicht herauszuhören.
Die Assoziation zu Dtn 17,16 ergibt sich allerdings
durch die Themen Pferde, Ägypten und Reichtum
(1Kön 10,27). Die Unmenge an Geld in Jerusalem lässt
Salomo hemmungslos rüsten und den Reichtum
durch eigene Rüstungsexporte wiederum vermehren.
Die mit Ägypten und den Kriegsgütern assoziierte
Geldmaschine mehrt den Reichtum und das Militärpotential Salomos gleichzeitig. Es ist mit Sicherheit
kein Zufall, dass diese Notiz unmittelbar vor der Erwähnung des negativen Einflusses der fremden Frau-
en (1Kön 11,1–3) steht. Bemerkenswerterweise steht
die Mitteilung über die Rüstungsim- und -exporte Salomos und über den daraus folgenden Geldsegen
nicht unter dem Verdacht, ein deuteronomistischer
Zusatz zu sein, obwohl auch hier deutlich auf
Dtn 17,16 f. angespielt ist.

2.2. Sind Lob und Tadel Salomos in 1Kön 1–11 auf verschiedene Verfasser und Überarbeiter zurückzuführen?

Es entspräche nicht der Konzeption der Reihe *Biblische Gestalten*, in die heftig geführte Debatte über die literarische Einheitlichkeit oder Uneinheitlichkeit von 1Kön 1 f.; 3–11 einzugreifen. Auf der einen Seite stehen – meist angelsächsische – Ausleger, die ein weitgehend homogenes Erzählwerk mit einer komplexen Strukturiertheit veranschlagen. Auf der anderen Seite wird auf zahlreiche Ungereimtheiten und Widersprüche innerhalb des Abschnittes verwiesen, die sich mit der Annahme verschiedener Verfasser und Ergänzer mit sehr unterschiedlichen oder gar entgegengesetzten Intentionen erklären lassen. In der Tat ist es so, dass das insgesamt positive Salomobild stellenweise, hauptsächlich aber am Ende von 1Kön 1–11, nämlich in Kap. 9–11, eingeschwärzt wird. Daraus hat man gern den Schluss gezogen, dass die kritische Reflexion Salomos auf die Hand der deuteronomistischen Redaktoren zurückgehe. Neben der Anordnung des Erzählstoffs könne ein Bearbeiter »mit geringfügigen Eingriffen und Einschüben die Struktur und die Aussageintention des ihm vorliegenden Materials grundsätzlich verändern«.[171] Dies führt freilich zu einer Aufspaltung der deuteronomistischen Bearbeitungsschichten in einen deuteronomistischen Historiker, der mit seinen Einschüben (1Kön 3,6aαbβ; 5,15.17–19.21.26a; 6,1; 7,1.2–8.9–12; 8,14–15*.17–21.62–63.65.66*; 9,10.11a; 10,9; 11.1a.3a.26–28.40.41–43) Salomo als einen von Gott erwählten Nachfolger Davids und legitimen Tempelbauer porträtiert. Dagegen verfolge die

---

171 S. Wälchli, König Salomo, 26.

an der Tora orientierte deuteronomistische Redaktion, die so genannte nomistische, das Ziel, mit der Einfügung geradezu erratisch wirkender kritischer Stellen Schatten auf die Lichtgestalt Salomo zu werfen (1Kön 1,3,6*.8.11*.12*.14; 6,11 f.; 8,15b*.16.22–26.54a.55–58.61. 66b*.9,1–9.19*.20–22;11,2.4.9 f.11a*.12.33b.34.35*.38.39b).[172] Demnach wäre Salomo als Kultsynkretist einerseits in die Ziellinie der Kritik geraten, andererseits stünde er als Erwählter JHWHs unter dem Zeichen der bleibenden Erwählung. Das (selbst geschaffene) Problem versucht man dadurch zu lösen, dass die deuteronomistischen Redaktionen (!) jeweils für sich ein ambivalentes Salomobild entwerfen, ein freundliches und ein kritisches.[173] Wenn die innere Ambivalenz somit keinen wirklichen literarkritischen Anhaltspunkt bietet, da sich die unterschiedlichen Haltungen zu Salomo und zur Bewertung seines Königtums in den einzelnen Redaktionsschichten durchhalten, verliert das ganze redaktionskritische Modell an Plausibilität.

Ich kann mich hier nur auf thesenartige Formulierungen beschränken, mit denen die Sinnhaftigkeit des Erzählwerks 1Kön 1–11 betont werden soll:

1. Die Geschichte Salomos beginnt mit seiner Geburt – und über sie wird in 2Sam 11 f. berichtet. Seine Zeugung und seine Thronbesteigung sind unlösbar mit seiner Mutter Batscheba verbunden. Es ergibt keinen Sinn, in 1Kön 1 den Einsatz eines neuen Erzählwerks zu konstatieren, obwohl die Salomobiographie bereits in 1Kön 1 beginnt und er in 1Kön 2 als unnachgiebiger Herrscher geschildert wird. Die Härte gegenüber den inneren Feinden, die sich in 1Kön 1 in der Ermordung

---

172 Vgl. S. WÄLCHLI, König Salomo, 24 ff., und dazu die Übersicht, 235.
173 Vgl. S. WÄLCHLI, König Salomo, 126.

Joabs und Schimis zeigt, kehrt am Ende der Salomobiographie im Motiv der gnadenlosen Verfolgung des von JHWH erwählten Thronnachfolgers und Sezessionisten Jerobeam wieder.[174] Die Hinrichtung des Bruders Adonia in 1Kön 2,13–25 ist durch dessen Bitte um Abischag von Schunem alles andere als gerechtfertigt.

2. Die Frauen, die in 1Kön 1–11 begegnen, weisen eine die Gesamterzählung strukturierende Funktion auf (vgl. dazu Kap. 2.5). Mit Batscheba ist eine Frau an der Thronbesteigung Salomos beteiligt, mit Batscheba teilt Salomo ein Stück seiner königlichen Herrschaft, Frauen initiieren indirekt die Abwendung Salomos von JHWH und tragen auf diese Weise zur Auflösung des Großreiches bei. Während Batscheba und die Tochter des Pharao, Letztere pars pro toto, Salomos Thronbesteigung, die Anfänge seiner Herrschaft und ihr Ende in ein diffuses Licht tauchen, lassen die streitenden Prostituierten und die Königin von Saba Salomo in seiner Weisheit erstrahlen. Dieses Erzählkonzept würde verkannt, wenn 1Kön 1 f. nicht zum Bestand der Salomogeschichten gerechnet würde und wenn die kritischen Bemerkungen über die Zahl der Frauen aus

---

174 Pikanterweise verfolgt Salomo Jerobeam, *weil* JHWH ihn zum König über die zehn abgefallenen Stämme erhoben hat. Hier drängen sich Assoziationen zu Saul auf: Ebenso wie Jerobeam macht David am Hof des Königs durch seine Verdienste Karriere, bekommt durch einen Propheten den Königsthron versprochen, muss wegen der Feindschaft des Königs bei einem fremden Herrscher Zuflucht suchen und kann erst nach dem Tod des Königs den Thron besteigen. Insbesondere die Verfolgung Jerobeams durch Salomo, nachdem ihm der Prophet Ahia von Schilo die Auflösung des Großreiches und die Herrschaft über die zehn Nordstämme verheißen hat, erinnert an den verworfenen Saul, dem die Erwählung Davids durch JHWH Anlass zum tödlichen Hass gibt.

der Erzählung extrahiert würden. Problematisch wird die Argumentation zudem dort, wo einzelne Passagen einer deuteronomistischen Redaktion zugewiesen werden, deren sprachliche Gestaltung rein gar nichts mit dem typischen deuteronomistischen Sprachgut zu tun hat. Das ist insbesondere der Fall für die ganz und gar undeuteronomistische Formulierung in 1Kön 11,3, dass die Frauen das Herz Salomos geneigt hätten,[175] und für das chronistische Schreckensbild von den »fremden Frauen«.[176] Sollte es tatsächlich so gewesen sein, dass das ältere Erzählgut von Salomo als reichstem Mann der Welt, der über ein gigantisches Militärpotential verfügte und der der Mann von 1000 Frauen war, mit wenigen redaktionellen Federstrichen in ein kritisches Gegenbild verkehrt worden ist? Oder ist es

---

175 Die entsprechende hebräische Formulierung *wajatu naschaw libo* (und seine Frauen neigten sein Herz) kommt im deuteronomistischen Geschichtswerk nur noch einmal in Jos 9,3 vor, sonst in Ps 119,36.112; 141,4; Prv 2,2; 21,1; 22,17; Jes 44,20.

176 Die fremden Frauen, die Salomos Herz betörten, werden bevorzugt der deuteronomistischen Redaktion zugewiesen; vgl. S. WÄLCHLI, König Salomo, 123. Dagegen zeigt der konkordante Befund ein völlig anderes Bild. Der Terminus fremde Frau bzw. fremde Frauen taucht neben 1Kön 11,1.8 nur noch in den literarischen Spätwerken auf; vgl. Esr 10,2.10.11.14.17.18.44; Neh 13,26.27; Prv 2,16; 5,20; 6,24; 7,5; 23,27. Neh 13,26 setzt Salomos Neigung zu den fremden Frauen ebenso voraus – und kritisiert sie heftig – wie die Liebe, die ihm von JHWH entgegengebracht wird. Zunächst darf festgehalten werden, dass die Verfasser von Esr und Neh keine Probleme mit der Gleichzeitigkeit der Liebe Salomos zu fremden Frauen und der Liebe JHWHs zu Salomo hatten und – diese Bemerkung sei erlaubt – auch keine redaktionskritischen Vorschläge unterbreitet haben. Für die Thematisierung der *fremden Frau* in Prv 1–7 hat C. MAIER, Die fremde Frau, eine nachexilische Abfassungszeit wahrscheinlich machen können.

so, dass die Erzählkonzeption in 1Kön 1–11 sehr wohl um die Möglichkeit von Macht und Reichtum eines Königs weiß und zugleich auf die Gefährlichkeit desselben hinweist?

3. Die Annahme einer breiten deuteronomistischen Überarbeitung des Salomostoffs muss für diesen ein gewisses Alter annehmen. Dazu gehört, dass der breite Strom der Salomoüberlieferung bereits auf einen Prozess der Sammlung, Zusammenstellung und Harmonisierung zurückblickt. In diesem Fall wäre zu erwarten, dass die Gestalt Salomos und die mit ihm verbundenen Vorstellungen einen nennenswerten Niederschlag in der Überlieferung der Hebräischen Bibel hinterlassen hätten. Die Gegenprobe lässt sich mit der Streuung Davids außerhalb von 1/2Sam; 1Kön 1 f. machen: Außerhalb des Textkorpus, das sich mit David beschäftigt, taucht er noch an 258 Stellen auf. Dagegen taucht Salomo mit Ausnahme von Jer 52,20 bei den Propheten gar nicht, im Psalter (72,1; 91,8; 127,1) nur dreimal und sonst noch vereinzelt in den literarischen Spätwerken auf.[177] Dagegen nimmt die Zahl der Nennungen mit 26 in der zwischentestamentlichen Literatur spürbar zu. Warum schweigen die Propheten über den König Salomo, der sein Herz den fremden Frauen und ihren Göttern geschenkt haben soll und so die Wurzel für die wachsende »Ursünde« Israels bildet? Warum halten sich die Psalmenbeter auch in der Erwähnung Salomos zurück, wenn sie den Gott Israels und seinen Tempel besingen, den Salomo ja schließlich gebaut haben soll? Selbst wenn man berücksichtigt, dass Davids Name häufig als dynastischer Begriff (Haus David) bzw. als Ausdruck für den Jerusalemer

---

177 Den Schwerpunkt bildet das Hohelied mit sieben Belegen, gefolgt von Esr/Neh mit fünf Belegen und Prv mit drei Belegen.

Königsthron erscheint (Stuhl Davids), ist seine Nennung in den Prophetenbüchern und im Psalter ungleich höher. Sollte es so gewesen sein, dass ausschließlich die Deuteronomisten ein großes Interesse an Salomo zeigten, die sonstigen Autoren Israels aber nicht? Oder ist die Komposition von 1Kön 1–11 ein Produkt der Nachexilszeit, was nicht ausschließt, dass sich in ihr ältere Materialien finden?

2.3. ... und er hing an ihnen in Liebe – Salomo und seine 1000 Frauen

1Kön 11 f. spielt im Erzählkonzept der beiden Königsbücher eine maßgebliche Rolle. Erzählt wird, wie es zum Abfall der zehn Nordstämme von der Herrschaft der Davididen kommt. Der Text liefert zwei Begründungen: Erstens habe Salomos Liebe zu seinen Frauen ihn von seinem Gott entfernt und so dessen Strafurteil heraufbeschworen (1Kön 11,1–13), zweitens habe Rehabeams Unnachgiebigkeit gegenüber der Bitte des Volks um Abgabenerlass den Abfall der Nordstämme provoziert. Salomos Synkretismus bildet die theologische Begründung für die Strafe JHWHs, die himmelschreiende Bedrückung des Volkes die sozial-ethische Begründung. In der Perspektive von 1Kön 11 f. tragen Salomos Polygamie und die soziale Bedrückung des Volkes gleichermaßen zur Auflösung des Reiches bei. Allerdings geht die Strafe an Salomo selbst vorbei, statt dessen soll sein Sohn und Nachfolger die Schmach des Abfalls und des Machtverlustes erleben müssen (1Kön 11,12). Die Sache erinnert auffällig an die Folgen des David-Batscheba-Skandals in 2Sam 11 f. In 2Sam 12,14 erfährt David Schonung: An seiner Stelle muss sein Sohn sterben. Die Parallelen zwischen beiden Texten lassen sich noch vertiefen. Es sind Frauen, die mit der

Schuld des Königs in Zusammenhang gebracht werden. In 2Sam 11 f. gerät David in die Verstrickung von Ehebruch, Lüge, Intrige und Mord und zieht deswegen die Strafe JHWHs auf sich, 1Kön 11,13 nennt die Frauen, derentwegen das Verhältnis zwischen Salomo und JHWH getrübt wird. In beiden Episoden tauchen mit Natan und Ahia von Silo Propheten auf, die dem König das Strafurteil Gottes verkünden. Eine weitere Parallelisierung Salomos mit seinem Vater besteht darin, dass es die Frauen beiden besonders im Alter angetan haben. David und Salomo erscheinen als lustvolle Greise, die es mit der gebotenen politischen Ernsthaftigkeit nicht mehr so genau nehmen oder nehmen können. Von David heißt es, dass ihm in den Tagen seines Alters die schöne Abischag gesucht wurde, um ihn zu wärmen, währenddessen sein Sohn Adonia sich eigenmächtig als König proklamieren lässt (1Kön 1,1–8). Während David den Usurpationsversuchen seines Sohnes tatenlos zusieht, ergreift die Königin Batscheba die Initiative und bewegt David zur Intervention zu Gunsten seines Sohnes Salomo.

In 1Kön 2 wird die Episode berichtet, dass Adonia, der in Kap. 1 noch Thronambitionen hatte, Salomos Mutter Batscheba um Intervention beim König Salomo bittet. Mit Batschebas Hilfe erhofft er, die ehemalige Konkubine Davids, Abischag von Schunem, heiraten zu können. Salomo allerdings deutet das Begehren seines Bruders Adonia als Versuch, den Thron zu erobern, und lässt Adonia kurzerhand hinrichten (1Kön 2,13–25). Ist Salomo mit seiner Anschuldigung im Recht? Oder hat er nur einen Vorwand gesucht, seinen unliebsamen Bruder auszuschalten? Immerhin ist Adonia ein Konkurrent Salomos und mithin ein innerer Gegner. Entspricht es einer kompositorischen Konzeption, dass – wiederum nach einer »Frauenepisode« –

am Ende von Salomos Herrschaft wieder von seinen Feinden die Rede ist, diesmal von seinen äußeren und inneren?[178] In diesem Fall würde die Konstellation Frau und Gegner Salomos sowohl am Anfang als auch am Ende des Salomozyklus' in 1Kön 1–11 begegnen und hätte somit eine die Gesamterzählung rahmende Funktion. Steht hinter der Gemeinsamkeit der beiden Könige David und Salomo, deren altersschwaches Herz sich den Frauen zuneigt, ein tieferer Sinn? Die Motivanalogien zwischen den Erzählungen lassen diesen Schluss zu.

2Sam 11f.	*1Kön 1f.*	*1Kön 11*
Batscheba-Skandal		Skandal der fremden Frauen
Folge: Strafwort JHWHs		Folge: Strafwort JHWHs
		– Todesurteil für David
		– Wegnahme der zehn Stämme von Salomo
		– Abmilderung: Tod trifft Davids Sohn
		– Abmilderung: Wegnahme erst zur Zeit von Salomos Sohn
		– Auftreten des Propheten Natan
		– Auftreten des Propheten Ahia von Schilo
	Davids Greisenalter: Abischag	Salomos Greisenalter: fremde Frauen
eine Frau (Batscheba) ebnet		Frauen im Zusammenhang mit Salomos

---

178 1Kön 11,14–26 nennt unmittelbar im Anschluss an das Gerichtswort JHWHs den Edomiter Hadad, den Aramäer Zoba und den Ephraimiter Jerobeam als Feinde Salomos, die Israel schadeten.

Salomos Thronbesteigung Batscheba im Zusammenhang mit der Ausschaltung des Konkurrenten Andonia	angekündigtem Machtverlust auf den »Frauenskandal« folgen drei Feinde Salomos
Grund für den Tod des Sohnes Davids: David nimmt Batscheba zur Frau	Grund für den Tod Adonias: Adonia will Davids Konkubine Abischag zur Frau

Batscheba, die vom Erzähler nirgends auch nur ansatzweise kritisiert wird, ebnet als Mutter ihrem Sohn den Weg zum Thron. Ob sie die Affäre mit David provoziert hat, ob sie auf Davids Begehren zustimmend oder nur duldend eingegangen ist, sei dahingestellt. Ganz gewiss will der Erzähler auf die äußerst schwierigen Umstände der Geburt Salomos hinweisen. Merkwürdigerweise kehren die Schwierigkeiten bei der Thronbesteigung wieder. Wieder sind es Batscheba und Natan, denen Salomo seinen Aufstieg verdankt. Wieder ist es ein Sohn Davids, der sterben muss. In 2Sam 12 stirbt das namenlose Kind nach der Heirat Batschebas, in 1Kön 2 stirbt Adonia nach der (naiven oder berechnenden?) Frage Batschebas, ob Adonia Abischag heiraten könne. Der Weg Salomos zur Macht verläuft über drei Etappen: die Geburt als Folge eines Skandals, die Thronbesteigung als Folge einer Hofintrige und die Beseitigung des Konkurrenten Adonia als Folge der Intervention der Königsmutter – und alle diese drei Begebenheiten stehen mit Batscheba im unmittelbaren Zusammenhang. Eine Frau zieht Salomo nach oben auf den Thron, es sind wiederum Frauen, die ihm am Ende seines Lebens die Androhung seines Machtverlustes bescheren.

Ist der äußere Rahmen der Salomogeschichten in 1Kön 1–11 mit Frauen verbunden, die Licht und Schatten auf den König Salomo werfen, so existiert noch ein zweiter innerer Rahmen, der das in ihn eingespannte Bild Salomos in einem glanzvollen Licht erscheinen lässt – und das wieder im Zusammenhang mit Frauen: Das ist der Fall für die beiden berühmten Erzählungen vom salomonischen Urteil in 1Kön 3,16–28 und vom Besuch der Königin von Saba bei Salomo in 1Kön 10,1–13. 1Kön 3,16–28 folgt auf die Traumoffenbarung Gottes in 1Kön 3,5–15, durch die Salomo von der Gabe von Weisheit, Reichtum und Herrlichkeit erfährt, das ist die erste Nagelprobe der neu empfangenen Weisheit in Gestalt der vor Salomo erscheinenden Prostituierten und ihres Rechtsfalls. Die Abfolge ist logisch gewählt: Durch die Begabung mit Weisheit (1Kön 3,5–15) kann Salomo weise entscheiden (1Kön 3,16–28). Während in 1Kön 3,16–28 zwei Frauen zu Salomo kommen, *damit* seine Weisheit unter Beweis gestellt wird, kommt in 1Kön 10,1–13 eine Frau zu ihm, *weil* seine Weisheit längst offenbar geworden ist. Wir erfahren nichts darüber, inwiefern die Königin von Saba sich von der Weisheit Salomos überzeugen lässt. Allein die bloße Erkenntnis der Weisheit Salomos durch die Königin von Saba hält der Erzähler fest (1Kön 10,6–9). Auch dieser Abschnitt beinhaltet eine überleitende Funktion. Ganz und gar unbescheiden sind die Geschenke, die die Königin von Saba Salomo übergibt (1Kön 10,10). Die in 1Kön 10,1–13 folgende Auflistung des Reichtums Salomos nimmt den Erzählfaden aus V. 10 auf und gipfelt in der Aussage, dass Salomo der reichste und klügste Mann auf Erden war, ja dass es in Jerusalem Silber in gleicher Menge wie Steine gab (1Kön 10,23.27).

Die Episoden vom salomonischen Urteil und vom Besuch der Königin von Saba bilden einen inneren Rahmen

Abb. 9: Ein ägyptisches Paar aus dem Alten Reich.
Die emotionale Verbundenheit der Eheleute wird durch
den Arm der Frau, der auf der Schulter des Mannes ruht,
zum Ausdruck gebracht

innerhalb der Salomogeschichten. Von beiden Erzählungen aus fällt ein ausgesprochen helles Licht auf den König Salomo, seine Weisheit und seinen Reichtum. Damit entsteht ein Kontrastbild zum äußeren Rahmen, durch das das Bild Salomos erheblich eingetrübt wird.

2.4. Salomos Tempelweihgebet in 1Kön 8

Das von Salomo gesprochene Tempelweihgebet in 1Kön 8 wird in seinem Grundbestand meist als Abschluss der Ladeerzählung in 1Sam 4–6 und 2Sam 6 angesehen.[179] Der damit unterstellten vordeuteronomistischen Abfassungszeit widersprechen allerdings einzelne sprachliche Wendungen und Vorstellungen, die den Abschnitt eher in zeitliche Nähe zu den Büchern Esra und Nehemia rücken.[180] In 1Kön 8,4 ist davon die Rede, dass die *Priester und die Leviten* die Lade gemeinsam zum Tempel trugen. Die Bezeichnung *Priester und Leviten* setzt das Nebeneinander von zwei sozialen Gruppen voraus. Im Unterschied zur Bezeichnung *levitische Priester*, die sonst in großer Zahl begegnet, ist das Nebeneinander von *Priestern und Leviten* ein Ausdruck, der ausschließlich in Esr, Neh und 1/2Chr begegnet.[181] Das in 1Kön 8 vorausgesetzte Gebetsverständnis verweist den Abschnitt ebenfalls in die nachexilische Zeit. Der Terminus *Gebet* (hebräisch: *tephila*) nimmt in 1Kön 8 einen breiten Raum ein (V. 28.29. 38.45.49.54) und kann schon deswegen kaum auf einen redaktionellen Nachtrag zurückgehen. Er begegnet

---

179 Vgl. W. Dietrich, Die frühe Königszeit, 239 ff.

180 Andererseits hat man das Tempelweihgebet Salomos in 1Kön 8 in einer deuteronomistischen Wiege sehen wollen; vgl. C. Schäfer-Lichtenberger, Josua und Salomo, 297 ff.

181 In Esr, Neh und 1/2Chr begegnen die *Priester und Leviten* insgesamt 26-mal. In den deuteronomistischen Texten ist sonst von levitischen Priestern die Rede. Die Unterscheidung zwischen Priestern und Leviten ist ein Merkmal späterer, d. h. nachdeuteronomistischer und chronistischer Texte; vgl. U. Rüterswörden, Von der politischen Gemeinschaft, 68 f. J. Schaper, Priester und Leviten, 214, sieht mit Ez 44,6–16 den frühesten Beleg für eine Differenzierung zwischen Priestern und Leviten in spätexilischer Zeit.

sonst innerhalb der erzählenden Literatur nahezu aus-schließlich nur noch in chronistischen Texten.[182] Bei der Formulierung *Gebet deines Knechtes* (1Kön 8,28.29) scheint es sich ebenfalls um ein literarisches Spätpro-dukt zu handeln (sonst noch in Neh 1,6.11; Dan 9,17).

1Kön 8,41–43 rechnet mit der Möglichkeit, dass der Fremde, angezogen vom Glanz des Gottes Israels, zum Jerusalemer Tempel kommt und dort *zum Tempel betet*. Gemeint ist nicht die Anbetung des Tempels an sich, sondern die Richtung, in der das Gebet verrichtet wird. Die Vorstellungsweise und die gebrauchten Aus-drücke, insbesondere das Bild vom Fremden, der sich zu JHWH bekehrt, verweisen den Abschnitt in die nachexilische Zeit.[183] Die Thematisierung des Fremden am Jerusalemer Tempel ist – als Spättext! – nicht zuletzt deswegen von Bedeutung, weil sie thematisch mit dem Besuch der Königin von Saba auf gleicher Ebene liegt. Zunächst ist sie eine *Fremde*, die nach Jerusalem *kommt* (1Kön 8,41; 10,1). Weder für den Fremden noch für die Königin von Saba wird die Zugehörigkeit zu einer Fremdreligion thematisiert oder gar problematisiert. Sie erhalten ungehindert Zugang zum Jerusalemer

---

182 Neben dem Tempelweihgebet Salomos in 2Chr 5f. er-scheint der hebräische Ausdruck für Gebet neben einigen Vorkommen in den Prophetenbüchern (in Neh 1,6.11; 11,17; Hi 1,22; 16,17; 24,12; 2Chr 30,27; 33,18.19) mehrfach in den Psalmen. Im gesamten deuteronomistischen Ge-schichtswerk begegnet der Ausdruck sonst nur noch an drei Stellen (2Sam 7,27; 1Kön 9,3; 2Kön 19,4; 20,5), im Pen-tateuch dagegen gar nicht. Der Befund lässt keinen ande-ren Schluss zu, als dass das Wort Gebet in den jüngeren erzählenden Texten vorkommt. Mit Sicherheit lässt sich sagen, dass die Verwendung des Wortes Gebet mit dem damit gegebenen Vorstellungszusammenhang in den deu-teronomistischen Texten nahezu nicht begegnet.

183 Vgl. C. SCHÄFER-LICHTENBERGER, Josua und Salomo, 311–313.

Heiligtum. Der Fremde *kommt, um zu diesem Haus zu beten*, d. h. er betritt den Tempel nicht – ebenso wie der Israelit.[184] Die Königin von Saba wird Zeugin der üppigen Hofhaltung Salomos und seiner Brandopfer im Tempel (1Kön 10,5). Immerhin hat der auf diese Weise umschriebene Zugang der Nichtisraelitin zum Tempelhof die Chronisten derartig gestört, dass sie diese Stelle (2Chr 9,4) so umgedeutet haben, dass die Königin von Saba an Stelle des Tempels das Obergemach Salomos bestiegen haben soll. Von solch einer Zurückhaltung sind 1Kön 8,41–43 und 1Kön 10,5 weit entfernt. Der Fremde und die fremde Königin erhalten Zugang zum unmittelbaren Tempelbereich. Der Grund, warum der Fremde und die Königin von Saba kommen, ist jeweils identisch: Sie haben *vom Namen JHWHs gehört* (1Kön 8,42; 10,1). Ihren Besuch in Jerusalem krönen der Fremde und die fremde Königin mit einer Anerkennung JHWHs. Der Fremde erkennt den Namen JHWHs und fürchtet ihn, wie Israel ihn fürchtet (1Kön 8,43), die Königin von Saba stimmt ein Lob auf den Gott Israels an, der Salomo in seiner Liebe zu Israel auf den Thron gesetzt hat.

Während die Königin von Saba die positive Umsetzung der im Gebet Salomos in 1Kön 8,41–43 postulierten Wallfahrt der fremden Völker nach Jerusalem darstellt, repräsentieren die fremden Frauen Salomos das Gegenteil. Die sabäische Königin kommt ebenso wie der Fremde nach Jerusalem, erfährt dort die Herrlichkeit und Wirkmächtigkeit des Gottes Israels und stimmt einen Lobpreis auf ihn an. Vollziehen die Köni-

---

184 Keineswegs ist hier der gezwungenermaßen in Jerusalem weilende Geschäftsreisende gemeint, der mehr oder weniger zufällig mit dem Gott Israels in Berührung kommt, wie M. NOTH, Könige, 188, gemutmaßt hat. Es geht hier darum, dass der Gott Israels das Ziel der Reise ist.

gin und der Fremde eine Wendung zu JHWH hin, so verleiten die fremden Frauen Salomo dazu, sich von JHWH abzuwenden. Nirgendwo sonst in 1Kön 1–11 wird die Ambivalenz zwischen der Verehrung JHWHs und der gleichzeitigen Untreue Salomos deutlicher als im Zusammenhang mit der Liebe. In 1Kön 3,3 ist von der Liebe Salomos zu JHWH die Rede, in 1Kön 10,9 spricht die sabäische Königin von der Liebe JHWHs zu Israel und in 1Kön 11,1 spricht wiederum der Erzähler von der Liebe Salomos zu den fremden Frauen, die seine Liebe zu JHWH erheblich relativiert. In 1/2Kön ist nur an fünf Stellen von der Liebe die Rede, jedes Mal im Zusammenhang mit Salomo (1Kön 3,3; 5,15; 11,9; 11,1.2). Salomo liebt JHWH, Hiram liebt Salomo, JHWH liebt Israel und hat deswegen Salomo als König eingesetzt, und Salomo liebt die fremden Frauen. Drückt also die Liebe das Sowohl-als-auch des Verhältnisses zwischen Salomo und JHWH aus, das sich im Spannungsfeld zwischen der Liebe Salomos zu Gott und seiner inneren Abkehr von ihm durch die Liebe zu den fremden Frauen manifestiert? Der Gedanke liegt nahe, zumal sich das Vorkommen des Verbs *lieben* auf eben dieses ambivalente Verhältnis bezieht.

Noch in einem weiteren Punkt lässt sich die Ambivalenz Salomos beobachten. In 1Kön 8,25.58 formuliert Salomo selbst die Bitte, JHWH möge sein an David gegebenes Versprechen erfüllen, den Daviden eine beständige Herrschaft zu verleihen, sofern sie vor *JHWH recht wandeln*. Die Formulierung taucht auf in der Ermahnung des alten David an seinen Sohn Salomo in 1Kön 2,3 f., in der Verheißung JHWHs an Salomo in 1Kön 3,14 und in der Verheißung JHWHs an Jerobeam, nachdem er die Ablösung der zehn Stämme von den Daviden angekündigt hat (1Kön 11,38). Insofern hängt Salomo in seinem Gebet die Messlatte zur Bewertung seines Verhältnisses zu hoch. Weder die Ermahnung Davids noch die JHWHs vermag er vor dem Hintergrund von 1Kön 11 zu erfüllen. Mit der Einschränkung Salomos in 1Kön 8,25, dass die Daviden auf dem Thron nur *unter der Bedingung* Bestand haben, dass sie recht vor JHWH wandeln, zeichnen sich die Konturen des in 1Kön 11 f. beschriebenen Verfalls bereits ab. Ungeachtet dessen, dass das Tempelweihgebet Salomos die Möglichkeit des Untergangs des Jerusalemer Königtums in den Blick nimmt, sollte sich der Davide nicht in den engen Grenzen der von JHWH gestellten Forderungen bewegen, wird an dieser Stelle die Theologie der unabdingbaren Umkehrnotwendigkeit entfaltet. 1Kön 8,33 ff. setzt den Fall voraus, dass Israel, falls es sich von JHWH abwendet, mit einer militärischen Niederlage und dem Verlust des Landes bestraft wird und dass das nunmehr belehrte und umkehrwillige Volk auf die Gnade JHWHs hoffen kann.

Wenn dein Volk Israel vom Feind geschlagen worden ist, weil es sich an dir versündigt hat, und sie sich (wieder) zu dir bekehren, deinen Namen bekennen und sie zu dir beten und flehen in diesem Haus, dann wirst du hören im Himmel, du wirst die Sünde deines Volkes Israel verzeihen und so wirst du sie in das Land zurückbringen, das du ihren Vätern gegeben hast.
(1Kön 8,33 f.)

Für die Stelle wird meist ein enges verwandtschaftliches Verhältnis mit ähnlichen Formulierungen in deuteronomistischen Texten, so in Dtn 4,29–31 und Dtn 30,1–10, gesehen, auf Grund dessen für sie eine exilische Abfassungszeit angenommen wird.[185] Für 1Kön 8,33 f. dürfte allerdings das Exil als Abfassungszeit nicht mehr in Frage kommen. Dagegen spricht schon die Vorstellung, dass sich Israel betend und fle-

---

185 Vgl. N. Lohfink, Verkündigung des Hauptgebots, 191, und ders., Der Bundesschluß im Land Moab, 64 f.

hend *in diesem Haus* an JHWH wenden wird. 1Kön 8,33 f. setzt somit neben der Wegführung des Volkes das Ende des Exils und die Wiedererrichtung des Tempels voraus. 1Kön 8,33 f. steht in deuteronomistischer Tradition, kann aber den Tempel als wiedererrichtete Gebetsstätte voraussetzen. Die Stelle erweist sich somit als nachexilisch. Sie stellt – wie auch das Gebet Nehemias in Neh 1,5–11 – eine *relecture* von Dtn 30,1–4 dar.[186]

Das folgende Thema des von JHWH zur Strafe für den Ungehorsam Israels verweigerten Regens ist wiederum ein Zitat, diesmal aus Dtn 11,17. 1Kön 8,35 rechnet mit der Möglichkeit, dass sich Israel im zwischenmenschlichen Bereich (1Kön 8,31) bzw. gegenüber JHWH falsch (1Kön 8,33) verhält. Neben der oben besprochenen militärischen Niederlage als Strafe kann die Verweigerung des Regens eine gleiche Funktion einnehmen.

Wenn der Himmel verschlossen wird, dass es keinen Regen mehr gibt, weil sie sich an dir versündigt haben, und wenn sie zu diesem Ort beten und sie deinen Namen bekennen und sie sich von ihren Sünden abkehren und du sie bedrückst, dann sollst du im Himmel hören und die Sünde deiner Knechte und deines Volkes Israel vergeben, dass du ihnen deinen guten Weg lehrst, auf dem sie gehen, und du Regen gibst auf dein Land, das du deinem Volk zum Erbbesitz gegeben hast.
(1Kön 8,35 f.)

1Kön 8,35 f. nimmt nur die im Zusammenhang mit dem Regen stehenden Stichwörter aus Dtn 11,17 auf.[187]

---

186 Zu Neh 1,5–11 vgl. A. H. J. GUNNEWEG, Nehemia, 48 f.
187 Dass in 1Kön 8,35 f. auf Dtn 11,17 Bezug genommen wird, legt sich auf Grund des gebrauchten Wortmaterials zwingend nahe. Die Wortkombination der entsprechenden hebräischen Ausdrücke für *den Himmel verschließen* und *keinen Regen mehr geben* begegnet neben den beiden Parallelen in 2Chr 6,26; 7,13 nur noch in Dtn 11,17 und 1Kön 8,35.

Wenn der Zorn JHWHs gegen euch entbrennt und *der Himmel verschlossen ist, dass es keinen Regen mehr gibt* und die Erde keinen Ertrag bringt, dann werdet ihr schnell vertilgt werden von dem guten Land, das JHWH euch gegeben hat.
(Dtn 11,17)

Gegenüber Dtn 11,17 nimmt 1Kön 8,35 f. entscheidende Änderungen in der theologischen Aussage vor. Dtn 11,16 warnt davor, dass Israel sich von JHWH ab- und den fremden Göttern zuwenden könnte. In diesem Fall droht Israel die physische Auslöschung, die durch die Verweigerung von Regen und Fruchtbarkeit initiiert wird. Demgegenüber setzt 1Kön 8,35 f. diesen Fall voraus. Wenn Israel sich an JHWH versündigt und zur Strafe sein Land verliert, da JHWH den Regen zurückhält, und wenn sie sich dann bekehren und *dann* zu diesem Ort, d. h. zum Tempel, beten, dann wird auch wieder die Gnade JHWHs und mit ihr der Regen zu ihnen zurückkehren. Im Unterschied zum kompromisslosen Entweder-oder von Dtn 11,17, das Israel seinen Untergang vor Augen hält, wenn es sich von seinem Gott abwendet, bietet 1Kön 8,35 f. Israel eine zweite Chance an: Selbst wenn Israel sich von seinem Gott abwenden und wenn es dafür seine Strafe empfangen wird, bietet sich ihm die Möglichkeit, umzukehren und sich bittend an JHWH zu wenden. Der Jerusalemer Tempel ist dabei der mediale Ort, an dem sich die Gebete Israels manifestieren.

Bei der auf 1Kön 8,35 f. folgenden Thematisierung von agrarischen und kriegerischen Katastrophen scheint wiederum ein Text aus dem Deuteronomium Pate gestanden zu haben.

Hungersnot, wenn sie im Lande sein wird, Pest, wenn sie auftreten wird, Dürre, Mehltau, Heuschrecken, Käfer, wenn sie auftreten, wenn sein Feind im Land seine Stadttore belagert oder wenn jegliche Plage oder Krankheit auftreten wird, jedes Gebet und jedes Flehen, das von jedem Menschen des ganzen Volkes Israel

kommt, der die Plage in seinem Herzen spürt und er seine Hände zu diesem Haus ausbreitet, dann sollst du im Himmel hören, an dem Ort, wo du wohnst, dann sollst du vergeben, handeln und geben einem jedem Menschen nach seinen Wegen, denn du kennst sein Herz.
(1Kön 8,37–39a)

Die Zusammenstellung der verschiedenen Katastrophen orientiert sich an verschiedenen Stellen aus dem Deuteronomium. Die Formulierung *die Stadttore belagern* kommt mit den entsprechenden hebräischen Ausdrücken nur noch in Dtn 28,52 vor. *Dürre und Mehltau* begegnen neben 1Kön 8,37 noch in Dtn 28,22; Am 4,9 und Hag 2,17. In Dtn 28,21 f. werden ebenso wie in 1Kön 8,37 Dürre, Mehltau, Pest und Krieg zusammengestellt. 1Kön 8,37–39 nimmt den deuteronomistischen Faden aus Dtn 28,21 f. auf. Die an dieser Stelle angedrohten Strafen JHWHs, sollte Israel auf unlauteren Wegen wandeln, werden wiederum tempeltheologisch entschärft: Wenn die Strafen eintreten sollten, dann bleibt Israel immer noch die Möglichkeit, umzukehren und sich bittend und flehend dem Tempel als Ort des Gebets zuzuwenden.

1Kön 8 bindet das kollektive und das individuelle Gebet an die Institution des Tempels. Auffälligerweise tritt die traditionelle kultische Funktion des Tempels in den Hintergrund. Zwar opfert Salomo noch Tiere in großer Zahl zum Beginn der Tempelweihe (1Kön 8,5), doch im Fortgang der Handlung rückt die Funktion des Tempels als Gebetsstätte an zentrale Stelle. Dabei ist der Tempel nicht der Ort des Gebets, sondern der Ort, an den die Gebete adressiert werden. In 1Kön 8,29 bittet Salomo zwar formal um die Erhörung seines Weihgebets, dennoch ist hier schon die künftige Funktion des Tempels als Zielort aller Gebete in den Blick genommen.

Deine Augen mögen gerichtet sein zu diesem Haus in der Nacht und am Tag, zu dem Ort, von dem du gesagt hast, dass dein Name dort sein werde, damit du das Gebet hörst, das dein Knecht *zu diesem Ort* beten wird.
(1Kön 8,29)

1Kön 8,38 liefert darüber hinaus einen Hinweis auf die Gebetspraxis. Der Beter breitet seine Handflächen zu diesem Haus, d.h. in Richtung des Jerusalemer Tempels aus.[188] Allerdings kann auch der Tempel selbst als Gebetsstätte fungieren. 1Kön 8,33 nennt den Tempel als den Ort des Gebets nach einer militärischen Niederlage Israels.

Wenn dein Volk Israel vom Feind geschlagen wird, weil sie sich an dir versündigt haben, und sie sich zu dir bekehren und deinen Namen bekennen, und sie zu dir beten und flehen *in diesem Haus*, dann sollst du im Himmel hören und deinem Volk Israel die Sünde verzeihen und sie in das Land zurückbringen, das du ihren Vätern gegeben hast.
(1Kön 8,33 f.)

Die Stelle setzt die deuteronomistische Kriegstheologie voraus. Eine militärische Niederlage Israels kann nur von JHWH als Strafe für den Abfall bewirkt worden sein. Aber auch für diesen Fall gilt, dass Israel jederzeit die Türen zur Umkehr offen stehen. Voraussetzung dafür ist neben der Hinwendung zu JHWH das Gebet *im Tempel*. Auf den ersten Blick birgt der Wortlaut von 1Kön 8 einen Widerspruch in sich. Einerseits wird die Existenz des Tempels vorausgesetzt, andererseits ergeht die Bitte, JHWH möge Israel wieder in sein Land zurückbringen. Man hat den Widerspruch dadurch zu entschärfen versucht, dass entweder der Wortlaut des Textes kor-

---

188 1Kön 8,54 notiert zudem, dass Salomo während des Gebets kniet. M. NOTH, Könige, 54, sieht den Passus allerdings als spätere Zufügung an.

rigiert[189] oder der Ausdruck *ins Land zurückbringen* anderweitig gedeutet wurde.[190] Der vorliegende Text, für dessen Änderung kein zwingender Grund besteht, setzt folgende Situation voraus: Der Tempel existiert und die an ihn gerichteten Gebete können Teilen Israels gelten, die sich im Exil befinden.

Der mittelalterliche jüdische Gelehrte *David Kimchi* löst die Spannung zwischen der Niederlage Israels im Krieg und dem Gebet im Tempel mit einer scharfsinnigen Deutung: Es ist hier der Fall anzunehmen, dass ein Teil Israels in den Krieg zieht. Diejenigen, die in Jerusalem zurückgeblieben sind, beten im Tempel um die Rückkehr der Kämpfer in ihr Land.[191] Sollte diese Deutung zutreffen, würde es sich bei dem Gebet im Tempel um eine aktuelle Fürbitte im Krieg handeln.

1Kön 8,42 weitet den Kreis der potentiellen Beter aus. Die Stelle rechnet damit, dass der Fremde *kommt,* um *zu diesem Haus* zu beten. Während der Fremde in die Nähe, aber nicht in den Tempel kommt – offensichtlich ist damit Jerusalem gemeint – wird in 1Kön 8,44 Jerusalem als Topos benannt, in dessen Richtung sich die Israeliten bei einem Kriegszug wenden sollen.

---

189 I. BENZINGER, Könige, 61, schlägt vor, den hebräischen Wortlaut für *in das Land zurückbringen* in *lass sie bleiben im Land* zu ändern. Die ursprünglich vorexilische Stelle sei – dem geistigen Klima der Exilszeit entsprechend – umgeändert worden, um eine deutliche Anspielung auf die gegenwärtige Situation zu erzielen. Gegen diesen Vorschlag spricht, dass ein Redaktor, wenn er den Text soweit ändert, weil er die Situation der Exilszeit widerspiegeln soll, auch den Hinweis auf den existierenden Tempel hätte tilgen müssen.

190 M. NOTH, Könige, 186, deutet den hebräischen Ausdruck für *in das Land zurückbringen* im Sinne eines von JHWH rückgängig zu machenden Gebietsverlustes.

191 Vgl. D. KIMCHI, Mikraot gedolot haketer zur Stelle.

Wenn dein Volk in den Krieg gegen seinen Feind hinauszieht, auf dem Weg, auf dem du sie schicken wirst, dann sollen sie zu JHWH in Richtung der Stadt beten, die du auserwählt hast, und *in Richtung des Hauses*, das ich für deinen Namen gebaut habe. (1Kön 8,44)

Die ausgewählten Stellen zeigen, dass 1Kön 8 in erster Linie an der Begründung und Legitimation des Gebets interessiert ist. Dabei gehören Tempel und Gebet unlösbar zusammen. Der Tempel kann – wie im Fall von 1Kön 8,33 f. – als Gebetsstätte fungieren, in der Mehrheit der genannten Gebetssituationen ist er aber die Gebetsadresse. 1Kön 8,44 identifiziert die Stadt Jerusalem mit dem Jerusalemer Tempel. Die hier vorgeschriebene Gebetsrichtung bezieht sich auf Jerusalem als Stadt des Tempels.

Eine entsprechende Gebetskonzeption kennt auch das Danielbuch. Der König erlässt ein Edikt, dass sämtliche Bitten nur noch an ihn selbst gerichtet werden dürfen. Wendet sich jemand mit seinem Anliegen an jemand anderes als den König, werde das als Hochverrat betrachtet. Es kommt, wie es kommen musste. Daniel wendet sich betend an seinen Gott. Der Erzähler notiert, dass Daniel sein Gebet weiterhin in seinen Gemächern verrichtete.

Als Daniel erfuhr, dass das Schreiben (des Königs) signiert war, ging er in sein Haus. Die Fenster waren in Richtung Jerusalem geöffnet. Dreimal am Tag pries auf den Knien, er betete und dankte vor seinem Gott, so, wie es er es immer getan hat. (Dan 6,11)

Eine entsprechende Vorschrift, nach der sich der Beter in Richtung Jerusalem zu wenden habe, fehlt in der Hebräischen Bibel völlig. Zudem spielt in Dan 6 der Gehorsam gegenüber JHWH eine weitaus größere Rolle als der Gehorsam gegenüber der Tora und ihren Regeln.[192] Gleichsam rücken auch in 1Kön 8 die rechts-

---

192   Vgl. K. Koch, Das Buch Daniel, 130.

verbindlichen Normen der Tora an die Peripherie. Dass Israel die Gebote, Anweisungen und Rechtssatzungen JHWHs halten soll, erscheint ausformuliert nur zweimal am Ende des Tempelweihgebets in 1Kön 8,58.61. Weitaus zentraler steht ein anderes Thema: Wann immer auch Israel von seinem Gott abfällt, es kann wieder zu ihm umkehren und seine Hilfe erbitten. Der Tempel wird gleichermaßen seiner klassischen kultischen Funktion entkleidet, wie auch der Standpunkt des Beters exterritorialisiert wird. Wenn es egal ist, von wo aus sich der Beter an JHWH wendet, kommt faktisch jeder Ort innerhalb und außerhalb Israels dafür in Frage. Ganz gleich, von welchem Ort aus sich der Beter an JHWH wendet: Indem er sich in Richtung Jerusalem an seinen Gott wendet, ist die Entfernung zwischen Beter, Gott und Heiligtum aufgehoben.[193]

2.5. Die Komposition der Salomogeschichten 1Kön 1–11

1Kön 1–11 schlägt einen weiten Bogen. Erzählt wird von den schwierigen Anfängen Salomos, von seinem Aufstieg in Reichtum und Weisheit, von seiner außen- und innenpolitischen Macht und vom Anfang des Endes des geeinten Großreiches. Der Leser von 1Kön 1–11 sieht sich dabei mit einer stilistischen Besonderheit des Erzählens konfrontiert. Ihm begegnen inhaltlich der Aufstieg, der Glanz und der Fall Israels unter seinem König Salomo. Das – aus narratologischer Sicht – Be-

---

193 Eine entsprechende Überwindung der räumlichen Ferne des Beters vom Jerusalemer Heiligtum als Ziel des Gebets der nachexilischen Gemeinde hat R. Lux, Jona, 178 f. als ein Thema des Jonabuches wahrscheinlich gemacht.

sondere ist, dass in den zwölf Kapiteln nahezu jede Person, jedes Motiv oder jedes Erzählthema gedoppelt begegnen. Dabei bedarf es nicht einmal eines exegetischen übersensiblen Suchzwangs, um ein entsprechendes Kompositionsprinzip zu erkennen. Der Erzähler selbst hält an einer Stelle fest, dass die Erzählweise, Dinge gedoppelt anzuführen, seiner Erzählstrategie zu Grunde liegt. Resümierend und zugleich resignierend notiert er am Ende seiner Erzählung vom König Salomo:

JHWH war zornig gegenüber Salomo, weil er sein Herz abgewandt hatte von JHWH, dem Gott Israels, der ihm zweimal erschienen war.
(1Kön 11,9)

In der ersten Traumoffenbarung in 1Kön 3,5–14 werden die Gaben JHWHs an Salomo thematisiert: Weisheit, Reichtum, Ehre und ein langes Leben. Während hier der appellative Ton in der Rede JHWHs nur leise anklingt, wird der Ton in 1Kön 9,2–9 schärfer. Neben der Zusage der Präsenz Gottes und seiner Providenz klingt deutlich die Drohung an, Israel könne die Gabe des Landes verlieren, sollte es von seinem Gott abfallen und den Göttern der Fremden huldigen. Auch an dieser Stelle hält der Erzähler fest, dass die Erscheinung JHWHs vor Salomo zum zweiten Mal erfolgt.

Als Salomo den Bau des Hauses JHWHs, des Königspalastes und alles, was er sonst noch gewünscht hatte, abgeschlossen hatte, erschien ihm JHWH zum zweiten Mal, so wie er ihm in Gibeon erschienen war.
(1Kön 9,2)

Zweifelsohne erfolgt die zweifache Offenbarung nicht funktionslos. In der zweiten Offenbarungserzählung klingt schon an, was den Leser erwartet und enttäuschen wird: Israel unter Salomo wird den Erwartungen seines Gottes nicht entsprechen und in die Misere der

Reichsteilung schlittern. Die Spur der gedoppelten Erzählweise – anders gesagt: des dichotomen Kompositionsprinzips – lässt sich weiterverfolgen.[194] Unmittelbar auf die Offenbarungserzählungen in 1Kön 3,5–14 und 1Kön 9,1–9 begegnen Erzählungen, in denen der König Salomo vor Frauen seine soeben verliehene Weisheit unter Beweis stellen kann. Das gilt für die beiden Mütter, die sich um das überlebende Kind streiten und so das berühmte salomonische Urteil erzwingen ebenso, wie für die Königin von Saba, die herbeieilt, um sich von Salomos Weisheit und Reichtum beeindrucken zu lassen.[195] Auch im Fall des zweifachen Beweises der Weisheit Salomos gegenüber Frauen zeigt sich das dichotome und zugleich klimaktische Kompositionsprinzip. Während das salomonische Urteil in 1Kön 3,28 von ganz Israel gehört wird und so die Weis-

---

194 Eine Ringkomposition sieht Z. Talsher, The Reign of Solomon, 234 f. in der Anordnung der Texte um das zentrale Thema Tempel und Palastbau in 1Kön 6,1–9,9, zu dem auch die zweite Traumoffenbarung gehöre. Um das zentrale Thema Tempelbau lagern sich mit 1Kön 5,15–32 und 1Kön 9,1–25 Texte über die Vorbereitung des Tempelbaus bzw. Hinweise auf weitere Bauprojekte. Gerahmt werde die Komposition schließlich von *Solomon's grandeur* in 1Kön 3,1–4,14 und 1Kön 9,26–10,20.

195 Von den Gaben, die die sabäische Königin als Geschenk zu Salomo mitbringt, wird an erster Stelle Balsamöl genannt. Auch wenn sich aus der Verwendung dieses wie auch anderer Begriffe keine Spätdatierung von 1Kön 10,1 ff. ableiten lässt (vgl. dagegen R. B. Scott, Solomon and the Beginnings of Wisdom, 269), deutet der Gebrauch des Begriffs auf zwei verschiedene Formen der Bestimmung hin. Einerseits findet Balsamöl kultische Verwendung (Ex 25,6; 20,23; 35,8.28), andererseits wurde der Essenz eine erotisierende Wirkung zugeschrieben. Neben dem siebenfachen Vorkommen im Hohelied gehört es zu den Ingredienzien, die im königlichem Harem Verwendung fanden (Est 2,12).

heit Salomos auf nationaler Ebene publik wird, wird sie in 1Kön 10 von der Königin von Saba wahrgenommen und somit auf internationale Ebene gehoben. Kaum hat die Königin von Saba Salomo verlassen, begehrt die ganze Welt, das Angesicht des Königs Salomo zu sehen und seine Weisheit zu hören (1Kön 10,24).

Ähnlich wie das schon in der zweiten Offenbarungserzählung in 1Kön 9 der Fall gewesen ist, mischt der Erzähler seiner zweiten Erzählung über die vor Frauen offenbarte Weisheit Salomos einen Wermutstropfen bei. Als die Königin von Saba kommt, hat Salomo den Bau des Tempels gerade abgeschlossen. Sie kommt, sie sieht und sie staunt. 1Kön 10,5 hält fest, dass Salomo seiner Besucherin so allerlei zeigt, einschließlich der Brandopfer im Tempel. Dem Chronisten war die Episode anstößig genug, dass er sie auf schon fast despektierliche Weise entschärfte. Nicht den Tempel habe Salomo seiner fremdländischen Besucherin gezeigt, sondern – so hält 2Chr 9,4 fest – das Obergemach seines Hauses. 1Kön 10,5 richtet schon einmal den Blick auf das, was alsbald zum Anstoß und Ärgernis werden wird. Die hier angedeutete thematische Verschränkung der fremden Frau mit der Kultfrage wird dann in 1Kön 11 vollends entfaltet werden.

Das Thema Frauen und Weisheitserweis Salomos legt sich ebenso wie die zwei Traumoffenbarungserzählungen um den Tempelbaubericht und das Tempelweihgebet in 1Kön 6–8. 1Kön 10 lässt dabei die Erzählfäden noch in einem anderen Zusammenhang zusammenlaufen. Salomo und die Königin von Saba spendieren sich so mancherlei Reichtümer. So recht schlau wird der Leser nicht daraus, ob nun die Königin von Saba die spendablere Person ist oder der König Salomo, da sich beide gegenseitig mit Geschenken überhäufen. An dieser Stelle taucht noch – und das recht unvermittelt – eine weitere Gestalt auf, die mit dem Reichtum, den ausländischen Beziehungen Salomos und der kultischen Frage in einem direkten Zusammenhang steht. 1Kön 10,11 erwähnt neben der spendablen sabäischen Königin Hiram von Tyrus, der Salomo von seinen Schiffsreisen zu den sagenhaften Gestaden Ofirs Gold, Edelstein und Edelholz mitbrachte.

Hiram von Tyrus ist an dieser Stelle dem Leser längst bekannt. 1Kön 10,11.22 stellt sich die Reisen Hirams so vor, als könnte ein Abenteurer wie er an fernen Gestaden neben Gold und Silber auch Elfenbein,[196] Affen und Pfauen massenweise einsammeln und die Schätze auch noch an einen guten Freund wie Salomo verschenken.

Soll dem Leser hier warm ums Herz werden? Soll er sich wehmütig an die glanzvolle Zeit des großen Königs Salomo erinnert fühlen, in der das Land von Gold und Silber nur so überlief? Es ist gerade die Darstellung Hirams, die in dieser Frage zur Zurückhaltung vor schnellen Antworten rät. Wiederum begegnet im Zusammenhang mit dem Tyrer die Eigenwilligkeit des Erzählers, Dinge und Personen zweimal anzuführen und beim zweiten Mal den sprichwörtlichen Wermutstropfen beizumischen.

Der Tempelbaubericht und das Tempelweihgebet Salomos in 1Kön 6–8 werden gerahmt von einer nicht

---

196 Vgl. hierzu die Überlegungen von R. LAMPRICHS, Die Westexpansion des neuassyrischen Reiches, 327 ff., über die ökonomischen Konsequenzen des Aussterbens des syrischen Waldelefanten für die assyrische Expansionspolitik. Der Rückgang der Bestände gegen Ende des 1. Jt.s v. Chr. und ihr völliges Verschwinden gegen Ende des 8. Jh.s führte zum Versiegen der heimischen Rohstoffquellen und somit zu einem expansiven Interesse an den ausländischen Elfenbeinressourcen.

unerheblichen Zahl von Personen und Ereignissen, die als Rahmen zugleich als ein Deutemuster für das Erzählte fungieren. Neben der angeführten dichotomen Anordnung der Traumoffenbarung JHWHs vor Salomo, der Offenbarung der Weisheit Salomos vor Israel und der ganzen Welt, die jeweils vor einer bzw. vor zwei Frauen erfolgt, und der facettenreichen Gestalt Hirams von Tyrus erscheinen noch Angaben über die Kultpraxis Salomos, sein außenpolitisches Gewicht, seinen Reichtum und seine Weisheit und schließlich über die Last der Fronarbeit, die das rahmende Band um den Kern 1Kön 6–8 bilden.

Der Kreis lässt sich noch ein wenig größer ziehen. Am Ende, in 1Kön 11, trifft es den alten König hart. Sein von den Frauen verführtes Herz lässt ihn den gräulichen fremden Göttern opfern und huldigen. Die Strafe JHWHs trifft nicht ihn, sondern seinen Sohn Rehabeam. Mit Jerobeam allerdings erfährt Salomo noch zu Lebzeiten, was ein ernsthafter Widersacher und Konkurrent ist.

Der Leser fühlt sich an die letzten Tage des Königs David erinnert: Dem altersschwachen David verhilft Batscheba zu der Entscheidung, Salomo als Thronnachfolger einzusetzen. Neben den Frauen rahmen die beiden Propheten Natan und Ahia von Schilo den Anfang und das Ende Salomos. Am Anfang Salomos steht die Erhebung seines Bruders und Konkurrenten Adonia, der David nach der Intervention Batschebas und Natans ein Ende bereitet. Während an dieser Stelle Salomo, der Tyrann, seine Widersacher Adonia und Joab ermorden lässt, vermag er das am Ende nicht mehr. Seine Kraft reicht nicht mehr aus, Jerobeam, den künftigen König des Nordens, zu beseitigen. Ägypten, zu dem Salomo einst beste Beziehungen hatte, ist zum Refugium des Widersachers Jerobeam geworden.

Der Erzähler zeigt auf, wie es war, als Salomo auf den Wegen JHWHs gewandelt ist. Er figuriert die Frage: Was wäre gewesen, wenn Salomo nicht vom rechten Weg abgewichen wäre? Und er gibt eine Antwort auf die Frage, warum es nicht so gekommen ist, wie es hätte werden können: wegen der Ausländer, insbesondere wegen der ausländischen Frauen und wegen der fremden Händler. Das Repertoire, auf das er zurückgreift, entspricht sicher nicht den Vorstellungen der Königszeit. Das Klischee vom Fremden, der eine permanente Gefahr für die kultische Integrität Israel darstellt, erinnert sehr an das deuteronomistische, wenn nicht gar an das chronistische Denken.

C. WIRKUNG

1. Le roi est mort, vive le roi!
Die Retuschierung Salomos
in der Chronik

Salomos Königtum ist in der Perspektive der Erzähler der Davidgeschichten in 2Sam 9–20 und 1Kön 1 f. aus einer Krise heraus entstanden. Davids Affäre mit Batscheba verursacht den Tod von Salomos älterem Bruder (2Sam 12,14–18). Seine Halbbrüder, die in der Thronfolge zuerst an der Reihe gewesen wären, sterben vor ihm (Amnon und Abschalom) oder auf seine Veranlassung hin (Adonia). 2Sam 7,4 ff. erklärt, dass es Gottes Wille war, dass nicht David, sondern Salomo den Jerusalemer Tempel baut. Eine Begründung, warum erst Salomo den Tempel bauen soll, liefert 2Sam 7,4 ff. nicht. Die Variante der Chronik modifiziert die Darstellung so, dass David und sein Sohn Salomo ohne jeden Fehl und Tadel erscheinen. In 2Sam 7,5 wird an David die nicht unpolemisch klingende Frage gerichtet, ob er das Haus für JHWH bauen wolle. Natan erhält die Instruktion:

Geh und sage zu meinem Knecht, zu David:
So spricht JHWH:
Solltest du mir ein Haus bauen, dass ich darin wohne?
(2Sam 7,5)

Die chronistische Variante rückt Salomo in den Mittelpunkt des Geschehens:

Nicht du sollst für mich das Haus bauen, dass ich darin wohne.
(1Chr 17,4)

In beiden Fällen soll der Nachfolger Davids die Aufgabe des Tempelbaus übernehmen. Dabei wird in der

Chronik das Verhältnis zwischen JHWH und Salomo deutlich anders dargestellt als in 2Sam 7. 2Sam 7,14 rechnet mit der Möglichkeit, dass der Sohn Davids in seiner Funktion als König versagen könne. In diesem Fall werden ihm Schläge angedroht, die ihn eines Besseren belehren sollen.

Ich werde für ihn ein Vater sein, er wird für mich ein Sohn sein, den ich, wenn er sündigt, mit Menschenstock und Menschenschlägen züchtigen werde.
(2Sam 7,14)

Die Chronik verschweigt genau diese Passage, obwohl sie sonst 2Sam 7 nahezu wörtlich übernimmt. Aus ihrer Perspektive ist es nicht hinnehmbar, dass Salomo unter die Zuchtrute Gottes genommen wird. Die Wirren um die Thronnachfolge Salomos verschweigt die Chronik. Während 1Kön 1 f. detailliert erzählt, dass zunächst Adonia, die Altersschwäche seines Vaters ausnutzend, die Königskrone an sich bringt und dass er nur durch die Palastintrige Natans und Batschebas mit seinen Thronambitionen scheitert, erzählt 1Chr 23,1 ff. eine ganz andere Geschichte. Im Unterschied zur Vorlage in 1Kön 1,5 ff., wo unumwunden eingeräumt wird, dass Adonia nach dem Tod Abschaloms der älteste Sohn Davids – und somit der Thronprätendent – ist und dass er zudem noch die besondere Zuneigung seines Vaters David genießt (1Kön 1,6), holt die Chronik das nach, was David hätte tun müssen, um ohne Wirren die Thronfolge Salomos zu arrangieren: David habe Salomo vor der versammelten Führungselite Israels als seinen Nachfolger bestimmt. Salomo wird vor den Versammelten mit der Erbauung des Tempels beauftragt. Allein aus diesem Umstand resultiert die Anwartschaft Salomos auf den Thron. Die Einsetzung Salomos als Thronfolger und Tempelbauer wird mit einem symbolischen Akt unterlegt: Salomo erhält von David ein Modell des Tempels (1Chr 28,11).[197] Die Brücke zwischen Vater und Sohn wird in 1Chr 28 sehr breit gespannt: David habe sich im Geiste schon genauestens das Aussehen des Tempels, seiner Vorhöfe, Nebengelasse und Depots überlegt (1Chr 28,12).

Die Lektüre der Chronik bietet die für die Literatur einzigartige Möglichkeit, die Reaktionen antiker Leser auf die literarische Überlieferung über die Könige David und Salomo in den Samuel- und Königsbüchern nachzuzeichnen. Immer dann, wenn die Chronik gegenüber ihrer Vorlage etwas weglässt und etwas retuschiert, kann ein leises Unbehagen beim chronistischen Leser von 1Sam bis 2Kön angenommen werden. Das salomonische Urteil (1Kön 3,16–28) fehlt in der Chronik. Einerseits tendiert die Chronik dazu, Salomo in seiner Tätigkeit als Kultträger darzustellen, andererseits könnte der in 1Kön 3,1–28 erzählte brutale Rigorismus Salomos den Verfasser abgeschreckt haben, so dass er die Episode weggelassen hat.

Die Hiramepisode in 1Kön 5,15–25; 9,10–13 schien dem Chronisten wegen des Themas Tempelbau bedeutsam genug, um sie nicht weglassen zu können. Die Aspekte, die den Handel Salomos mit Hiram in einem negativen Licht zeigen, werden weggelassen. Der Holzhandel erfolgt hier ohne das beharrliche Feilschen

---

197 Der betreffende hebräische Ausdruck begegnet u. a. noch in 2Kön 16,10. Hier ist von der Unterwerfung des judäischen Königs Ahas unter den Assyrerkönig Tiglat-Pileser III. die Rede. Ahas erklärt formell seinen Vasallenstatus und ersucht um assyrische Hilfe gegen die Angriffe der Aramäer und Israeliten. Nachdem die Assyrer die Feinde Ahabs aus dem Weg geräumt haben, lässt sich Ahab ein Modell des Altars schicken, der in Damaskus im Zusammenhang mit dem assyrischen Reichskult Verwendung fand.

beider Seiten, wobei Salomo am Ende den Kürzeren zu ziehen scheint. In 2Chr 2,2 ff. entsteht der Eindruck, dass Salomo und Hiram ein wahres Gentlemen's Agreement schließen. Im Unterschied zu 1Kön 5,15–25 versucht Salomo in 2Chr 2,2 ff. gar nicht erst, den Preis zu drücken, indem er nur für den Lohn der Arbeiter Hirams, nicht aber für das Holz selbst aufkommen will. In 2Chr 2,9 bietet Salomo Hiram gleich den Kaufpreis für das Zedern- und Zypressenholz an, den er am Ende auch in 1Kön 5,25 bezahlt. Allerdings konnte es sich der Chronist auch an dieser Stelle nicht verkneifen, die Darstellung gegenüber 1Kön 5,15–25 zu glätten. Während Hiram in 1Kön 5,15–25 darauf besteht, dass Salomo 20 000 Kor Weizen und 20 Kor bestes Olivenöl als Preis für das Holz zu zahlen hat und Salomo somit mit seinem Vorschlag scheitert, nur die Arbeiter zu bezahlen, kombiniert 2Chr 2,9 beide Aspekte. Salomo schlägt Hiram selbst vor, dass er zur Versorgung der Arbeiter Hirams 20 000 Kor Weizen und 20 Kor bestes Olivenöl aufbringen will. Darüber hinaus bietet Salomo seinem Geschäftspartner zusätzliche 20 000 Kor Gerste und 20 Bat Wein und 20 000 Bat allerbestes Olivenöl an. Dem Chronisten geht es hier weder um Praktikabilität noch darum, die Vitalität des Handelsabkommens, wie es in 1Kön 5,15–25 erzählt ist, am Leben zu halten.

Seinem Bestreben, das ohnehin schon freundliche Salomobild, wie es in 1Kön 1–11 begegnet, in den allerhellsten Farben zu zeichnen, ist es auch zuzuschreiben, dass die Episode vom Verlust der 20 Städte an Hiram von Tyrus, von dem in 1Kön 9,10–13 erzählt wird, verschwiegen wird. Verschwiegen werden ebenso die für Salomo nicht gerade schmeichelhaften Beziehungen zu den ausländischen Frauen, von denen 1Kön 11,1–3 erzählt. Der Leser der Chronik erfährt also nicht, dass

Salomos Herz seinen ägyptischen, moabitischen, ammonitischen, edomotischen, sidonitischen und hethitischen Frauen gehörte und dass es nicht mehr ungeteilt für JHWH schlug. Auch bleibt ungesagt, dass die fremden Frauen die Kulte anderer Götter in Jerusalem einführten und damit die Axt an die Wurzel des Großreiches legten (1Kön 11,8–11). Lediglich die Tochter des ägyptischen Königs, die in 1Kön 11,1–3 die Riege der fremden Frauen anführt, findet in der Chronik Erwähnung. Allerdings wird auch sie so dargestellt, dass – ganz im Unterschied zu 1Kön 11,1–3 – kein schlechtes Licht auf Salomo fällt.

Die Tochter des Pharao brachte Salomo herauf aus der Davidsstadt in das Haus, das er für sie gebaut hatte, denn er sprach: Eine Frau soll mir nicht wohnen im Haus Davids, des Königs Israels, denn geheiligt ist das, zu dem die Lade JHWHs gekommen ist.
(2Chr 8,11)

Gegenüber der Darstellung in 1Kön 3–11 werden die Dinge hier geradezu auf den Kopf gestellt. In 1Kön 7,8 wird betont, dass Salomo der Pharaonentochter ein Haus neben seinem eigenen gebaut habe. Das Nebeneinandersetzen der beiden Häuser wertet den Status der Pharaonentochter auf. In 1Kön 9,24 f. wird die Bedeutsamkeit der Pharaonentochter noch einmal unterstrichen: Der Einzugstermin in ihr neues Haus fällt zusammen mit der Inbetriebnahme des Tempels.

Die Tochter des Pharao zog herauf von der Stadt Davids in ihr Haus, das er (David) ihr gebaut hatte. Damals baute er auch den Millo. Salomo opferte dreimal im Jahr Brandopfer und Dankopfer auf dem Altar, den er für JHWH gebaut hatte. Er räucherte auf ihm vor JHWH und das Haus wurde vollendet.
(1Kön 9,24 f.)

Während an dieser Stelle Salomo großzügig an der Pharaonentochter handelt, ihr für einen luxuriösen Lebensstil einen eigenen Palast baut, den sie bei der Vollendung des Tempels bezog, verkehrt der Chronist die Vorzeichen: Salomo baue der fremdländischen Prinzessin ein Haus, um sie von der Stadt Davids fernzuhalten, weil das Haus Davids durch die Anwesenheit der Lade heilig geworden sei und sich diese Heiligkeit nicht mit der Anwesenheit einer Frau vertrage.

Die Gegensätzlichkeit der Darstellung lässt sich noch anhand weiterer erzählerischer Feinheiten beobachten. Während sich die ägyptische Prinzessin in 1Kön 9,24 selbständig in ihr neues Domizil begibt, wird sie in 2Chr 8,11 von Salomo dorthin gebracht.[198]

2. SALOMO, DER LIEBHABER.
DIE REZEPTION SALOMOS IM HOHELIED

Während sich die Chronik große Mühe gibt, Salomo von allen Einflüssen durch Frauen fernzuhalten, wohl damit er sich ungestört und ohne Tadel seinen Aufgaben als Tempelbauer und oberster Kultträger des Staates widmen kann, zeichnet das Hohelied ein genau entgegengesetztes Bild Salomos. Seine mehrfache Erwähnung ist – mit Ausnahme der Überschrift – durchweg erotisch konnotiert. Erotisiert begegnen sowohl der König Salomo selbst als auch seine Utensilien.

Die Sprecherin in Hld 1,5 rühmt sich ihrer dunklen Haut, die gefärbt sei wie die Zelte Kedars und die Zelte bzw. Teppiche Salomos. In Hld 3,7 sieht die Sprecherin gar das Bett Salomos unterwegs auf dem Transport, be-

---

198 Syntaktisch wird der Unterschied so kenntlich gemacht, dass die Ägypterin in 1Kön 9,24 das aktive Subjekt der Heraufgehens ist, während sie in 2Chr 8,11 als Objekt des Handelns, dessen Subjekt Salomo ist, gezeichnet wird.

wacht von 60 Helden. Das Bett, so präzisiert dann Hld 3,9, sei in Wirklichkeit die Sänfte Salomos. Aber auch dem schönen König selbst gilt das Lob der Sprecherin:

Kommt doch, seht doch, Töchter Zions, König Salomo mit seiner Krone, mit der ihn seine Mutter krönte, am Tag seiner Hochzeit, am Tag der Freude seines Herzens. (Hld 3,11)

Hinter der Darstellung des Königs Salomo in Hld 3,11, der am Tag seiner Hochzeit von seiner Mutter gekrönt wird, wird man weder das Protokoll einer königlichen Hochzeitszeremonie noch die Königstravestie eines beliebigen Bräutigams sehen können.[199] Deutlich ist aber, dass Salomo ebenso wie seinen Utensilien ein erotisierender Zug untergelegt wird.

Wiederum fällt die Gegensätzlichkeit der Konzeptionen im Hohelied und der Chronik auf. Während die Chronik die Mutter Salomos ebenso geflissentlich verschweigt wie die Heiratspolitik Salomos, kommt Batscheba im Hohelied zu Glanz und Ansehen. Schon in der Übersetzung des Targum und in der Midraschliteratur ist der (nahe liegende) Gedanke festgehalten worden, dass sich die Szene auf den Einzug der Bundeslade nach Jerusalem beziehen lässt. Der Midrasch *Schir Ha-Schirim* geht noch einen Schritt weiter: Das Holz der Libanonzeder, das Salomo nach Jerusalem für den Tempelbau gebracht habe, sei auch beim Bau der hier genannten Sänfte verwendet worden.[200] Während der Salomo der Chronik das Libanonholz ausschließlich für den Bau des Tempels und des Libanonwaldhauses verwendet, gebraucht es der Salomo des Hohelieds recht sinnlich. Man wird dem Verfasser des Hohelieds hier sicher keine Anspielungen auf den Kultträger und Bau-

---

199 Vgl. G. Gerlemann, Das Hohelied, 142.
200 Vgl. Midrasch Schir HaSchirim 3,7.

herrn Salomo unterstellen können. Möglicherweise hat er sich der Begriffe und Vorstellungen bedient, die sonst im Zusammenhang mit der Kult- und Bautätigkeit Salomos stehen. Hld 3,9 f. spricht von einem Bauwerk Salomos, das er aus Libanonhölzern gebaut habe.[201] Die Ausstattung dieses Bauwerks erinnert an die Ausgestaltung der Stiftshütte.

Seine Säulen machte er aus Silber, seine Decke aus Gold, seinen Sitz (überzog) er mit Purpur, sein Inneres legte er ein, Liebe(sarbeit) der Töchter Jerusalems.
(Hld 3,10)

Eine ähnliche Bauweise liegt auch der Stiftshütte nach Ex 36,35 f. zu Grunde. Hier begegnen vier Säulen aus Akazienholz, die mit Silber überzogen worden sind. Teile der Ausstattung sind dagegen mit Gold überzogen und schließlich findet Purpur seine Verwendung. Ebenso tauchen die Teppiche, mit deren dunkler Farbe die Sprecherin die schöne Färbung ihrer Haut vergleicht, nahezu ausschließlich im Zusammenhang mit kultischen Bauten auf.[202]

---

201 In den Kommentaren wird das Gebilde (*apirjon*) meist mit *Sänfte* übersetzt. Pate steht dabei meist ein ähnlich lautender griechischer Begriff (*phoreion*). Eine solche Deutung ist angesichts der in V. 10 aufgezählten Ausstattung mit silbernen Säulen schwierig. Dagegen betont schon der Midrasch Schir HaSchirim zur Stelle (Schir HaSchirim 3,7), dass es sich hierbei um ein Zelt handle. Mit diesem verhalte es sich so: Wenn ein König eine kleine Tochter hat, spricht er mit ihr in der Öffentlichkeit. Wenn sie groß geworden ist und die Zeichen ihrer Geschlechtsreife zu sehen sind, bespricht sich der König mit ihr in diesem Zelt.

202 Das in Hld 1,5 stehende Nomen *jeriah* (Teppich/Zeltplane) begegnet sonst noch an 31 Stellen. Sie beziehen sich alle auf die Teppiche bzw. Wandteppiche in der Stiftshütte, im Tempel bzw. auf das Zelt der Bundeslade. Nur an fünf Stellen ist von profanen Zelten die Rede.

Dunkel bin ich, ja lieblich, ihr Töchter Jerusalems, wie die Zelte Kedars und die Teppiche Salomos.
(Hld 1,5)

Von den Gaben, die die sabäische Königin nach 1Kön 10,2 als Geschenk zu Salomo mitbringt, wird an erster Stelle Balsamöl genannt. Auch wenn sich aus der Verwendung dieses wie auch anderer Begriffe keine Spätdatierung von 1Kön 10,1ff. ableiten lässt,[203] deutet der Gebrauch des Begriffs auf zwei verschiedene Formen der Bestimmung hin. Einerseits findet Balsamöl kultische Verwendung (Ex 25,6; 20,23; 35,8.28), andererseits wurde der Essenz eine erotisierende Wirkung zugeschrieben. Neben dem siebenfachen Vorkommen im Hohelied gehört es zu den Ingredienzien, die im königlichem Harem Verwendung fanden (vgl. Est 2,12).

Diese Notizen kleiden Salomo im Hohelied in erotische Sinnlichkeit. Darin besteht der Unterschied zur Wahrnehmung Salomos als keuscher Frommer in der Chronik.

3. Das Salomobild in der jüdischen und muslimischen Tradition

In der Hebräischen Bibel hat Salomo außerhalb der Kapitel in 1Kön und 1/2Chr, die von ihm erzählen, nur sehr wenige Spuren hinterlassen. Das Schweigen der Propheten über den reichsten und weisesten König, der je in Israel geherrscht hat, ist erstaunlich. Lediglich Jer 52,20 erwähnt den Namen Salomos, allerdings in einem nebensächlichen Zusammenhang.[204] Im Psalter

---

203 Vgl. dagegen R. B. Scott, Solomon and the Beginnings of Wisdom, 269.

204 Jer 52,19 f. erzählt vom Raub der Kultgeräte aus dem Jerusalemer Tempel durch die Babylonier. Salomo habe die

erscheint Salomo nur zweimal, einmal in der sekundären Überschrift zu Ps 72,1[205] ein zweites Mal in der sekundären Überschrift zu Ps 127,1. Das Nehemiabuch erwähnt Salomo zweimal. Neben einer Bemerkung über David und Salomo als Verfasser der Dienstanweisung für den Jerusalemer Tempelkultbetrieb in Neh 12,45 verweist Neh 13,26 darauf, dass Salomo, *obwohl* er von Gott geliebt und zum König gemacht wurde, dennoch von den fremden Frauen zur Sünde verleitet worden ist. Eine ganz andere Saite lässt dagegen das Hohelied anklingen. In den Worten der liebenden Frau verkörpert Salomo in seinem Glanz und seiner Schönheit den idealen Liebhaber. Und schließlich beleuchten die Erwähnungen Salomos im Sprüchebuch und in Kohelet seine besondere Weisheit.

Die Salomobilder der Hebräischen Bibel außerhalb von 1Kön und 1/2Chr sind somit facettenreich. Die positive Salomorezeption bezieht sich auf die Schönheit und die Weisheit Salomos, die negative – allerdings nur in einmal in Neh 13,26 – beschränkt sich auf das problematische Verhältnis zu den Frauen. Diese Linien werden in der zwischentestamentlichen Literatur ausgezogen. Sir 47,13.23 betont die Friedlichkeit der Herrschaft Salomos, die sofort mit dem Tod des Königs ihr Ende findet wegen der Starrköpfigkeit seines Sohnes Rehabeam. Das zweite Makkabäerbuch erinnert

---

Geräte *für das Haus JHWHs* gemacht. Als Tempelbauer wird Salomo hier gar nicht erwähnt.

205 Möglicherweise haben die Redaktoren, die Salomo zum Verfasser von Ps 72 gemacht haben, einzelne Formulierungen auf ihn bezogen. So ist in Ps 72,8 von der Weltherrschaft des Königs die Rede, in V. 10 bringen fremde Könige, einschließlich der König von Saba, Tribute und Geschenke und nach V. 15 erhält der König Gold aus Saba; vgl. H.-J. Kraus, Psalmen (2), 495.

an die Tempelweihe Salomos, wobei nach seiner Darstellung Gott Feuer vom Himmel gesandt hat, das das Opferfleisch verzehrt haben soll.[206] Die neutestamentliche Literatur verweist sowohl auf die Weisheit Salomos[207] als auch auf seine Pracht und Schönheit.[208]

Eine Begebenheit, die von der zwischentestamentlichen Literatur vernachlässigt wird, taucht bei Mt auf. Es handelt sich um die Begegnung zwischen Salomo und der Königin von Saba.

Die Königin des Südens wird heraufziehen zum Gericht gegen diese Generation und sie wird sie richten, denn sie kam vom Ende der Erde, um die Weisheit Salomos zu hören. Und siehe, hier ist mehr als Salomo.
(Mt 12,42)

Der Königin des Südens, hinter der sich niemand anderes verbirgt als die Königin von Saba, werden die Niniviten des Jonabuches vorangestellt. Die Niniviten haben die Umkehrpredigt des Propheten Jona gehört und ihr Folge geleistet (Mt 12,41). Die Gleichsetzung der Niniviten mit der Königin von Saba überrascht. Von einer Bekehrung der Besucherin zu JHWH kann an dieser Stelle keine Rede sein. Die Religiosität der fremdländischen Besucherin wird in 1Kön 10 nicht zur Sprache gebracht. Dass sie in 1Kön 10,9 JHWH preist, der einen so vortrefflichen König wie Salomo eingesetzt hat, ist nicht als Bekenntnis zum Gott Israels zu bewerten. Schließlich betont sie selbst, dass JHWH der Gott Salomos, nicht aber ihrer ist.

Die rabbinischen Interpretationen des Verhältnisses zwischen Salomo und den Frauen fallen differenziert aus. Einerseits wird festgehalten, dass Salomo zu Un-

---

206   Vgl. 2Makk 2,10.
207   Vgl. Mt 12,42; Lk 11,31.
208   Vgl. Mt 6,28–30.

recht mit seinen vielen Frauen verkehrt und sich deswegen versündigt habe, andererseits wird – als Versuch der Ehrenrettung für Salomo – bemerkt, Salomo habe deshalb mit den ausländischen Frauen verkehrt, um sie »zu den Worten der Tora zu führen und sie unter die Flügel der Gottesgegenwart« zu bringen.[209]

Der Besuch der Königin von Saba steht unter den gleichen Fragezeichen. 1Kön 10 deutet mehr an, als dass wirklich handfeste Fakten geliefert werden. Blieb das Verhältnis zwischen Salomo und der fremdländischen Königin auf der diplomatischen Ebene? Ist die Königin die freundlich gesinnte Herrscherin, die mit ihrer Beziehung zu Salomo Israels internationale Bedeutung stärkt? Oder zählt sie zum Reigen der fremden Frauen, die Salomos Herz betören und ihn zum Abfall von JHWH verleiten?

Die jüdische Auslegung hat die Königin von Saba als Verführerin Salomos sehen wollen. So erklärt Targum Scheni unumwunden, der babylonische König Nebukadnezar, der im Jahr 587 v. Chr. den Jerusalemer Tempel zerstört hat, sei ein Nachfahre der Königin von Saba und Salomos.[210] Damit wird eine historisch völlig haltlose Klammer konstruiert, die einen Zusammenhang zwischen dem Bau des Tempels und seiner Zerstörung herstellt. Indem Salomo sich von seiner Leidenschaft für fremde Frauen habe hinreißen lassen, habe er schon den ersten Schritt auf dem Weg des Abfalls getan, an dessen Ende der Untergang des Königtums und die Zerstörung des Tempels stehen werden.

Die Begegnung zwischen Salomo und der Königin von Saba wird auf dramatische Weise ausgeschmückt. Salomo, der davon Kenntnis hat, dass es nur noch ein

209   So Rabbi Yose im Jerusalemer Talmud (ySan 20c, 28–33).
210   Vgl. B. Ego, Targum Scheni, 168.

Königreich auf Erden gibt, das sich ihm noch nicht unterworfen habe, und dass dessen Königin eine Sonnenanbeterin sei, sendet einen Brief an die Königin mit der Aufforderung, sich ihm zu unterwerfen. Die Königin antwortet prompt. Sie sendet ihm alle ihre Schiffe, beladen mit Geschenken und 6000 jungen Menschen, die alle zur selben Stunde geboren sind. In einem beigegebenen Schreiben erklärt sie, dass sie nach Jerusalem kommen werde. Obwohl die Reise normalerweise sieben Jahre dauere, will sie in drei Jahren am Ziel sein. Als die Königin dann eintrifft, lässt sie sich von dem mit Spiegeln ausgelegten Fußboden täuschen. In dem Glauben, es handele sich um Wasser, schürzt sie ihren Rock. Durch dieses Missverständnis kommt zum Vorschein, was die Königin wohl lieber für sich behalten hätte: Der ganze Jerusalemer Hof sieht, dass ihre Beine behaart sind und dass sie Eselshufe an Stelle von Füßen hat. Die Szene wird auf diese Weise nicht nur humorvoll ausgemalt, sondern die Königin von Saba wird zugleich als dämonisches Wesen entlarvt.

Während Targum Scheni die Königin von Saba erst während der Begegnung mit Salomo bloßstellt, nimmt sie in der 27. Sure des Koran von vornherein eine negative Rolle ein. Salomo hört von der Königin von Saba. Sein Gewährsmann, ein Wiedehopf, berichtet ihm:[211]

Er säumte nicht lange und sprach:
»Ich gewahrte, was du nicht gewahrtest, und ich bringe dir von Saba gewisse Kunde. Siehe, ich fand eine Frau über sie herrschend, der von allen Dingen gegeben ward, und sie hat einen herrlichen Thron. Und ich fand sie und ihr Volk die Sonne anbeten an der Stelle Allahs; und ausgeputzt hat ihnen der Satan ihre Werke und hat sie abseits geführt vom Weg, und sie sind nicht rechtgeleitet. Wollen sie nicht Allah anbeten, der zum Vorschein

---

211   Übersetzung nach M. HENNING, Der Koran, 331 f.

bringt das Verborgene in den Himmeln und auf Erden, und welcher weiß, was sie verbergen und offen kund tun?«
(Sure 27,22–25)

Salomo schickt einen Brief an die Königin von Saba.[212] Sie wiederum sendet Geschenke zu ihm. Salomo besieht die Geschenke und befindet, dass er von Allah reicher mit Gaben gesegnet sei als die Königin von Saba. Als er droht, ein Heer nach Saba zu entsenden, kommt die Königin zu ihm. Die Begleiter der Königin erklären vor Salomo:

»Und uns ward Wissen gegeben vor ihr, und wir wurden Muslime. Aber was sie außer Allah verehrte, führte sie abseits; siehe, sie gehört zum ungläubigen Volk.« Gesprochen ward zu ihr: »Tritt ein in die Burg (Salomos).« Und da sie (die Burg) sah, hielt sie sie für einen See und entblößte ihre Schenkel. Er (Salomo) sprach: »Siehe, es ist eine Burg, getäfelt mit Glas.« Sie sprach: »Mein Herr, ich sündigte wider mich selber, und ich ergebe mich mit Salomo Allah, dem Herrn der Welten.«
(Sure 27,42–45)

Die koranische Überlieferung greift jüdische Salomo-Traditionen auf. Bemerkenswert ist, dass in Sure 27 die Geschichte von der Königin von Saba am Ende eine positive Wendung nimmt. Sie bekehrt sich aus freien Stücken – allerdings unter dem Eindruck der Gaben, die Salomo von Allah empfangen hat – zum Islam.

---

212 Vor dem Wortlaut des Briefes findet sich eine so genannte Basmala, eine Formel, die von Mohammed auch sonst am Anfang von Sendschreiben verwendet worden sein soll. Sure 27,30 ist die einzige Stelle im Koran, wo die Basmala innerhalb der Sure vorkommt; vgl. T. NÖLDEKE, Geschichte des Qorāns, 79 f. Nach der muslimischen Deutung der Stelle erinnere ihr Wortlaut an die Aufforderung, mit der noch nicht islamisierte Volksgruppen in der Zeit nach Mohammed aufgefordert wurden, zum Islam überzutreten bzw. sich gegen eine Geldzahlung unter den Schutz der islamischen Herrschaft zu stellen; vgl. Die Bedeutung des Korans (4), 1799.

Das Motiv des entblößten Beins, das Targum Scheni zur Desavouierung der Königin benutzt und sie so als dämonische Gestalt entlarvt, steht im Koran recht funktionslos. Die Königin mag an dieser Stelle etwas provinziell wirken, da sie die prunkvolle Ausstattung des Palastes Salomos nicht erkennt. Das Entblößen der Beine lässt sie unbeholfen erscheinen, nicht aber – wie im Targum Scheni – unergründlich und dämonisch.

Das Salomobild des Koran ist durchweg freundlich. Salomo, der mehrfach der Versuchung durch die Teufel ausgesetzt ist, hält am wahren Glauben fest. Salomo gerät zum Gegenbild der koranischen Darstellung der Juden zur Zeit Mohammeds.

Und sie[213] folgten dem, was die Satane wider Salomons Reich lehrten; nicht, daß Salomo ungläubig war, vielmehr waren die Satane ungläubig, indem sie die Leute Zauberei lehrten ...
(Sure 2,96)

Der Koran sagt Salomo nur an einer einzigen Stelle ein Fehlverhalten nach. Salomo, der Pferdeliebhaber, habe einmal, als er die Pferde seines Gestüts bewunderte, seine Gebete vergessen. Zur Buße habe Salomo seinen Pferden die Köpfe und die Füße abgeschnitten. Dennoch verfiel er für eine gewisse Zeit dem Götzendienst. Sein Thron wurde von einem anderen eingenommen, der Salomos Gestalt angenommen hatte. Erst nachdem Salomo um Verzeihung gebeten hatte, wurde ihm der Thron wiedergegeben.[214]

Demgegenüber kennt die muslimische Legende noch einen weiteren Lapsus Salomos: Dscharada, die Tochter des Königs von Sidon und Gemahlin Salomos, brachte Unheil gegen Salomo herauf, weil sie dem Göt-

---

213 Gemeint sind die der Zauberei verfallenen Juden; vgl. M. Henning, Der Koran, 49.
214 Vgl. Sure 38,31–34.

zendienst gefrönt hatte. Salomo hatte in seinem Besitz einen Zauberring, mit dessen Hilfe unter anderem der Thron der Königin von Saba in einem Augenblick nach Jerusalem gebracht worden war. Diesen Ring pflegte Salomo am Abend bei seiner Waschung abzulegen und einer seiner Frauen anzuvertrauen. Der Ring wurde von einem satanischen Geist, der die Gestalt Salomos angenommen hatte, gestohlen. Daraufhin musste Salomo wie ein Ausgestoßener 40 Tage lang umherirren. Der Geist verlor jedoch den Ring. Er fiel ins Meer und wurde von einem Fisch verschluckt. Der Fisch geriet in die Hände Salomos, der ihn zerschnitt, den Ring wieder an sich nahm und auf den Thron zurückkehren konnte.[215]

Salomos Macht wird insbesondere in der islamischen Legende ausgeschmückt: Nicht nur über Menschen hat er geherrscht. Ihm untertan waren die Geisterwesen (Dschinn), er herrschte über die Winde und ein fliegender Teppich war sein Transportmittel. In der Märchensammlung *Tausend und eine Nacht* (Kap. 5) bricht der Held der Erzählung auf, um die sagenhaften Flaschen zu finden, in denen Salomo die dämonischen Dschinn gefangen hielt.[216] Das mittelalterliche muslimische Salomobild ist so grandios, dass Salomo kurzerhand zum Onkel der Erbauerin der Istanbuler Hagia Sophia gemacht wird.[217]

In der Märchensammlung *Alf laila wa laila* (*Tausend und eine Nacht*) begegnet Salomo häufig und vielseitig. Schon sein Name besitzt magische Kräfte. In der *Geschichte des Fischers mit dem Geiste* findet ein Fischer eine

---

215 Vgl. J. WALKER, Art. Sulaiman, 562.
216 R. ALLEN, The Arabic Literary Heritage, 197 f.
217 So der Bericht des Reisenden Ibn Baṭṭūṭa; vgl. EL-CHEIKH, Constantinople through Arab Eyes, 533 f.

seltsame Flasche aus Messing mit einem Verschluss aus Blei, in den das Siegel *unseres Herrn Salomo* eingraviert ist. Er öffnet die Flasche, eine bedrohlicher Geist entweicht. Kaum ist der Geist aus der Flasche, spricht er mit angstvoller Stimme:

Oh Salomo, Prophet Gottes!
Verzeihe! Verzeihe!
Ich will dir nie mehr ungehorsam sein und deinen Befehlen nimmer zuwider handeln.

Der Geist, der 800 Jahre in der Flasche gefangen gewesen war, will seinen Retter töten. Mit einer List gelingt es dem Fischer, den Geist wieder in die Flasche zu locken. Er verschließt die Öffnung wieder mit dem Siegel Salomos. Der Name bzw. das Siegel Salomos hat eine magische Funktion inne. Es allein besitzt die Macht, den Geist am Verlassen der Flasche zu hindern.

Das Siegel Salomos hat einen langen traditionsgeschichtlichen Weg hinter sich. Erstmalig begegnet es auf einem jüdischen Amulett aus dem 1. Jh. v. Chr. Auf der Vorderseite ist eine Reitergestalt zu erkennen, die eine bereits am Boden liegende Gestalt, wahrscheinlich die Dämonin Lilith, niedersticht. Über der Gestalt steht mit griechischen Buchstaben die Bezeichnung Salomo. Auf der Rückseite findet sich wiederum auf Griechisch die Titulatur »Siegel Gottes«.[218] Beim Siegel Gottes kann es sich nur um ein Zitat aus Hag 2,23 handeln. Das Siegel Gottes bezieht sich hier auf Serubbabel. Auf dem Amulett ist der Titel *Siegel Gottes* auf Salomo übertragen. Die Darstellung auf dem Amulett, der Sieg Salomos über die dämonische Lilith, deutet darauf hin, dass Salomo – das Siegel Gottes – eine apotropäische Wirkung zugeschrieben wurde. In *Alf laila wa laila* begegnet das Motiv völlig unvermittelt. Es scheint so,

---

218 Vgl. A. Kunz, Ablehnung des Krieges, 238.

dass *Tausend und eine Nacht* hier auf den bekannten Topos der apotropäischen Macht Salomos bzw. seines Siegels zurückgreift.

In einer ganz anderen Funktion begegnet das Siegel Salomos in der Märchenerzählung von der Geschichte des Prinzen Bedr von Persien und der Prinzessin Giauhare von Samandal. Der kinderlose König von Persien, Seherman, verliebt sich in eine Sklavin, die er ihrer Schönheit wegen gekauft hatte. Alle Zeit verbringt er mit ihr, verwöhnt sie mit allen Annehmlichkeiten des Palastlebens. Ein ganzes Jahr verbringen der König und seine Haremssklavin zusammen, ohne dass sie ein einziges Wort sagt. Aus Sehnsucht nach einem Wort aus dem Mund der Geliebten gesteht ihr der König seine Liebe und seinen innigsten Wunsch, mit ihr einen Sohn zu haben. Daraufhin bricht sie ihr Schweigen. Sie trage bereits ein Kind in ihrem Leib. Außerdem sei sie die Tochter des Meerkönigs. Nach dem Tod ihres Vaters habe sie Streit mit ihrem Bruder gehabt. Sie habe das Meer verlassen und sei dann auf verschiedenen Wegen als Sklavin zum König gekommen. Auf die Frage des Königs, wie sie und ihr Volk denn im Meer leben könnten, antwortet sie, dass der Segen der Namen, welche auf dem Siegel Salomos, des Sohns Davids stehen, ihnen erlaube, im Meer herumzugehen wie die anderen Menschen auf dem Land. Tatsächlich wird der König erleben, wie sein Sohn nach der Geburt für kurze Zeit der Familie der Mutter im Meer vorgestellt wird und wieder zu ihm zurückgebracht wird. Der besorgte König wird nach der Rückkehr des Prinzen beruhigt. Man habe das Kind im Meer mit einer besonderen Farbe gefärbt und über ihm Namen verlesen, die auf dem *Siegel Salomos* stehen, so dass es jetzt vor dem Ertrinken im Meer gefeit ist.

Während in den beiden genannten Fällen vom Siegel Salomos bzw. von den in ihm eingeschriebenen Namen eine magische Funktion ausgeht, steht in der folgenden Märchenerzählung, der *Geschichte des Prinzen Seif Almuluk und der Tochter des Geisterkönigs* der König Salomo selbst im Mittelpunkt. Erzählt wird die Geschichte des Königs Assem von Ägypten, der, weil ihm Kinder bisher versagt geblieben sind, in völlige Verzweiflung versinkt. Sein Wesir, der sich selber sehnlichst ein Kind wünscht, weiß Rat. Im Land Saba lebe ein weiser und mächtiger König, der über die Menschen, die Erde, den Himmel und die Vögel herrsche. Zu ihm solle ein Gesandter geschickt werden. Wenn der fremde König Salomo den wahren Glauben habe, dann werde sein Gott mächtig genug sein, dem König und seinem Wesir einen Sohn zu schenken. Da der König Assem zu Beginn der Märchenerzählung als Sonnenanbeter vorgestellt wird, lässt sich schon erahnen, welcher der richtige Glaube und welcher der wahre Gott ist. Der Wesir selbst wird mit zahlreichen Geschenken versehen und auf die Reise zu Salomo nach Saba geschickt. Von Gott selbst wird Salomo über das Kommen des Gesandten informiert. Er soll nun seinen eigenen Wesir, Asaf, Sohn des Berachja, dem fremden Wesir entgegenschicken. Salomo weiß nicht nur das Zaubermittel, um die Kinderlosigkeit des ägyptischen Königs und seines Wesirs zu beenden, sein von Gott geschenktes Wissen und seine Weisheit beeindrucken den Wesir und seine Begleiter so sehr, dass sie auf der Stelle Muslime werden.

4. Salomo in Äthiopien

Keine andere biblische Gestalt ist so zu politischen Ehren gekommen wie Salomo im Königreich Äthiopien. Das im 14. Jh. entstandene äthiopische Nationalepos *Kebra Nagast*, die Herrlichkeit der Könige, kennt Salomo und die Königin von Saba als Begründer der äthiopischen Königsdynastie. Auf welche Weise und wann die biblischen Erzählstoffe ihren Weg nach Äthiopien gefunden haben, kann nicht endgültig geklärt werden.[219] In der äthiopischen Tradition steht fest: Salomon und die Königin von Saba hatten weit mehr miteinander zu schaffen als das bloße Lösen von Rätselaufgaben. Nach ihrem Besuch beim König Salomo kehrte die Königin von Saba schwanger in ihre Heimat Äthiopien zurück und brachte einen Sohn zur Welt, den sie Menelik nannte. Die Episode verdient es, hier angeführt zu werden.[220]

... Da bereitete sie sich zur Reise mit viel Herrlichkeit und Prunk und großer Zurüstung und Vorbereitung, denn nach dem Willen Gottes sehnte sich ihr Herz danach, nach Jerusalem zu ziehen, um die Weisheit Salomos zu hören; denn sie hatte (davon) gehört und verlangte (danach). Da bereitete sie sich zur Reise. Es wur-

---

219 U. Braukämper, Geschichte der Hadiya, 68, vermutet die Entstehung des Werks im 13. Jh. In ihrer marxistisch orientierten Geschichte Äthiopiens identifizieren A. Bartnicki/J. Mantel-Niećko die Nachfolger des Königs Yekuno Amlaks als Verbreiter des Werks. Darin werde im 14. Jh. mit dem Rückverweis auf Menelik I. als Vorfahre der äthiopischen Könige der Thronanspruch der äthiopischen Könige legitimiert. Zugleich habe es zur Ausbildung eines äthiopischen Nationalgefühls beigetragen, da die Bewohner des Landes von sich sagen konnten, vom erwählten Volk Israel abzustammen; vgl. A. Bartnicki/J. Mantel-Niećko, Geschichte Äthiopiens, 27 f.

220 Zum Wortlaut der Übersetzung des äthiopischen Textes vgl. C. Bezold, Kebra Nagast, 14 ff.

den 797 Kamele beladen und zahllose Maultiere und Esel wurden beladen; so reiste sie ab und machte sich auf den Weg, während ihr Herz auf Gott vertraute. Sie kam nach Jerusalem und brachte dem König viele ihm erwünschte Kostbarkeiten. Aber auch er ehrte sie und freute sich und gab ihr Wohnung in einem königlichen Palast nahe bei sich.

... Er kam zu ihr und schöpfte Trost, und sie kam zu ihm und schöpfte Trost und gewahrte seine Weisheit, sein Urteil, seine Herrlichkeit und Huld und die Süßigkeit seiner Rede; da verwunderte sie sich in ihrem Herzen und ergötzte sich in ihrem Sinn, vergewisserte sich in Erkenntnis und erspähte mit Augen, wie begehrenswert er war; und erstaunte gar sehr über das, was sie bei ihm sah und hörte: wie vollkommen er war in Eintracht und weise an Gedanken, wie freudig in Huld und schön in der Stattlichkeit der Erscheinung.

Nach sechs Monaten in Jerusalem lässt die Königin Salomo mitteilen, dass sie überwältigt vom Glanz und der Weisheit Salomos ihre Rückreise antreten wolle.

Als sie nun zu ihm (die Nachricht) geschickt hatte, daß sie in ihr Land gehen wolle, da überlegte er in seinem Herzen und sprach (bei sich): »Eine so schöne Frau ist von den Enden der Erde zu mir gekommen: was weiß ich, vielleicht gibt mir Gott Samen in ihr.«

Salomo lädt seine Besucherin an die königliche Tafel, befiehlt aber heimlich, ihr stark dursterregende Speisen aufzutragen. Nach dem Mahl fordert Salomo die Königin auf, an seiner Seite zu schlafen. Die Königin willigt ein, stellt aber die Bedingung, dass Salomo nicht mit ihr schlafen dürfe. Salomo willigt ein, verlangt aber von ihr einen Eid, dass sie aus seinem Haus nichts stehlen dürfe. Die Königin willigt – die List nicht ahnend – ein. Beide schwören, die Königin, dass sie nichts stehlen werde, Salomo, dass er ihr keine Gewalt antun werde.

Vom Durst geplagt erwacht die Königin. Da sie glaubt, dass Salomo schläft, trinkt sie leise aus einem Krug Wasser, den Salomo an ihr Bett gestellt hatte. Salomo hält die Hand der Königin fest und erklärt, dass sie den Eid gebrochen habe. Die Königin bemerkt, dass sie auf die List hereingefallen ist. Da sie ihren Eid gebrochen habe, muss sie Salomo von seinem Eiden entbinden. Nachdem Salomo sie hat trinken lassen, schlafen beide miteinander.[221]

5. Salomo in Äthiopien – eine Variante aus dem Internet

Eine rege Rezeption der Geschichte von Salomo und der Königin von Saba findet auch im Internet statt. So kursiert unter der Adresse »http://www.fortunecity. com/victorian/bacon/313/saba2.htm« folgende Variante zur äthiopischen Rezeption des Salomostoffs:

Eteyw Azeb, ein Tegremädchen, die spätere Königin von Saba und Mutter Meneliks, sollte, wie es Brauch war, wie jede erstgeborene Tochter dem Drachen geopfert werden. Die Eltern nahmen ihre Tochter und banden sie an einem Baum fest. Während sie saß und weinte, kamen sieben Heilige, setzten sich in den Schatten des Baumes, sahen das weinende Mädchen und bekamen Mitleid. Kurzerhand erschlugen sie den Drachen mit einem Kreuz. Das Drachenblut spritzte. Ein Tropfen fiel auf Eteyw Azebs Fuß, der sich sofort in einen Eselshuf verwandelte. Die Dorfbewohner trauten dem zurückkehrten Mädchen zunächst nicht, machten sie jedoch, nachdem sie den toten Drachen besichtigt hatten, zu ihrem Meister (Rabbi). Die zu Macht und Ansehen gekommene Heldin stellte bald eine jugendliche Beraterin in ihren Dienst.

Zu ihr dringt die Kunde vom König Salomo in Jerusalem. Wer sich nur in seine Nähe begebe, werde gesund werden. In der Hoffnung, dass Salomo Sie von ihrem Eselsfuß kuriert, macht sich die Königin zusammen mit ihrer Beraterin auf den Weg. Da sie fürchtet, dass Frauen keinen Zutritt bei Salomo erhalten, kleidet sie sich und ihre Begleiterin wie einen Mann. Salomo wird der abessinische König gemeldet. Kaum dass die junge Frau in

---

221 Übersetzung nach A. Bartnicki/J. Mantel-Niećko, Geschichte Äthiopiens, 28–30.

seine Nähe gekommen ist, hat sich ihr Fuß wieder in seine ursprüngliche Form zurückverwandelt.

Der König lässt nun dem vermeintlichen abessinischen König auftragen. Allerdings verhalten sich die beiden Besucherinnen bescheiden und kosten nur zaghaft von den Speisen und Getränken. Das bringt Salomo auf den Gedanken, dass die Bescheidenheit seiner Besucher eher Frauen zuzutrauen wäre. Wiederum erweist er sich als wahrer Frauenkenner. Er lässt die Betten seiner Gäste neben dem seinen aufstellen und installiert einen Fellschlauch, aus dem die ganze Nacht Honig in eine darunter gestellte Schale tropft. Es zeigt sich, dass der König in seinen Vermutungen richtig gelegen habe. Die beiden Frauen können nicht widerstehen, vom Honig zu naschen. Jetzt ist Salomo im Bilde. Er schläft mit den beiden Frauen. Zum Abschied übergibt er jeder einen Stab und einen Ring. Den Stab sollen sie schicken, wenn sie ein Mädchen gebären. Kommt ein Junge zur Welt, soll der Ring nach Jerusalem geschickt werden.

Noch in Jerusalem kauft sich die Königin des Südens einen Spiegel. Die beiden Frauen kehren zurück und bringen beide einen Sohn zur Welt. Als die beiden Söhne groß geworden sind, werden sie nach Jerusalem geschickt. Vom Sohn der Königin des Südens wird gesagt, dass er seinem Vater im Aussehen gleiche, selbst die Hautfarbe sei die seines Vaters. Die beiden Söhne kommen nach Jerusalem. Salomo lässt sie drei Jahre warten, dann dürfen sie zu ihm kommen. Auf dem Thron finden sie nur einen Strohmann vor, Salomo selbst hält sich versteckt. Der Sohn der Beraterin merkt den Schwindel nicht und hält den Mann auf dem Thron für seinen Vater. Der Sohn der Königin des Südens vergleicht den Mann auf dem Thron mit seinem Spiegelbild. Er bemerkt sofort, dass dieser nicht sein Vater ist. Schließlich erkennt er seinen wahren Vater, der ihn umgehend zum Mitregenten macht.

Darüber ist das Volk verärgert und verlangt, dass Menelik wieder abziehen soll. Nach einer Bedenkzeit fordert Salomo, dass das Volk in diesem Fall der Gerechtigkeit halber auch all seine erstgeborenen Söhne wegschicken müsse. So verlässt Menelik Jerusalem, begleitet von der stattlichen Schar der erstgeborenen Söhne, entwendet die Bundeslade und kehrt in seine Heimat zurück.

6. Salomo in der neueren Literatur

6.1. Von einem, der sich zuviel dachte
Umberto Eco, Die Insel des vorigen Tages[222]

1568 entdeckte der spanische Seefahrer Álvaro de
Mendaña de Neyra im südlichen Pazifik eine Inselgruppe, die er nach dem König Salomo benannte. Es
ist an sich schon bemerkenswert genug, dass sich zwei
Königreiche direkt auf Salomo beziehen. Das schon er-
wähnte äthiopische, das sich genealogisch von Salomo
abgeleitet hat, und das heute noch existierende Königreich der Salomonen, dessen Name sich einer frommen
Laune des Entdeckers der Inselgruppe verdankt. Sowohl der Name der Inselgruppe als auch ihre besondere Lage auf dem 180. Längengrad, also auf der
Datumsgrenze, macht die Salomonen zum Ziel- und
Handlungsort des Romans von Umberto Eco *Die Insel
des vorigen Tages*.

Die konkurrierenden Mächte Frankreich, England
und Spanien sind mit sagenhaften Schätzen in den
Wettlauf um die Entdeckung neuer Welten eingetreten.
Trotz der spektakulären Erfolge bleiben die Ent-
deckungsfahrten wie die gesamte christliche Seefahrt
überhaupt mit einem nautischen Problem verhaftet:
der Bestimmung der geographischen Längengrade.
Der junge Adelige Roberto de la Grive, in eine Liebe
verstrickt, auf deren Erwiderung er sich große, wenn
auch vergebliche Hoffnungen macht, wird von keinem
Geringerem als Richelieu zu einem Spionageunterfan-
gen gezwungen. Der Kirchenfürst offenbart dem jun-

---

222 Dieser und die folgenden Untertitel sind angelehnt an die
Besprechung des Romans von Stefan Heym von W. Dietrich, Von einem, der zuviel wusste, 43 ff.

gen Helden das nautische Dilemma der Seefahrt, vor einem knappen halben Jahrhundert habe der Spanier Mendaña die Salomonen entdeckt. Nachdem er nach Spanien zurückgekehrt sei, habe man ihn 20 Jahre später mit vier Schiffen versehen und ihn beauftragt, die Inselgruppe endgültig für Spanien in Besitz zu nehmen. Doch trotz aller Mühen blieb die Suche Mendañas erfolglos. Die Inseln blieben verschwunden und somit für die spanische Krone unerreichbar. Die Spione Richelieus hatten erfahren von einer Sache, die das Geheimnis der Längengrade bald lüften könnte: Ein englisches Geheimunternehmen habe sich das sympathetische Pulver zu Eigen gemacht. Eben von diesem hatten die bezahlten Lauscher Richelieus schwadronieren hören und so die Aufmerksamkeit des Kardinals auf den jungen Adeligen gelenkt.

So beginnt Roberto eine vom Geheimdienst Richelieus arrangierte Reise an Bord der Amarilli. Der Leiter der geheimen Mission, die auszukundschaften es Roberto allmählich gelingt, ist ein gewisser Dr. Byrd. Das ganze Unterfangen basiert auf dem Glauben, dass eine Wunde zu schmerzen beginnt, wenn die Klinge, mit der sie zugefügt worden ist, ins Feuer gehalten wird. Roberto findet einen Hund in einem elenden Zustand mit einer künstlich offen gehaltenen Wunde. Kurz vor Mitternacht wird das gepeinigte Tier von Dr. Byrd aufgesucht. Das Tier beginnt zu klagen, beruhigt sich wieder, um dann erneut vor Schmerzen aufzuheulen. Der Beweis ist erbracht, dass mit Hilfe des sympathetischen Pulvers, einer Waffe und eines verstümmelten Tieres die Zeitdifferenz zwischen London und der jeweiligen Lage des Schiffes ermittelt werden kann.

Doch niemandem nützt die Erkenntnis. Ein Sturm bricht aus, die Amarillo sinkt. Roberto kann sich auf eine Schiffsplanke retten. Auf dem Meer treibend stößt er auf ein weiteres Schiff, das – bis auf einen einzigen skurrilen Überlebenden menschenleer – vor einer Insel vor Anker liegt. Nach vielerlei Überraschungen und Heimlichkeiten lernt Roberto den Bewohner des Schiffes kennen. Es ist der wunderliche Jesuitenpater Caspar Wanderdrossel, der ebenfalls auf der Suche nach den Salomonen und der Datumsgrenze ist. Der fromme und zugleich entdeckungshungrige Jesuit klärt Roberto darüber auf, wo er sich befindet, wer der Erstentdecker der Inseln gewesen ist und was sich auf dem Wasser zwischen dem Schiff und der Insel befindet – auf den Salomonen, die der König Salomo entdeckt habe, und somit auf der sagenhaften Datumsgrenze, die denjenigen, der sie überschreitet, in den gestrigen Tag versetzt. Nachdem der Pater ihn über den Ort aufgeklärt hat, versucht er Robertos Zweifel zu zerstreuen: [223]

Nachdem König Salomo seinen Tempel erbauet, hatte er auch eine große Flotte gebaut, wie berichtet im Buch der Könige, und diese Flotte ist zur Insel Ophir gelangt, von wo sie ihm vierhundertzwanzig Talente Goldes gebracht, was ein sehr gewaltiger Reichthum ist: die Biblia sagt sehr Weniges, um sehr vieles zu sagen, wie wann man saget *pars pro toto*. Und kein Land in Israels Nachbarschafft hatte solch grossen Reichthum, was bedeutet, daß diese Flotte muß angelanget gewesen seyn am Ultimo Confinio Mundi. Hier.

Der erstaunte Roberto erfährt, warum die Inseln den Namen Salomos tragen. Weil Salomos berühmtes Urteil, das Kind, um das sich die zwei Mütter stritten, in zwei Teile zu teilen, in Wirklichkeit etwas ganz anderes bedeutet habe:

»Salomo sprach: Schneidet das Kind entzwey, Salomo sprach, schneidet in zwey die Erde.«

---

223   U. Eco, Die Insel des vorigen Tages, 155.

6.2. *Von einem, der es hätte besser wissen können*
Stefan Heym, Der König David Bericht[224]

Stefan Heym sei einer, der sich »in die Reihe der Exegeten einfügt oder auch nicht einfügt, die sich mit Problemen der Literarkritik und Redaktionsgeschichte befassen«. Dieses Urteil aus der Feder *Walter Dietrichs* zollt dem Erzähler Stefan Heym eine gehörige Portion Respekt. Kein Wunder: Stefan Heyms Held Ethan, Sohn des Hoshaja, wurde zum König Salomo bestellt. Weil die Gerüchte um die Machtergreifung Salomos und das Leben seines Vaters David nicht enden wollen, beschließt der König, eine Historikerkommission einzusetzen, die unwiderlegbar die Redlichkeit, Frömmigkeit und Heldenhaftigkeit sowie die Legitimität der Thronbesteigung erweisen und dokumentieren soll. Ethan, dem der Ruf vorauseilt, der weiseste Mensch in Israel zu sein, macht sich an die Arbeit. Er durchforstet Archive und befragt Augenzeugen. Was sich ihm offenbart, ist keineswegs das Bild eines Königs ohne Fehl und Tadel. Im Grunde entdeckt Ethan nichts anderes als das biblische Davidbild. Über weite Teile des Werks wird die (unrevidierte) Lutherübersetzung zitiert und paraphrasiert. Am Ende kommt es, wie es kommen musste. Auf Grund seiner engagierten Recherchen, die die Wahrheit über den König David ans Licht bringen, fällt Ethan bei Salomo in Ungnade. Doch nicht der Tod eines aufmüpfigen Literaten und Historikers soll ihn ereilen, auch soll er nicht in den Gruben Salomos schuften müssen, nein, das Tot-

---

224 STEFAN HEYMS Roman *Der König David Bericht* erschien erstmalig 1972 im westdeutschen Kindlerverlag. Erst ein Jahr später wurde er in der DDR beim Buchverlag *Der Morgen* verlegt. Die Seitenangaben hier beziehen sich auf die Ausgabe beim Reclamverlag Leipzig 1989.

geschwiegenwerden soll die gerechte Strafe für das renitente Verhalten sein.

Um es vorwegzunehmen: Für den ostdeutschen Leser *war* die Lektüre des Romans ein Vergnügen. Zensur von Literatur, staatliche Konfiskation unliebsamer Texte, Geschichtsschönmalerei, Lobhudeleien und Beifallsovationen auf eine Rede des Königs – die wohl nicht unbeabsichtigt an die Hofberichterstattung kommunistischer Parteitage erinnerte – und der kleine Sieg des tapferen Literaten, den umzubringen der König sich dann doch scheut: Anspielungen wie diese machten das Buch zu Recht zu einem wichtigen Beitrag der ostdeutschen Literatur.

Jeder Autor entwirft eine fiktive Welt, er fabuliert, er erfindet. Stefan Heyms Roman ist eine Fiktion. Sobald der Roman die Nacherzählung des biblischen Stoffs verlässt, verliert er – von einigen wirklich phantasievollen Interpretationen abgesehen – an Substanz. Stefan Heym projiziert Verhältnisse auf den Hof Salomos, wie er sie sich vorstellt. Als der Held in Jerusalem ankommt, erblickt er ein Jerusalem, das seinesgleichen sucht: »seine Wälle und Tore und die Türme über den Toren; seine funkelnden Dächer; das Tabernakel, ein purpurner Farbfleck neben dem Weiß von Palast und Festung« (21). Mit der Realität eisenzeitlicher Städte hat diese Schilderung rein gar nichts gemein. Der einigermaßen geschulte Leser muss sich wundern, dass die Zeit Salomos bereits die Schabbatruhe kannte, in der die königlichen Bauarbeiten zum Erliegen kamen (23), dass Ethans Frau Esther im 10. Jh. v. Chr. den Segen über die Schabbatkerzen spricht und Ethan sich, um den Schabbat nicht zu entweihen, scheut, Säcke mit Tontafeln aus dem königlichen Archiv zu öffnen (120 f.). In Wirklichkeit lässt sich die Einführung des Schabbat als Ruhetag erst in der nachexilischen Zeit, also ein knappes halbes Jahrtausend nach Salomo, nachweisen. Der Segen der Frau über den Schabbatkerzen ist noch wesentlich jünger.

Was Ethan sehen muss, als er die Stadt betritt, stellt selbst die in dieser Hinsicht nicht gerade zimperliche Schilderung von kultischen Praktiken fremder Völker in den Schatten. Das Laubhüttenfest, zu dessen Zeitpunkt Ethan in die Residenzstadt Salomos kommt, stellt sich als eine kollektive orgiastische Party dar:

»In den Weingärten des Königs zu Baal-hamon, in den Laubhütten, welche errichtet waren zum Gedenken an den Auszug aus Ägypten, lagen Liebespaare, oft gleichen Geschlechts, in vertrauter Umarmung. Es war, als feierten die Götter Kanaans, die Baalim und Ashtaroth, ihre Auferstehung. Auf girlandenumwundenem Sessel, die Stirn mit Weinlaub bekränzt, thronte Amenhotep, der königliche Obereunuch, und gefiel sich als Oberpriester des Ganzen. Mit seinen eleganten Handbewegungen wies er die vollbusigen jungen Mädchen, die schmalhüftigen Jünglinge in diese und jene Laube, sandte ihnen wohl auch Diener nach mit frischen Häuten voll Wein und Tellern voller Süßigkeiten.« (32)

Ungezügelte Sexualität ist eines der Leitmotive der Erzählung. Beim Besuch bei der Totenbeschwörerin in En Dor, der *Hexe von En Dor* (»... meine dralle Freundin mit den Grübchen, und sie lächelte mir zu, wobei sie mir zwei Reihen der hübschesten Zähne zeigte.«), bekommt Ethan zunächst einmal einen Brei verabreicht, den die Gastgeberin Haschisch nennt (105). Nachdem ihm die Geister Sauls, Samuels und Davids erschienen sind und er Zeuge eines Streitgesprächs geworden ist, erwacht Ethan aus seinem Traum und findet in seinen Armen die nackte *Hexe von En Dor* vor, woraufhin ihn der Zuhälter Shupham ben Hupham um stolze 34 Schekel erleichtert.

So geht das muntere Treiben weiter. Vom voyeuristischen königlichen Obereunuchen, der auf den nicht gerade einfallsreichen Namen Amenhotep hört, dazu verlockt, beobachtet Ethan heimlich Abischag und Adonia (»o HErr unser GOtt ist das denn dein Ebenbild sehen wir alle so aus so absurd ein flachbrüstiger spitzbäuchiger spinnebeiniger Sohn Israels stöhnt«; 138) beim Liebesspiel. Tamar, die sich in der Einrichtung für psychisch Kranke in Beth-shean befindet, erinnert sich an die Kindheit im Haus Davids. Von Ethan befragt, schildert sie ihre Kindheit unter den »zahlreichen Töchtern im Haus und all das heiße Blut Davids in den Adern da wusste man schon wenn man acht oder neun war und hatte Erfahrungen in meines Vaters Harem besuchten die Mädchen einander des Nachts und tranken Wein und kosteten Haschisch und trieben ihr Spiel mit den Dienstmägden und krochen zueinander ins Bett«; 216).

Gegenüber den erotischen Phantasien des Erzählers fallen seine Versuche, religiöse Empfindungen und Gedanken seiner Helden nachzuzeichnen, eher dürftig aus. Wenn er Natan sich erinnern lässt, dass er von David eingeladen wurde, »um Fragen des Staats zu besprechen, wobei ich notfalls prophezeien sollte« (172) und wenn Natan ein weiteres Mal beim König erschienen ist, »um ihm einige mindere Prophetien zu liefern« (175), ist jeglicher Bezug zur historischen Realität, um die sich Heym ja gerade so müht, um dem Leben seiner Figuren einen plausiblen Rahmen zu geben, verloren gegangen. Wenn in der Anstalt für psychisch Kranke in *Beth-shean* ein Patient lebt, der sich für den König von Persien hält, ist das ein Anachronismus, der die historische Realität um ein halbes Jahrtausend verpasst. Wenn Salomo die ägyptische Prinzessin zur Frau bekommt, um als Gegenleistung ägyptischen Waren die zollfreie Durchfahrt durch Israel zu gewähren (96), die Prinzessin aber selbst per Schiff zu Salomo kommt, verliert die Erzählung selbst ihre eigene Logik. Abgesehen davon ist ein solches Abkommen zur Zeit Salomos aus ökonomischer und politischer Sicht undenkbar. Die Großmächte haben die Ressourcen der unterworfenen und benachbarten Völker geplündert und keinen Warenaustausch im großen Stil getrieben.

Wer (im Gedenken an den Prager Aufstand im Jahr 1968?) in Jerusalem vor »den öffentlichen Gebäuden und an wichtigen Straßenkreuzungen … gepanzerte Kampfwagen« (200) auffahren lässt, hat sich nur sehr wenig in die Gegebenheiten einer eisenzeitlichen Stadt in Israel eingearbeitet. Ein Blick in ein Kommentarwerk hätte genügt, Heym vor dem Fehler zu bewahren, dass Uria am selben Tag wie Abimelech gestorben sei.[225]

Stefan Heym hat sich – das ist das Bemerkenswerte an seinem *König David Bericht* – in marxistischer Perspektive eines biblischen Erzählstoffs angenommen. Unbestritten ist, dass er damit einen wichtigen Beitrag zur Aufarbeitung des Stalinismus und zugleich ein Plädoyer für die Freiheit von Literatur geleistet hat. Insofern ist bedauerlich, dass er sich nur marginal mit der Wirklichkeit der Zeit und der Kultur beschäftigt hat, in der er seinen *König David Bericht* angesiedelt hat.

---

225 Auf S. 180 zitiert Heym 2Sam 11,21. Im Gespräch zwischen Benaja und Ethan lässt Heym Letzteren die Feststellung machen, dass Abimelech zusammen mit Uria an ein und demselben Tag gefallen sei. Benaja selbst deutet die Sache so, dass nur einfache Menschen wie Abimelech im Krieg in den Tod geschickt werden können, nicht aber Uria, der Hauptmann einer Tausendschaft. Dabei ist übersehen worden, dass in 2Sam 11,21 eine andere Bibelstelle zitiert wird, nämlich Ri 9,52 f. Abimelech ist kein einfacher Soldat, sondern der König, der im Krieg den Tod findet. 2Sam 11,21 beinhaltet somit einen innerbiblischen Verweis, der wohl das Motiv *Tod des Kriegers durch bzw. wegen einer Frau* anzeigen soll.

Wirklich Leben kommt in die Handlung, wenn Heym dort weitererzählt, wo der biblische Erzähler dem Leser Fragen aufgibt.

Warum geht Uria während seines Heimaturlaubs nicht nach Hause? Weil Batscheba ihn dazu angestiftet hat, um David wegen ihrer Schwangerschaft in Bedrängnis zu bringen. Wie darf man sich das Verhältnis zwischen Jonatan und David vorstellen? Der Leser erfährt die Antwort: Die Ansprache des Königs David vor der Eroberung der Feste Zion lässt Ethan in seiner Niederschrift im Einklang mit der Berichterstattung von kommunistischen Beiträgen von *Hurrarufen, Lauten Hurrarufen* und *Nicht enden wollenden Hurrarufen* unterbrechen (152 f.). Der Spagat zwischen historischem Realismus und den aktuellen politischen Anspielungen ist Heym somit nicht immer gelungen. Es wäre dem Werk dienlicher gewesen, wenn er auf eine überdeutliche Nachzeichnung der Jerusalemer Verhältnisse verzichtet hätte.

6.3. *Von zweien, die zu leben verstanden*
Inge Merkel, Sie kam zu König Salomo

Inge Merkels Roman ist weit vom Versuch entfernt, historische Realitäten nachzuzeichnen. Auch ist Merkel nicht – wie andere – der Versuchung erlegen, das Verhältnis zwischen der Königin von Saba und Salomo auf ein sexuelles zu verkürzen. Sie malt lebensvolle orientalische Bilder, sie entzieht sich jeglichem Historismus und führt uns in einen Orient, wie wir ihn uns vorstellen wollen.

Spätestens beim Auftauchen des salomonischen Boten Hidhud – eine Mischgestalt, halb Mensch, halb Wiedehopf – weiß der Leser, dass ihm eine mit allen Wassern des Orients gewaschene phantastische Geschichte

begegnet. Wenn die Mutter der Königin von Saba eine
Gazelle gewesen ist und sie selbst eine Mischgestalt,
halb Tier, halb Mensch, ist, dann kann es losgehen mit
pittoresken Haremsszenen, oppulenten Empfangs-
zeremonien, alchimistischen Laboratorien und ein-
äugigen Gnomen als Gehilfen Salomos. Aber das ist
nur der Rahmen, der sich um die Gespräche zwischen
Salomo und der Königin von Saba spannt.

Wie verhindert eine Erzählerin, dass die Geschichte
vorschnell ins Amouröse abzugleiten droht? Sie lässt
zwei alternde Menschen sich begegnen, die sinnliche
Genüsse und Erfahrung ebenso haben sammeln können wie politische Klugheit und Lebenserfahrung. Sie,
die Tochter eines arabischen Edlen und einer Wüsten-
gazelle, er, der Sohn seines charismatischen Vaters David, dessen Vorbild ihn eher bedrückte und abstieß als
beflügelte, und der noch lebenden Batscheba, die die
fremde Besucherin alsbald mit bissigen Reden malträ-
tieren wird, sie reden und reden. Sie reden über die
Probleme erwachsener Kinder, deren Nöte darin bestehen, ihre Eltern und Vorbilder nur nachahmen, aber
niemals übertreffen zu können, über die Kunst, dem eigenen Volk den Frieden zu bewahren, und über Gott
und die Welt. Merkel bringt Leben in den biblischen
Stoff. Sie erzählt nicht die Geschichte vom salomonischen Urteil nach, sie kennt ein noch weiseres Urteil
Salomos, das nicht nur Streit schlichtet, sondern das
auch noch glücklich machen kann.

Bemerkenswert mutig sind die Aspekte, mit denen
Inge Merkel die Lücken auffüllt, die der biblische Erzähler hinterlassen hat. Die alte Batscheba offenbart
sich ihr als ehrgeizige Intrigantin, die – wie sie sagt –
den »Hofpflanzen ... den zähen Ehrgeiz und die An-
schlägigkeit meines sehr unterschätzten Standes« (114)
voraus hat: Die Verführung Davids, das stille Warten,

bis sich die heißblütigen Söhne Davids selbst umgebracht hatten. Meisterlich ist das sprachliche Gewand, in das Inge Merkel ihre Protagonisten kleidet. Batscheba macht aus ihrem Herzen keine Mördergrube. So sei die Besucherin eine »freche Schnepfe, die aus dem struppigen Nest da unten in Arabien kreischt und schnäbelt« (118). Aber sie, für die nur ein wahrer König ist, der seine Männer mit Schwert und Keule die Grenzen des Landes erweitern lässt, hat wohl wenig Verständnis für die tiefsinnigen Gespräche zweier bejahrter Menschen, die erst spät die Liebe entdecken und erfahren, was ihnen unwiederbringlich verloren gegangen ist.

Fern jeder denkbaren historischen Realität lässt Inge Merkel zwei Menschen in einen vor Geist und Witz sprühenden Dialog treten. Was muss der König Salomo beachten, wenn er mit der wichtigsten Frau seines Harems, der ägyptischen Königstochter, Konversation betreibt? Die Königin von Saba weiß es: Die außenpolitischen Gegebenheiten und die Staatsräson erlauben es Salomo nicht – so vermutet sie –, dass »ihr auf Euch achten müßt, Euch in keiner Weise gehen lassen dürft, etwa in der bequemen Nachlässigkeit der Körperbeherrschung wie Rülpsen, Aufstoßen, und mauloffenes Gähnen, wie Männer es in jeder trauten Gewohnheitsbeziehung tun« (150).

Inge Merkel hat die außergewöhnliche Geschichte einer späten Liebe geschrieben. Sie versucht gar nicht erst, Historismen zu bemühen. Sie führt uns in einen Orient, so wie wir ihn uns wünschen. Wie kam Salomo dazu, das Hohelied zu schreiben? »Die Liebe lebt in den unerfüllten Wünschen« (123), vermutet die Königin. Es gibt einen Ort, entgegnet ihr Salomo, an dem er die schnelle Lust gegen die Sehnsucht eingetauscht habe, wo er »zu dichten begann, statt ein braunes Mäd-

chen in den Arm zu nehmen« (124). Ein stilles Dörf-
chen sei es, an dem Salomo die Liebespärchen be-
lauscht habe und an dem er dem Geheimnis der Liebe
auf die Schliche gekommen sein will. Salomo und die
Königin schleichen sich hin im Dunkel der Nacht. Aber
was sie zu hören bekommen, ist nicht die Poesie der
ersten Liebe: ordinäre Burschen bestürmen derbe Mädchen, deren Zungen nicht minder rüde klingen. Spätestens als die Mütter des Dorfes mit ihren Peitschen den
vielen Stelldicheins ein Ende machen, zeigt sich: Nichts
ist, wie wir es wünschen, nicht einmal die Liebespärchen hinter dem Kidronbach. Da ist er wieder, der ge-
wünschte und der erlebte Orient. Es stört nicht wirklich, dass Inge Merkel ihre beiden Protagonisten auf
dem Rückweg zum Palast in einer *kleinen Schenke* ein-
kehren und einen Becher Landwein genießen lässt.
Dass es in der frühen Königszeit in Israel wohl keine
Schankwirtschaften gab, stört ebenso wenig, wie das
Auftauchen eines nabatäischen Ehemannes (142),[226]
die Verwendung des Begriffs *jüdisch* für die frühe Königszeit oder, dass die Königin des Nachts lesend mit
einem offenen Buch in der Hand im Bett liegt und dass
im 10. Jh. v. Chr. in den Augen eines Ägypters schon so
etwas wie arabische Provinzialität gegeben haben
könnte (87).

Inge Merkel erzählt dort weiter, wo der biblische Erzähler aufgehört hat zu erzählen und wo er wollte,
dass seine Hörer die Geschichte weitererzählen. Und
so kommt sie schließlich auch dem Geheimnis auf die
Schliche, warum sich die Königin von Saba überhaupt

---

226 Die Ursprünge der Nabatäer liegen im Dunkeln. Meist
    wird vermutet, dass sie seit dem 6./5. Jh. v. Chr. auf edo-
    mitischem Gebiet siedelten. Die archäologischen und
    schriftlichen Hinweise sind noch einige Jahrhunderte jün-
    ger.

auf die weite Reise gemacht hat und warum Salomo ihr soviel Aufmerksamkeit geschenkt hat: Wieder einmal geht es um Mann und Frau. »Wegen einer gescheiten Frau hätte ich mich jedenfalls nicht über die Weihrauchstraße geschleppt. Es wäre allenfalls beim Briefwechsel geblieben.« (163). Und auch Salomo, der genügend »eloquente und diskussionsfreudige« Männer um sich hat, findet es am Ende doch viel »anregender und belebender ..., mit einer Frau über die wichtigen Fragen des Lebens zu reden« (163) als mit einem Vertreter seines eigenen Geschlechts.

Die Geschichte ist zu Ende erzählt worden. Wir wissen jetzt, warum der Besuch der Königin von Saba stattgefunden hat. Wir wissen jetzt, dass dieser Besuch ganz unspektakulär gewesen ist. Aber damit kann sich niemand zufrieden geben. Das Geheimnis dieses Besuches ruht sicher hinter den Palasttüren. Nur ein paar »Palastratten, Dienstmägde und Pferdeknechte, das Geziefer im Frauenhaus und seine Oberhammel« (191) sind den beiden auf die Schliche gekommen. Und wir alle, Inge Merkel sei Dank!

6.4. Von zwei Regenten und einem glücklichen Scheidungskind
Siegfried Obermeier, Salomo und die Königin von Saba

Wie bei Inge Merkel, so rückt auch bei *Siegfried Obermeier* die Begegnung Salomos mit der Königin von Saba und die sich daraus entwickelnde Beziehung in den Mittelpunkt des Geschehens. Nicht Salomo ist der Held dieses Romans, sondern die Königin von Saba. Von ihrem Vater in den Geheimnissen der Staatskunst ebenso unterrichtet wie in der gefährlichen Jagd auf wildes Getier, besteigt Bilkis den sabäischen Thron.

Unbill droht ihr von vielen Seiten. Da ist zunächst die Sippe Karibs, Sohn einer Palastsklavin und des verstorbenen Königs, der Thronambitionen hegt. Während sich diese Bedrohung mit einem Blutbad, zu dem die Ratgeber die Königin überreden, aus der Welt schaffen lässt, droht der Königin Ungemach von einer ganz anderen Seite. Der umtriebige Wesir Udwan, dessen Ja unverzichtbar war für Bilkis' Thronbesteigung, nötigt die Königin, sich mit seinem noch jungenhaften Sohn Manheb zu verloben. Wenn dieser erst einmal das Mannesalter erreicht habe, die Hochzeit geschlossen und er somit König geworden sei, dann werde die Königin bald bloß noch mit ihren Handarbeiten zu schaffen haben – so zumindest erfährt der Leser die berechnenden Gedanken eines ehrgeizigen Wesirs und Vaters. Königin Bilkis sitzt in der Klemme. Standesgemäße Männer sind rar, ihr bleibt gar nichts anderes übrig, als den Ranghöchsten der Wüstensöhne zu ehelichen.

Bis in das ferne Saba dringt die Kunde vom weisen König Salomo. Angezogen von dem ihr völlig fremden Mann, von dem sie sich auch die Erlösung von ihren Heiratsnöten erhofft, macht sich Bilkis mit viel Gefolge auf den Weg nach Jerusalem. Natürlich verläuft auch diese Geschichte wie nahezu alle nichtbiblischen Geschichten von Salomo und der Königin von Saba. Die beiden verlieben sich und spinnen gemeinsam an einem derb erotischen und machtpolitisch fragilen Beziehungsgeflecht. Ein Kind wird gezeugt, in Jerusalem mehrt sich der Unmut der konservativen Priesterschaft, allen voran der Oberpriester Asarja, und der enttäuschten Favoritin des Königs, der ägyptischen Prinzessin. Auch im fernen Saba verstrickt sich Wesir Udwan in Umsturzpläne zu Gunsten seines Sohnes Manheb. Doch die gefälschten Schreiben, die von einer schweren Erkrankung der Königin berichten und die letztlich ihre Absetzung vorbereiten sollen, werden mit Hilfe der Geheimkorrespondenz zwischen Bilkis und ihrem Bruder Menelik als falsch entlarvt. Während der Verräter Udwan hingerichtet wird, genießen die Königin von Saba und Salomo in Jerusalem das luxuriöse Leben eines frisch verliebten Königspaares. Doch wie in jeder anderen Nacherzählung von 1Kön 10,1–4 wird dem Happy End ein Wermutstropfen beigemischt. Die Königin muss zurück in ihr Reich, von dem aus sich eine rege Korrespondenz zwischen ihr und Salomo entwickelt.

Auch Siegfried Obermeiers Roman ist nicht frei von Anachronismen. Dass es bereits zur Zeit Salomos eine Begrenzung der Bewegungsfreiheit am Schabbat durch den Schabbatweg gegeben habe, ist undenkbar (62). Dass die Zeit Salomos eine Toleranz gegenüber den Göttern anderer Völker kannte, in der andere Völker zwar andere Namen für ihre Götter haben, im Grunde aber doch ein und denselben Gott anbeten (110), will nur schwer einleuchten.[227] Ebenso wird im eisenzeitlichen Israel niemand der Auffassung gewesen sein, dass Gott nach dem Tod ein Weiterleben der Seele gestatte oder verweigere (151). Mit Sicherheit konnte nicht jeder freie Mann lesen und schreiben und wurde mit der Tora, der Gesetzessammlung, vertraut ge-

---

227 Bilkis selbst liefert eine Lehrbuchdefinition in Sachen religiöse Toleranz: »Und doch glaube ich, dass es in unserer Welt nur einen Gott gibt, der sich in vielerlei Gestalten zeigt. Mit eurem Volk hat er einen Bund geschlossen und in dieser Eigenschaft ist er euer Gott und nur der eure. Uns stellt er sich als der junge Prinz Almaka dar, den Völkern eurer Nachbarländer als Baal oder Bel mit vielerlei Beinamen, den Ägyptern als der Sonnengott Ra, der sich nach Belieben mit anderen gedachten Gottheiten verbindet, aber doch der Eine und der Gleiche bleibt« (204).

macht, wie Obermeier Judith, die Hebräischlehrerin der Königin, sagen lässt (165). Mit allen einigermaßen abgesicherten Theorien über die Entstehung der Hebräischen Bibel völlig unvereinbar ist es, wenn die Königin von Saba vor der ägyptischen Prinzessin die Tora doziert und den Nachweis erbringt, dass nur der Beischlaf mit einer verheiraten Frau die Ehe bricht (234).

Siegfried Obermeiers Salomoroman lässt sich nicht mit exegetischen Erkenntnissen und historischen Maßstäben messen. Seine Stärke liegt in seiner Spannung. Auch wenn ein zentraler Konfliktstoff fehlt, der die gesamte Handlung spannend macht und auf ein Ziel zudrängt, so wecken doch die vielen kleineren Nebenkonflikte das Interesse des Lesers. Dem Roman seien insbesondere junge Menschen als Leser gewünscht, die sich mit seiner Hilfe zwar nicht der Sozialgeschichte Israels und seiner Nachbarn im 10. Jh. v. Chr. annähern, die aber mit einem der faszinierendsten Paare der biblischen Literatur vertraut gemacht werden.

6.5. *Noch einer, der es besser hätte wissen können*
Christian Jacq, Der Tempel zu Jerusalem

Aus der Feder des Verfassers des sechsbändigen Ramsesromans, der ein Millionenpublikum weltweit mit der Gestalt Ramses II. vertraut gemacht hat, stammt eine weitere literarische Aufarbeitung des Salomostoffs.

Wie lassen sich die Wasserprobleme Jerusalems lösen, wenn die Phase der Trockenheit sehr lang ist und Wasser zur Mangelware geworden ist? Ganz einfach! Der König Salomo dreht an seinem Finger einen Zauberring, in den der Name Gottes eingraviert ist, und flugs beginnt es zu regnen. Wie besiegt man einen Leoparden? Ein kleiner Dreh des Königs am Zauberring und schon windet sich die Bestie am Boden. Wie kontrolliert ein ägyptischer Pharao seinen an Macht und Stärke gewinnenden Kollegen zu Jerusalem? Er unterstützt dessen ehrgeiziges Tempelbauprojekt. Zumindest vorgeblich. In Wahrheit schleust er einen ägyptischen Agenten nach Jerusalem, der den Tempel nach den Wünschen Salomos bauen soll. Die Geheimnisse der Konstruktion – ägyptisches Know-how – sollen weiter ein gut gehütetes Geheimnis bleiben. Ein ägyptischer Baumeister wird zum Agenten gemacht. Jetzt erfahren wir auch, wie es zu der merkwürdigen Namensdopplung zwischen Hiram, dem König von Tyrus, und Hiram, dem Handwerker, gekommen ist: Der Deckname des Agenten lautet Hiram. Von Salomo dazu beauftragt, macht er sich ans Werk.

Zeitgleich mit der Beauftragung des Agenten Hirams entsendet der Pharao seine Tochter Nagsara als Gemahlin an den Hof Salomos. Obwohl sie über die Jerusalemer Provinzialität mehr als enttäuscht ist, entbrennt sie alsbald in einer begehrlichen Liebe zu Salomo. Dessen Liebe gilt, nach einem kurzen Entflammen für die schöne Ägypterin, bald nur noch dem Tempelbauprojekt. Die Ägypterin wendet allerlei Zauber an, um die Liebe und die fleischlichen Gelüste Salomos in ihrem Sinne zu wecken. Salomo muss da schon seinen Zauberring in Position bringen, um den Liebeszauber abzuwehren.

Wo lässt sich das Geld für den Tempelbau auftreiben? Es genügt völlig, wenn sich unser ägyptischer Agent alias Hiram mit seinem Kollegen in Saba, der – wie alle seine Kollegen – Mitglied einer geheimen Baumeisterzunft ist, in Verbindung setzt, um sabäisches Gold einzuwerben. Natürlich muss die sabäische Königin ebenfalls in Jerusalem auftauchen. Nach einer kurzlebigen Affäre mit Salomo öffnet sich ihr Herz dem Baumeister Hiram, der ihr nach Saba folgen und sich dort als Tempelbauer betätigen will. Daraus wird nichts, da drei unzufriedene Handwerker Hiram ermorden. Als die Königin von Saba erklärt, Jerusalem mit dem Kind Salomos im Bauch verlassen zu wollen, schöpft Nagsara wieder Liebeshoffnung. Doch sie, durch allerlei okkulte Umtriebe an Leib und Seele geschwächt, vermag weder die Liebe noch das Begehren Salomos zu retten. Immerhin bekommt sie noch heraus, dass Hiram beim Bau des Tempels für den Gott Israels gemogelt hat, indem er – nach den Worten einer Ägypterin an einen geheimen Ägypter – »ein ägyptisches Zeichen« (221) in die Fundamente des Tempels gemeißelt hat.

Die Handlung ist weder originell noch spannend. Wirklich verwunderlich ist, dass Christian Jacq, den der Klappentext als promovierten und mehrfach ausgezeichneten Ägyptologen der Sorbonne preist, sich Fehler leistet, die auch dem Nichtfachmann nicht hätten unterlaufen dürfen. Dass Natan in der Bibliothek sitzt und einen »sehr alten Text«, der bereits zu Staub zerfällt, über den Auszug Israels aus Ägypten abschreibt, gehört in diese Sparte von Ungereimtheiten. An sich dürfte es sich herumgesprochen haben, dass die Exoduserzählung in der frühen Königszeit ganz gewiss noch nicht existiert hat. Steuern soll Salomo teils in Form von Fronarbeit, teils in bar (41) eingezogen haben. Münzen, die auf Geld als ein verbreitetes Zahlungsmittel schließen lassen, sind in Israel bzw. Juda erst seit der Perserzeit, also ein gutes halbes Jahrtausend nach Salomo bekannt.

Geographisch leistet sich der Roman einige Unzumutbarkeiten. Wenn Damaskus in die Hände phönizischer Rebellen fällt, Salomo die »wertlose Oase« (52) aufgibt und zugleich Palmyra befestigen lässt, damit künftige Feinde eingeschüchtert werden, ist jede Logik dahin. Damaskus liegt auf halber Strecke in nordöstlicher Richtung auf dem Weg nach Palmyra. Wie Salomo es angestellt haben will, seine ägyptische Frau im Streitwaagen von Jerusalem mal eben schnell zum See Genezareth zu kutschieren (»ein kleiner See, der wie eine Harfe geformt war« [?], 102), bleibt ungesagt. Der Linienbus benötigt heute für die Strecke mehr als zwei Stunden. In Jerusalem soll es zur Zeit Salomos einen Rosengarten gegeben haben, »der noch aus der Zeit der Propheten stammte« (115). Hier werden historische Abläufe auf den Kopf gestellt: Zur Zeit der Propheten hatten die Jerusalemer Gelegenheit, sich an Bauten Salomos zu erinnern.[228]

So geht es in einem fort. Eine letzte Beobachtung noch: Auf S. 88 trifft Salomo erstmalig auf die ägyptische Pharaonentochter, die dem ihr vorauseilenden Ruf an Schönheit und Klugheit entspricht. Drei Seiten später begegnet der Leser einer »ziemlich kleinen und nicht übermäßig schönen jungen Frau« (91). Magische Kräfte, sexuelles Begehren, enttäuschte Gefühle, Haremsintrigen und politische Komplotte purzeln in diesem Salomoroman munter durcheinander. Glaubhaft erzählt wird das alles nicht. Christian Jacqs Salomo ist weit von der Zeit und der Welt seines Helden entfernt – so weit, dass nichts mehr bleibt vom weisen König Salomo, seinen Frauen und seinen ägyptischen Nachbarn.

---

228 Vgl. Jer 52,20. In der einzigen Stelle in den Prophetenbüchern, in der Salomo überhaupt erwähnt wird, wird er als Ausstatter – nicht als Erbauer – des Jerusalemer Tempels genannt.

6.6. *Von Zweien,*
bei denen es darunter und darüber ging
Zur Verfilmung des Erzählstoffs von Salomo und
der Königin von Saba durch King Vidor im Jahr 1959

Um es gleich deutlich zu sagen: Die Deuteronomisten
wären vor Neid erblasst. Die fremde intrigante König-
gin kommt als Agentin des antiisraelitischen Bündnis-
ses unter ägyptischer Führung nach Jerusalem, um die
Schwächen des als unbesiegbar geltenden Reiches Salomos herauszufinden. Natürlich kommt alles ganz anders. Die Königin von Saba verliebt sich unsterblich in
den König Salomo, der sich seinerseits wiederum in
die Königin von Saba verliebt. Salomo ist strammer
Monotheist, die Sabäerin kennt an die hundert Götter.
Ihren Hauptgott Dragon hat sie in Form eines hölzer-
nen Standbildes mitgebracht. Der – ein affengesich-
tiges Monstrum mit Ziegenhörnern – besteht auf sein
alljährliches Fest. Trotz der wachsenden Unmuts seiner
frommen Untertanen und der wachsenden Gehor-
samsverweigerung durch die Jerusalemer Priesterschaft und Ältesten, deren Psychognomie ungute
Assoziationen an die stereotype Stigmatisierung jüdi-
scher Menschen weckt, gestattet Salomo seiner Geliebten, das Fest des Dragon in Jerusalem zu feiern. Das
Ganze mündet in eine Sexorgie, in deren buntes Treiben sich auch der Salomo und die Königin von Saba
mischen. Das deuteronomistische Schema fremde Frau
gleich fremder Kult mit exzessiven Orgien findet an
dieser Stelle seinen Meister. Natürlich bleibt das wilde
Treiben nicht ungestraft. Es blitzt und donnert. *Jehovas* (!) Blitz zerschmettert den Holzgötzen und verwü-
stet anschließend den Tempel.

Inzwischen zieht Salomo gegen die angreifenden
Ägypter in den Kampf, wird als Strafe Gottes vernich-

tend geschlagen, kampiert in der Wüste, bekennt seine Schuld und erfährt prompt Vergebung. Israels Heer sammelt sich wieder und stellt sich erneut der Schlacht. Mit blankpolierten Schilden werden die angreifenden Ägypter geblendet, die wissen weder aus und ein und stürzen massenweise in eine Schlucht. Der Sieg ist errungen, Salomo kehrt nach Jerusalem zurück, wo sein Bruder Adonia mit Hilfe Joabs die Macht an sich gerissen hat. Gerade noch rechtzeitig kann Salomo seine blutüberströmte Geliebte aus der mordlüsternen Meute retten. Seinen Rivalen und Bruder tötet er im Kampf Mann gegen Mann. Noch während der Abwesenheit Salomos von Jerusalem ist aus der Königin von Saba eine glühende Verehrerin *Jehovas*, des Gottes Israels geworden. Das bisherige Geschehen hat jedoch zu große Wunden geschlagen. Die fremde Königin verlässt Jerusalem auf Nimmerwiedersehen. Neben ihrer Liebe im Herzen kehrt sie mit Salomos Kind im Leib nach Saba zurück, wo sie fortan die Verehrung des einzigen und wahren Gottes *Jehova* durchsetzen wird.

Mit dem biblischen Erzählstoff hat diese Variante der Geschichte von Salomo und der Königin von Saba nichts mehr gemein. Salomo als erfolgreicher Krieger und Schlachtenheld, Adonias und Joabs fortwährende Opposition gegen die Königsherrschaft Salomos, Kriege während der Herrschaftszeit Salomos – diese Aspekte stehen im schroffen Wiederspruch zu dem in 1Kön 1–11 entworfenen Geschichtsbild. Salomos Herrschaft ist generell vom Frieden bestimmt, Adonia und Joab werden am Beginn der Königsherrschaft Salomos ermordet.

King Vidors Verfilmung der Geschichte von Salomo und der Königin von Saba ist keine brave Bibelverfilmung. Sie greift biblische Personen auf, denen sich mühelos Sexualität anhängen lässt. Darin dürften auch die

Abb. 10: Gina Lollobrigida und Yul Brynner
als Königin von Saba und König Salomo

Gründe für den seinerzeitigen Erfolg des Kinofilms zu suchen sein. Gina Lollobrigida in der Badewanne und eine ausschweifende Sexorgie, im Jahr 1959 schien ein solches Szenarium anstößig genug gewesen zu sein, dass seine Einbettung in einen biblischen Erzählhintergrund ihm einiges an Legitimität verliehen hat. Bemerkenswerterweise kommt Hollywood der äthiopischen Variante des Erzählstoffs wesentlich näher als der biblischen. Dazu zählen die Sexualität zwischen Salomo und der Königin von Saba, die Zeugung eines Kindes, die Konversion der Königin zum wahren Glauben und seine Durchsetzung in Saba.

7. Weiser König Salomo – Rückblick und Ausblick

Von Äthiopien bis Hollywood, von der Stalinismusaufarbeitung in der früheren DDR bis in den Beziehungsroman hat Salomo seine Spuren in der Postmoderne hinterlassen. Poetische und ordinäre Erotik begegnen dem Leser und Zuschauer, Kriminalgeschichten, Ethno-Abenteuer, phantasievoll erfundene und gründlich recherchierte Geschichtswelten ebenso. Angesichts des biblischen Erscheinungsbildes Salomos überrascht dieser Befund. Es sind die Umstände seiner Geburt und Thronbesteigung, das salomonische Urteil, die Notiz über die ägyptische Pharaonentochter, die Salomo zur Frau genommen hat, und der Besuch der Königin von Saba, die die Phantasie der narrativen Interpreten angestachelt haben. Ausgerechnet in dem Zeitraum, in dem sich die exegetischen und archäologischen Zweifel an der Historizität eines salomonischen Großreiches mit seinem Luxus, seiner Pracht und seiner politischen Bedeutung mehren, scheint Salomo wieder einmal in eine Phase seiner eigenen Renaissance getreten zu sein. Hat sich schon die klassische Literatur der Hebräischen Bibel, insbesondere die Propheten- und die Psalmenliteratur über Salomo weitestgehend ausgeschwiegen und hat sich im Gegensatz dazu in der Literatur in hellenistischer Zeit eine Aufbereitung Salomos breit gemacht, so scheint sich das Phänomen in den letzten Jahren wiederholt zu haben. Der literarische Salomo ist lebendiger denn je. Er kann intrigierend, mordend, machtsüchtig, sexistisch begegnen, aber auch als weiser Staatsmann und charmanter Partner in einer Beziehung. Die schönsten und mächtigsten Frauen der Welt verfallen seiner Ausstrahlung – dieses Motiv begegnet in allen modernen Salomorezeptionen.

Diese Salomobilder sind keine Erfindungen postmoderner Literaten und Drehbuchschreiber. Sie sind den ersten zwölf Kapiteln von 1Kön untergelegt. Der Erzähler lässt Salomo eine ägyptische Prinzessin heiraten. Mehr sagt er nicht. Er lässt die Königin von Saba kommen und sie und Salomo artige Reden tauschen. Alles andere bleibt ungesagt. Es scheint gerade das nicht Erzählte zu sein, das die Phantasie der Leser und Nacherzähler angestachelt hat. Aber auch das ist kein neues Phänomen. Die Verfasser des Hohelied hatten keine Schwierigkeiten damit, Salomos Bild zu erotisieren. Die Redaktoren des Sprüche- und des Koheletbuches konnten gleichsam an die sagenhafte Weisheit Salomos anknüpfen und den größten König Israels zum Weisheitsautoren machen. Das stellenweise eingetrübte Bild Salomos, dass sich dem Leser von 1Sam 11 f.; 1Kön 1–11 als ständiger Begleiter erweist, wird von der hellenistischen Renaissance Salomos nicht aufgegriffen. Salomokritisch ist von den modernen Verarbeitungen des Stoffs, die hier besprochen worden sind, lediglich Stefan Heyms König David Bericht. Alle anderen Rezeptionen des Stoffs verfolgen die Linie weiter, die mit dem Hohelied ihren Anfang genommen hat: die Erotisierung und Sexualisierung des Salomostoffs und seine Reduktion auf eine zentrale Begebenheit: den Besuch der Königin von Saba.

Alle neueren literarischen Aufarbeitungen des Salomostoffes gehen unbefangen von einer mehr oder weniger deutlich unterstellten Historizität des in 1Kön 1–11 Erzählten aus. Das ist ihr gutes Recht. Allerdings entsteht schon so ein Bild, das weit von dem in 1Kön 1–11 skizzierten Salomobild abweicht. Wenn in den Salomoromanen der Pentateuch zitiert wird, wenn er die rechtsgültige Norm Israels ist, dem sich der König zu beugen hat, wenn Salomo munter – sei es als Plagiator wie bei Stefan Heym, sei es als originärer Dichter und Autor wie bei Siegfried Obermeier und Inge Merkel – Liebeslieder und skeptische Weisheitsschriften verfasst, wenn religiöse Gepflogenheiten, die nicht älter als die Exilszeit sind oder die ganz und gar erst in rabbinischer Zeit nachweisbar sind, und wenn Salomo das *Höre Israel* als Losung auf dem Stirnband trägt, dann erweisen sich alle diese Romanwelten als Konglomerate von Vorstellungen über Wüste, Orient und Judentum.

2Sam 11 f.; 1Kön 1–11 ist kein Tatsachenbericht im Sinne einer Hofchronik. In die Geschichten über König Salomo sind verschiedene Vorstellungen der Erzähler hineingewoben worden. Salomo ist gleichermaßen der *ideale Wunschkönig*, der Israel zu Glanz, Wohlstand und Frieden geführt hat, er ist aber auch der *typische König*, dessen Hybris den Anfang vom Ende des Jerusalemer Königtums bewirkt hat. Die Disparität des Erzählstoffs zwingt alle Nacherzähler, sich auf einen bestimmten Aspekt Salomos zu konzentrieren. Stefan Heym favorisiert den Despoten, Inge Merkel und Siegfried Obermeier den weisen Staatsmann, King Vidor den wankelmütigen Lustmenschen, den die laszive Schönheit auf Abwege und somit sein Reich an den Rand des Abgrunds bringt.

Diese Untersuchung hat zu zeigen versucht, dass die Erzählungen über den König Salomo *Literatur* darstellen, die selbst wiederum von verschiedenen Literaturen beeinflusst ist. Die Geburtsgeschichte Salomos in 2Sam 11 f. weist Verbindungen zur ägyptischen,[229] und zur griechischen Literatur auf. Darüber hinaus ist die Erzählung von 1Kön 21 beeinflusst.[230] Die Erzählung von Salomos Urteil kennt eine Reihe von Parallelen zu jüngeren Texten außerhalb der Literatur Israels.[231] Gerade die weite Verbreitung dieses Erzählstoffes bis nach Indien spricht dafür, dass es sich hierbei um ein frei umlaufendes Erzählgut handelt, das der Erzähler von 1Kön 3,16–28 aufgegriffen und mit Salomo in Verbindung gebracht hat. Unabhängig davon bestehen Verbindungen zu Erzählungen, die mit dem Motiv *Rettung des bedrohten Kindes* arbeiten, insbesondere zu 2Kön 6,24–31. Die Liste der höchsten Beamten Salomos in 1Kön 4,1–6 ist aus der Funktionärsliste Davids in 2Sam 8,16–18 entwickelt. Der berühmte Holzhandel Salomos mit Hiram von Tyrus in 1Kön 5,15–25; 9,11 f., greift ebenso wie die ägyptische Wenamunerzählung eine literarische Stereotype auf, nämlich den Typus des phönizischen Händlers. Schließlich ist an die zahlreichen Frauen, Kriegswagen und Reichtümer Salomos zu erinnern. Auch hierbei soll sich der Leser auf die deuteronomistische Warnung verwiesen fühlen, dass der König von diesen Dingen besser seine Finger lassen sollte.

Die abschließende Frage ist die wohl wichtigste. Hat es den König Salomo gegeben? Die Antwort zu finden ist weder leicht noch kann sie einhellig ausfallen. Für die Existenz des Königs Salomo sprechen nur wenige Indizien. 2Sam 11 f. erzählt von den Umständen der

---

229 Vgl. S. 45–58.
230 Vgl. S. 58–66.
231 Vgl. S. 137 f.

Geburt Salomos. *Wenn* einige Exegeten Recht darin haben, dass der Name Salomo *Sein Ersatz* bedeutet, spricht dieser Umstand für die Historizität dieses Königs. Immerhin kann eine entsprechende Namensgebung nur mit tragischen Ereignissen im Vorfeld der Geburt zusammenhängen. Um eine reine Erfindung wird es sich bei dem Namen nicht handeln. Für die Historizität Salomos spricht weiter, dass die Chronologie der Könige Judas und Israels im Großen und Ganzen stimmig sein muss. Es wird einen König in Jerusalem gegeben haben, der seinem Vater David auf dem Thron gefolgt ist.

Die Argumente, die sich gegen Salomo anführen lassen, betreffen weniger seine Person als die Dimensionen seiner Herrschaft. Es gibt keinen Hinweis darauf, dass Israel im 10. Jh. v. Chr. eine zentralistisch beherrschte und zentral verwaltete Größe gewesen ist. Die neueren archäologischen Befunde differenzieren diesen Eindruck noch weiter. Während der nordisraelitische Bereich durchaus urbane Strukturen aufwies, tragen die Besiedlungsspuren auf dem judäischen Bergland einen agrarisch-dörflichen Charakter.

Salomo hat gelebt. Dass wir so viel über ihn lesen können, ist nicht die Folge seiner Verdienste in der Geschichte. Salomos große Taten fanden nicht in der Geschichte Israels, sondern in seiner Literatur statt.

D. VERZEICHNISSE

1. LITERATURVERZEICHNIS

ALLEN, R.: The Arabic Literary Heritage. The Development of Its Genres and Criticism, Cambridge 1998.

ALT, A.: Israels Gaue unter Salomo, Kleine Schriften zur Geschichte des Volkes Israel 2, München 1953, 76–89.

ASSMANN, J.: Ägypten. Eine Sinngeschichte, München 1996.

BAINS, J.: On Wenamun as a Literary Text, in: J. Asmann/E. Blumenthal (Hg.), Literatur und Politik im pharaonischen und ptolemäischen Ägypten, Bibliothèque D'Étude 127, Le Caire 1998, 209–233.

BARTNICKI, A./MANTEL-NIEĆKO, J.: Geschichte Äthiopiens. Bd. 1. Von den Anfängen bis zum Ende des 19. Jahrhunderts, Übers. v. R. Richter, Berlin 1978.

BENZINGER, I.: Die Bücher der Könige, KHAC 9, Leipzig/Tübingen 1899.

BEYER, R.: Die Königin von Saba. Engel und Dämon. Der Mythos einer Frau, Bergisch-Gladbach ²1992.

BEZOLD, C.: Kebra Nagast. Die Herrlichkeit der Könige. Nach den Handschriften in Berlin, London, Oxford und Paris zum ersten Mal im äthiopischen Urtext herausgegeben und mit deutscher Übersetzung versehen, ABAW, I. Kl., XXIII. Bd. I. Abt., München 1905.

BRAUKÄMPER, U.: Geschichte der Hadiya Süd-Äthiopiens. Von den Anfängen bis zur Revolution 1974, Studien zur Kulturkunde 50, Wiesbaden 1980.

BRETSCHNEIDER, J.: Architekturmodelle in Vorderasien und der östlichen Ägäis vom Neolithikum bis in das 1. Jahrtausend. Phänomene in der Kleinkunst an Beispielen aus Mesopotamien, dem Iran, Anatolien, Syrien, der Levante und dem ägäischen Raum unter besonderer Berücksichtigung der bau- und religionsgeschichtlichen Aspekte, AOAT 229, Kevelaer/Neukirchen-Vluyn 1991.

BRUNNER-TRAUT, E.: Altägyptische Märchen. Mythen und andere volkstümliche Erzählungen, Diederichs Märchen der Weltliteratur, Reinbek bei Hamburg 1991.

BUSCH, W.: Zweifach sind die Phantasien. Erzählungen. Gedichte. Autobiographien, Leipzig ⁴1984.

BUSINK, A. TH.: Der Tempel von Jerusalem von Salomo bis Herodes. Eine archäologisch-historische Studie unter Berücksichtigung des westsemitischen Tempelbaus (2 Bde.), Leiden 1970.

CRÜSEMANN, F.: Die Tora. Theologie und Sozialgeschichte des alttestamentlichen Gesetzes, München 1992.

DALMAN, G.: Arbeit und Sitte in Palästina. Bd. I. Jahreslauf und Tageslauf. 1. Hälfte. Herbst und Winter, SDPI 3/1, Gütersloh 1928.

DALMAN, G.: Arbeit und Sitte in Palästina. Bd. IV. Brot, Öl und Wein, SDPI 7, Gütersloh 1935.

DANDAMAEV, M. A.: Persien unter den ersten Achämeniden (6. Jahrhundert v. Chr.), Beiträge zur Iranistik, Übers. v. Heinz-Dieter Pohl, Wiesbaden 1976.

DEVRIES, S. J.: 1 Kings, World Biblical Commentary 12, Waco 1985. Die Bedeutung des Korans. Bd. 4. Von Sure Al-Furqān bis Sure Fuṣṣilat. Sure 25–41, München 1996.

DIETRICH, W.: Die frühe Königszeit in Israel. 10. Jahrhundert v. Chr., BE 3, Stuttgart 1997.

DIETRICH, W.: Von einem, der zuviel wußte. Versuch über Stefan Heyms ›König David Bericht, in: Ders., Wort und Wahrheit. Studien zur Interpretation alttestamentlicher Texte, Neukirchen-Vluyn 1976, 41–67.

DONNER, H.: The Interdependence of Internal Affairs and Foreign Policy During the Davidic-Solomonic Period (with Special Regard to the Phoenician Coast), in: Ishida, T. (Hg.), Studies in the Period of David and Solomon and Other Essays. Tokyo 1982.

DREHER, C. A.: Das tributäre Königtum in Israel unter Salomo, Evangelische Theologie 51 (1991), 49–60.

DUGUID, I. M.: Ezekiel and the Leaders of Israel, VT.S 56, Leiden/New York/Köln 1994.

ECO, U.: Die Insel des vorigen Tages, Übers. v. B. Kroeber, München/Wien 1995.

EGBERTS, A.: Hard Times. The Chronology of »The Report of Wenamun« Revised, Zeitschrift für ägyptische Sprache und Altertumskunde 125 (1998), 93–108.

EGBERTS, A.: The Chronology of the Report of Wenamun, The Journal of Egyptian Archaeology 77 (1991), 57–67.

EGO, B.: Targum Scheni zu Ester. Übersetzung, Kommentar und theologische Deutung, Texte und Studien zum antiken Judentum 54, Tübingen 1996.

EL-CHEIKH, Constantinople through Arab Eyes. A Mythology, in: A. Neuwirth u. a. (Hg.), Myths Historical Archetypes and Symbol Figures in Arabic Literature. Towards a New Hermeneutic Approach, Beiruter Texte und Studien 64, Beirut 1999, 521–537.

ENGEL, H.: Die Susanna-Erzählung. Einleitung, Übersetzung und Kommentar zum Septuaginta-Text und zur Theodotion-Bearbeitung, OBO 61, Freiburg/Göttingen 1985.

EYRE, C. J.: Irony in the Story of Wenamun. The Politics of Religion in the 21st Dynasty, in: J. Asmann/E. Blumenthal (Hg.), Literatur und Politik im pharaonischen und ptolemäischen Ägypten, Bibliothèque D'Étude 127, Le Caire 1998, 235–252.

FEUCHT, E.: Das Kind im Alten Ägypten. Die Stellung des Kindes in Familie und Gesellschaft nach altägyptischen Texten und Darstellungen, Frankfurt/M./New York 1995.

FINKELSTEIN, I. P./SILBERMAN, N. A.: Keine Posaunen vor Jericho. Die archäologische Wahrheit über die Bibel, Übers. v. M. Magall, München ⁵2003.

FOKKELMAN, J. P.: Narrative Art and Poetry in the Books of Samuel. A Full Interpretation Based on Stylistic and Structural Analyses. Vol. 1. King David (II Sam. 9–20 & I Kings 1–2), Assen 1981.

FREI, P./KOCH, K.: Reichsidee und Reichsorganisation im Perserreich, OBO 55, Freiburg/Göttingen ²1996.

FRITZ, V.: Das erste Buch der Könige, ZBK 10/1, Zürich 1996.

GERLEMANN, G.: Das Hohelied, BKAT XVIII, Neukirchen-Vluyn 1965.

GESE, H.: Der Verfassungsentwurf des Ezechiel (Kap. 40–48) traditionsgeschichtlich untersucht, BHTh 25, Tübingen 1957.

GOEDICKE, H.: The Report of Wenamun, Baltimore 1975.

GREEN, M.: Wenamun's Demand for Compensation, Zeitschrift für ägyptische Sprache und Altertumskunde 106 (1979) S. 116–120.

GRESSMANN, H.: Das Salomonische Urteil, Deutsche Rundschau 130 (1907), 212–228.

GUNKEL, H.: Das Märchen im Alten Testament, Frankfurt a. M. 1987.

GUNNEWEG, A. H. J.: Nehemia. Mit einer Zeittafel von Alfred Jepsen und einem Exkurs zur Topographie und Archäologie Jerusalems von Manfred Oeming, KAT 19,2, Gütersloh 1987.

HANNIG, R.: Die Sprache der Pharaonen. Großes Handwörterbuch Ägyptisch-Deutsch (2800–950 v. Chr.), Kulturgeschichte der Antiken Welt 64, Mainz ^{2}1997.

HÄUSL, M.: Abischag und Batscheba. Frauen am Königshof und die Thronfolge Davids im Zeugnis der Texte 1 Kön 1 und 2, ATSAT 41, St. Ottilien 1993.

HEINE, H.: Sämtliche Schriften (1), hg. von Klaus Briegleb, 6 Bde., München 1997.

HELCK, W.: Die Beziehungen Ägyptens zu Vorderasien im 3. und 2. Jahrtausend v. Chr., ÄA 5, Wiesbaden ^{2}1971.

HELCK, W.: Art. Tempelgründung, Lexikon der Ägyptologie VI, Sp. 385–387.

HELCK, W.: Art. Wenamun, Lexikon der Ägyptologie VI, Sp. 1215–1217.

HELLER, B.: Die Susannaerzählung. Ein Märchen, Zeitschrift für die alttestamentliche Wissenschaft 54 (1936), 281–287.

HENNING, M.: Der Koran (Übersetzung), Leipzig 1980.

HEYM, S.: Der König David Bericht, Leipzig 1989, zuvor erschienen: München 1972.

HORNUNG, E./GRAF, F. (Hg.): Wanderungen, Eranos Neue Folge 3, München 1995.

ISHIDA, T.: The Succession Narrative and Esarhaddon's Apology, in: Ders., History and Historical Writing an Ancient Israel. Studies in Biblical Historiography, Studies in the History and Culture of the Ancient Near East 16, Leiden/Boston/Köln 1999, 175–185, zuvor erschienen in: M. Cogan/I. Ephal (Hg.), Ah, Assyria ... Studies in Assyrian History and Ancient Near Eastern Historiography. Presented to Hayim Tadmor, Scripta Hierosolymitana 33, Jerusalem 1991, 166–173.

JACOBS, B.: Ein Großreich stellt sich vor. Das Reich der Perser, Welt und Umwelt der Bibel. Archäologie – Kunst – Geschichte 12 (2), 1999, 27–31.

JACQ, CH.: Der Tempel zu Jerusalem, übers. D. Asendorf, Hamburg 2000.

KAMMERZELL, F.: Ein demotisches Fragment der Merirê-Erzählung. PTebtunis Tait Nr. 9 und pLille 139, Göttinger Miszellen 127 (1992), 53–61.

KAMMERZELL, F.: Die Nacht zum Tag machen. PVandier Rto. 1,2–7 und Herodot II 133, Göttinger Miszellen 96 (1987), 45–52.

KAMMERZELL, F.: Mi'jare' in der Unterwelt (Papyrus Vandier), TUAT III, Gütersloh 1990 ff., 973–987.

KIMCHI, D.: מקראות גדולות הכתר. מהדורת יסוד חדשה ההדרה מדעית על־פי כתבי־יד עתיקים, Ramat Gan 1993.

KOCH, H.: Es kündet Dareios der König … Vom Leben im persischen Großreich, Kulturgeschichte der Antiken Welt 55, Mainz a. Rhein 1992.

KOCH, H.: Persien zur Zeit des Dareios. Das Achämenidenreich im Lichte neuer Quellen, Kleine Schriften aus dem vorgeschichtlichen Seminar der Philipps-Universität Marburg 25, Marburg 1988.

KOCH, K.: Das Buch Daniel, EdF 144, Darmstadt 1980.

KONKEL, M.: Architektonik des Heiligen. Studien zur zweiten Tempelvision Ezechiels (Ez 40–48), BBB 129, Berlin/Wien 2001.

KRATZ, R. G.: Die Komposition der erzählenden Bücher des Alten Testaments, Grundwissen der Bibelkritik, Göttingen 2000.

KRAUS, H. J.: Psalmen, BKAT XV/2, Neukirchen-Vluyn [4]1972.

KUAN, J. K.: Third Kingdoms 5.1 and Israelite-Tyrian Relations During the Reign of Salomo, JSOT 46 (1990).

KUNZ, A.: »Soll das Schwert den ewig fressen?« Zur Erzählintention von 2Sam 2,8–32, in: R. Lux (Hg.), Erzählte Geschichte. Beiträge zur narrativen Kultur im alten Israel, BThS 40, Neukirchen-Vluyn 2000, 53–79.

KUNZ, A.: Ablehnung des Krieges. Untersuchungen zu Sacharja 9 und 10, HBS 17, Freiburg u. a. 1998.

KUNZ, A.: Die Frauen und der König David. Studien zur Figuration von Frauen in den Daviderzählungen, Arbeiten zur Bibel und ihre Geschichte 9, Leipzig 2004.

LAMPRICHS, R.: Die Westexpansion des neuassyrischen Reiches. Eine Strukturanalyse, AOAT 239, Kevelaer/Neukirchen-Vluyn 1995.

LANGE, A.: DIE GLEICHNISERZÄHLUNG VOM MORDFALL NABOT, BN 104 (2000), 31–37.

LOHFINK, N.: Der Bundesschluß im Land Moab. Redaktionsgeschichtliches zu Dtn 28,69–32,47, in: Ders., Studium zum Deuteronomium und zur deuteronomistischen Literatur I, SBS 8, Stuttgart 1990, 53–82.

LOHFINK, N.: Verkündigung des Hauptgebots in der jüngsten Schicht des Deuteronomiums (Dt 4,1–40), in: Ders., Studium zum Deuteronomium und zur deuteronomistischen Literatur I, SBS 8, Stuttgart 1990, 167–191.

LOPRIENO, A.: Topos und Mimesis. Zum Ausländer in der ägyptischen Literatur, ÄA 48, Wiesbaden 1988.

LUX, R.: Jona. Prophet zwischen »Verweigerung« und »Gehorsam«. Eine erzählanalytische Studie, FRLANT 162, Göttingen 1994.

LYKE, L. L.: King David with the Wise Women of Tekoa. The Resonance of Tradition in Parabolic Narrative, JSOT.S 225, Sheffield 1997.

MAIER, C.: Die »fremde Frau« in Proverbien 9. Eine exegetische und sozialgeschichtliche Studie, OBO 144, Freiburg/Göttingen 1995.

MALAMAT, A.: Das davidische und salomonische Königreich und seine Beziehungen zu Ägypten und Syrien. Zur Entstehung eines Großreichs, Österreichische Akademie der Wissenschaften. Philosophisch-historische Klasse, Sitzungsberichte, Bd. 467, Wien 1983.

MAYER, W.: Politik und Kriegskunst der Assyrer, Abhandlungen zur Literatur Alt-Syrien-Palästinas und Mesopotamiens 9, Münster 1995.

MERKEL, I.: Sie kam zu König Salomo, Frankfurt a. M. 2001, zuvor erschienen: Salzburg 2001.

MILLARD, A.: King Salomo in His Ancient Context, in: L. K. Handy (Hg.), The Age of Solomon. Scholarship at the

Turn of the Millennium, Studies in the History and Culture of the Ancient Near East XI, Leiden/New York/Köln 1997, 30–53.

MOERS, G.: Fingierte Welten in der Ägyptischen Literatur des 2. Jahrtausends v. Chr. Grenzüberschreitung, Reisemotiv und Fiktionalität, PÄ 19, Leiden/Köln/Brill 2001.

MORSCHAUSER, S. M.: »Crying to the Lebanon«. A Note on Wenamun 2,13–14, Studien zur altägyptischen Kultur 18 (1991) S. 317–330.

MÜLLNER, I.: Gewalt im Hause Davids. Die Erzählung von Tamar und Amnon (2Sam 13,1–22), HBS 13, Freiburg/Basel/Wien/Barcelona/Rom/New York 1997.

NA'AMAN, N.: Sources and Composition in the History of Solomon, in: L. K. Handy (Hg.), The Age of Solomon. Scholarship at the Turn of the Millennium, Studies in the History and Culture of the Ancient Near East, XI, Leiden/New York/Köln 1997, 57–80.

NIBBI, A.: Ancient Byblos Reconsidered, Oxford 1985.

NIBBI, A.: Wenamun and Alashiya Reconsidered, Oxford 1985.

NITSCHE, S. A.: König David. Gestalt im Umbruch, Zürich 1994.

NÖLDEKE, TH.: Geschichte des Qorāns, Leipzig ²1919.

NOTH, M.: Könige. I. Teilband. I Könige 1–16; BKAT IX/1, Neukirchen-Vluyn ²1983.

OBERMEIER, S.: Salomo und die Königin von Saba, München 2004.

PEUST, C.: Indirekte Rede im Neuägyptischen, GOF.Ä 33, Wiesbaden 1996.

POSENER, G.: Le Papyrus Vandier, Bibliothèque générale Institut Français d'Archéologie Orientale du Caire 7, Paris 1985.

POSENER, G.: Sur l'emploi euphémique de ḫftj(w) »ennemi(s)«, Zeitschrift für ägyptische Sprache und Altertumskunde 96 (1970), 30–35.

RASCHI, Kommentar zu Baba Meziah 105b.

REDFORD, D. B.: Egypt, Canaan, and Israel in Ancient Times, Princeton 1992.

RENZ, J./RÖLLIG, W.: Handbuch der althebräischen Epigraphik. Bd. 1. Text und Kommentar, Darmstadt 1995.

RINGGREN, H.: Art. אֵיב, ThWAT I, Sp. 228–235.

RUPPRECHT, K.: Der Tempel von Jerusalem. Gründung Salomos oder jebusitisches Erbe?, BZAW 144, Berlin/New York 1977.

RÜTERSWÖRDEN, U.: Von der politischen Gemeinschaft zur Gemeinde. Studien zu Dtn 16,18–18,22, BBB 65, Frankfurt a. M. 1987.

SÄRKIÖ, P.: Exodus und Salomo. Erwägungen zur verdeckten Salomokritik anhand von Ex 1–2; 5; 14 und 32, SFEG 71, Helsinki/Göttingen 1998.

SCHAACK, T.: Die Ungeduld des Papiers. Studien zum alttestamentlichen Verständnis des Schreibens anhand des Verbums *katab* im Kontext administrativer Vorgänge, BZAW 262, Berlin/New York 1998.

SCHÄFER-LICHTENBERGER, C.: Josua und Salomo. Eine Studie zu Autorität und Legitimität des Nachfolgers im Alten Testament, VT.S 58, Leiden/New York/Köln 1995.

SCHAPER, J.: Priester und Leviten im achämenidischen Juda. Studien zur Kult- und Sozialgeschichte Israels in persischer Zeit, FAT 31, Tübingen 2000.

SCHEARING, L. S.: A Wealth of Women. Looking Behind, Within, and Beyond Salomon's Story, in: L. K. Handy (Hg.), The Age of Salomon. Scholarship at the Turn of the Millennium, Studies in the History and Culture of the Ancient Near East 11, Leiden/New York/Köln 1997, 428–456.

SCHIPPER, B. U.: Israel und Ägypten in der Königszeit. Die kulturellen Kontakte von Salomo bis zum Fall Jerusalems, OBO 170, Freiburg/Göttingen 1999.

SCHORCH, S.: Euphemismen in der Hebräischen Bibel, Orientalia Biblica et Christiana 12, Wiesbaden 2000.

SCOTT, R. B.: Solomon and the Beginnings of Wisdom, in: M. Noth/W. Thomas (Hg.), Wisdom in Israel and in the Ancient Near East, VT.S III, Leiden 1955, 262–279.

STOEBE, H. J.: Das zweite Buch Samuelis, KAT 8/2, Gütersloh 1994.

STRACK, H./BILLERBECK, P.: Das Evangelium nach Matthäus erläutert aus Talmud und Midrasch, München 1922.

TALSHER, Z.: The Reign of Solomon in the Making. Pseudo-Connections Between 3 Kingdoms and Chronicles, Vetus Testamentum 50 (2000), 233–249.

ULRICH, K.: 1. Könige 3,16–28. »Anders« gelesen, in: »Ihr Völker alle, klatscht in die Hände!« FS. S. Gerstenberger, Exegese in unserer Zeit, 23, Münster 1997, 126–133.

WÄLCHLI, S.: Der weise König Salomo. Eine Studie zu den Erzählungen von der Weisheit Salomos in ihrem alttestamentlichen und altorientalischen Kontext, BWANT 141, Stuttgart 1999.

WALKER, J.: Art. Sulaimān, Enzyklopaedie des Islam, Bd. IV, Leipzig 1934.

WHITE, M.: Nabot's Vineyard and Jehu's Coup. The Legitimation of a Dynastic Extermination, Vetus Testamentum 44 (1994), 66–76.

WILLI-PLEIN, I.: Warum mußte der Zweite Tempel gebaut werden?, in: B. Ego, A. Lange, P. Pilhofer (Hg.), Gemeinde ohne Tempel. Community without Temple. Zur Substituierung und Transformation des Jerusalemer Tempels und seines Kults im Alten Testament, antiken Judentum und frühen Christentum, Tübingen 1999, 57–73.

ZWICKEL, W.: Der salomonische Tempel, Kulturgeschichte der Antiken Welt 83, Mainz am Rhein 1999.

2. ABBILDUNGSVERZEICHNIS

Abb. 4: Der Tempel Salomos nach der Rekonstruktion von A. Th. Busink, in: Busink, A. Th.: Der Tempel von Jerusalem von Salomo bis Herodes. Eine archäologisch-historische Studie unter Berücksichtigung des westsemitischen Tempelbaus (2 Bde.), Leiden 1970, 174.

Abb. 5: Das Libanonwaldhaus Salomos nach der Rekonstruktion von A. Th. Busink, in: Busink, A. Th.: Der Tempel von Jerusalem von Salomo bis Herodes. Eine archäologisch-historische Studie unter Berücksichtigung des westsemitischen Tempelbaus (2 Bde.), Leiden 1970, 134.

Abb. 6: Die schöne Frau und das Bauwerk: Frau im Fenster, Syrien, Arslan Tasch, 845–805 v. Chr., in: Bible Lands Museum Jerusalem. Guide to the Collection, Jerusalem [2]1994.

Abb. 7: Piero della Francesca, Salomo und die Königin von Saba, in: Große Frauen der Bibel in Bild und Text, Freiburg/Basel/Wien [3]1994.

Abb. 8: Hans Holbein d. Ä.: König Salomo empfängt die Königin von Saba, in: Lingen, H. (Hg.): Die Bibel in der Kunst, Köln 1988.

Abb. 9: Ein ägyptisches Paar aus dem Alten Reich, in: Krauspe, R.: Ägyptisches Museum der Karl-Marx-Universität Leipzig. Führer durch die Ausstellung, Leipzig [3]1987.

Abb. 10: Gina Lollobrigida und Yul Brynner als Königin von Saba und König Salomo, Szene aus: Solomon and Sheba, Filmproduktion von King Vidor (USA 1959).

BIBLISCHE GESTALTEN

REIHENÜBERSICHT

Georg Hentschel
Saul
Schuld, Reue und Tragik eines „Gesalbten"
BG 7, 2003, 244 Seiten, ISBN 3-374-02044-5

Andreas Kunz-Lübcke
Salomo
Von der Weisheit eines Frauenliebhabers
BG 8, 2004, 312 Seiten, ISBN 3-374-02185-9

Eckart Reinmuth
Paulus
Gott neu denken
BG 9, 2004, 264 Seiten, ISBN 3-374-02184-0

Martin Meiser
Judas Iskariot
Einer von uns
BG 10, 2004, 200 Seiten, ISBN 3-374-02215-4